O CÓDIGO SAGRADO DO TARÔ

Wilfried HOUDOUIN

O CÓDIGO SAGRADO DO TARÔ
A REDESCOBERTA DA NATUREZA ORIGINAL DO TARÔ DE MARSELHA

Tradução:
OLGA SÉRVULO

Editora
Pensamento
SÃO PAULO

Título original: *Le Code Sacré du Tarot*.

Copyright © 2011 Éditions Trajectoire.
Copyright da edição brasileira © 2013 Editora Pensamento-Cultrix Ltda.

Texto de acordo com as novas regras ortográficas da língua portuguesa.

1ª edição 2013.

1ª reimpressão 2017.

Todos os direitos reservados. Nenhuma parte deste livro pode ser reproduzida ou usada de qualquer forma ou por qualquer meio, eletrônico ou mecânico, inclusive fotocópias, gravações ou sistema de armazenamento em banco de dados, sem permissão por escrito, exceto nos casos de trechos curtos citados em resenhas críticas ou artigos de revista.

A Editora Pensamento não se responsabiliza por eventuais mudanças ocorridas nos endereços convencionais ou eletrônicos citados neste livro.

Editor: Adilson Silva Ramachandra
Editora de texto: Denise de C. Rocha Delela
Coordenação editorial: Roseli de S. Ferraz
Preparação de originais: Marta Almeida de Sá
Produção editorial: Indiara Faria Kayo
Assistente de produção editorial: Estela A. Minas
Editoração eletrônica: Join Bureau
Revisão: Liliane S. M. Cajado e Vivian Miwa Matsushita

CIP-Brasil, Catalogação na Publicação
Sindicato Nacional dos Editores de Livros, RJ

H831c

Houdouin, Wilfried
  O Código Sagrado do Tarô: A redescoberta da natureza original do tarô de Marselha / Wilfried Houdouin; tradução Olga Sérvulo. – 1ª ed. – São Paulo: Pensamento, 2013.

  il.

  Título original: Le Code Sacré du Tarot.
  Inclui bibliografia
  Inclui iconografia
  ISBN 978-85-315-1851-5

  1. Tarô. I. Título.

13-06462

CDD:133.32424
CDU: 133.794.43

Direitos de tradução para o Brasil adquiridos com exclusividade pela
EDITORA PENSAMENTO-CULTRIX LTDA., que se reserva a
propriedade literária desta tradução.
Rua Dr. Mário Vicente, 368 – 04270-000 – São Paulo – SP
Fone: (11) 2066-9000 – Fax: (11) 2066-9008
http://www.editorapensamento.com.br
E-mail: atendimento@editorapensamento.com.br
Foi feito o depósito legal.

Este livro é dedicado à memória de Tchalaï Unger (1934-2005)
e de minha avó materna Lucienne Paradis (1920-2006)

Por seus estímulos e sua amizade, por terem feito diferença,
o autor deseja exprimir seu reconhecimento a:

Aline ANSPACH-ADDA

Joëlle BALLE

Alain-Jacques BOUGEAREL

Abdel-Baki BOUSMAHA

Ariane CLÆSSENS

Laurent EDOUARD

Jean-Claude FLORNOY

Thierry GASTER

Kenji ISHIMATSU

Georges LAHY (Virya)

Michel OBERSON

Philippe SUBRINI

E, muito particularmente, a:

Yves REYNAUD, conhecido como "Yves, o marselhês",
por sua preciosa contribuição documental
e seu apoio incondicional.

CONTATOS E INFORMAÇÕES (**em francês**)
www.tarot-de-marseille-millennium.com

Sumário

INTRODUÇÃO 11

Capítulo I — O TARÔ, SUA ORIGEM E SEU SIGNIFICADO 17

Diferentes hipóteses emitidas sobre o Tarô 18

O Tarô revelado por sua verdadeira etimologia 20

O Tarô como árvore universal 22

Capítulo II — A ESTRUTURA COSMOLÓGICA DO TARÔ DE MARSELHA 33

O Cubo de Metatron 33

Os sólidos "de Platão" e os cinco elementos do Tarô 34

O cubo de Metatron e as 78 lâminas do Tarô 35

O cubo espacial e os cinco grupos do Tarô 35

A coerência do Tarô confirmada pelos números 37

Capítulo III — A CONCEPÇÃO GRÁFICA DO TARÔ DE MARSELHA 41

A matriz fractal do Arcano 41

A concepção gráfica das cartas na geometria sagrada 42

A moldura, as cifras e as letras do Tarô de Marselha 51

O verso das lâminas, chamado "Tarô" ou "Tarotagem" 54

As cores do Tarô no espectro luminoso 55

O simbolismo tradicional das cores corroborado com a ciência atual 58

O simbolismo das cores do Tarô de Marselha 59

Capítulo IV — O TARÔ DE MARSELHA E A CIÊNCIA SAGRADA TRADICIONAL ... 67

Os códigos tradicionais da arte e da ciência sagradas 67

Capítulo V — OS 22 ARCANOS MAIORES DO TARÔ DE MARSELHA EDIÇÃO MILLENNIUM 77

I LE BATELEVR (O MAGO) 78

II LA PAPESSE (A PAPISA) 80

III LIMPERATRISE (A IMPERATRIZ) 82

IIII LEMPEREVR (O IMPERADOR) 84

V LE PAPE (O PARA) 86

VI LAMOVREVX (O ENAMORADO) 88

VII LE CHARIOR (O CARRO) 90

VIII IVSTICE (A JUSTIÇA) 92

VIIII LERMITE (O EREMITA) 94

X LA ROVE DE FORTVNE (A RODA DA FORTUNA) 96

XI LA FORCE (A FORÇA) 98

XII LE PENDV (O PENDURADO) 100

XIII (A MORTE) 102

XIIII TENPERANCE (A TEMPERANÇA) 104

XV LE DIABLE (O DIABO) 106

XVI LA MAISON DIEV (A CASA DE DEUS) 108

XVII LESTOILLE (A ESTRELA) 110

XVIII LA LVNE (A LUA) 112

XVIIII LE SOLEIL (O SOL) 114

XX LE IVGEMENT (O JULGAMENTO) 116

XXI LE MONDE (O MUNDO) 118

LE MAT (O LOUCO) 120

Capítulo VI   A MESA E A *ROTA* DO TARÔ DE MARSELHA 123

A mesa tarológica: os 22 Arcanos Maiores 123

A mesa tarológica: os Arcanos Menores 128

A *Rota*, órgão do Tarô 135

A *Rota*, símbolo do mundo e do futuro 137

Capítulo VII   OS PRINCÍPIOS E OS MODOS FUNDAMENTAIS DA PRÁTICA
DO TARÔ DE MARSELHA 147

O Tarô como instrumento de conhecimento 147

O jogo do "Gay Sçavoir" [Gaia Ciência] 151

As bases elementares da leitura do Tarô 153

A leitura lógica e dinâmica do Tarô de Marselha 155

As inversões naturais 157

As inversões combinadas 159

A consulta ao Tarô e a dialética de Sócrates 160

A ética da adivinhação desde a Antiguidade 166

NOTAS 171

ICONOGRAFIA 265

BIBLIOGRAFIA 276

O Tarô conhecido como "de Marselha" é composto de 78 cartas, compreendendo cinco conjuntos divididos em dois grupos principais. O primeiro compreende os quatro "Elementos" ou "Naipes": PAUS, ESPADAS, OUROS e COPAS. Constituídos cada um de catorze cartas, esses elementos formam um grupo de 56 cartas, que são chamadas de "Arcanos Menores". Esses quatro conjuntos de catorze cartas são formados por dois grupos: uma série de dez cartas chamadas "Numerais" e quatro Personagens, o VALETE, o CAVALEIRO, o REI e a RAINHA, chamados de "As Honras". O segundo grupo é formado por 22 cartas (21 + 1) chamadas "Arcanos Maiores". Situados no centro dos quatro Elementos, eles representam a quintessência do Tarô, coerente com a estrutura cosmológica tradicional dos cinco Elementos.

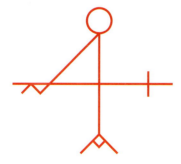

Introdução

Este livro é fruto de mais de vinte anos de estudo do tarô e de quase dez anos de pesquisas e de trabalho gráfico sobre o cânone tradicional do Tarô conhecido como "de Marselha". Esses anos de estudos permitiram ao autor descobrir que esSe modelo específico de Tarô, ao contrário dos outros, se origina inteiramente de uma matriz geométrica conhecida pelo nome de "Cubo de Metatron", que contém, em sua estrutura, os arquétipos subjacentes à totalidade do Universo, do Microcosmo ao Macrocosmo. O grande público a redescobriu há alguns anos por intermédio dos livros de Drunvalo Melchizedek (*L'ancien secret de la fleur de vie*, T. I & II, Éd. Ariane, 1996-97),* que apresentaram pela primeira vez as implicações globais dos princípios metafísicos da Flor da Vida, da mesma forma que os da matriz cosmológica, o Cubo chamado de "Metatron".

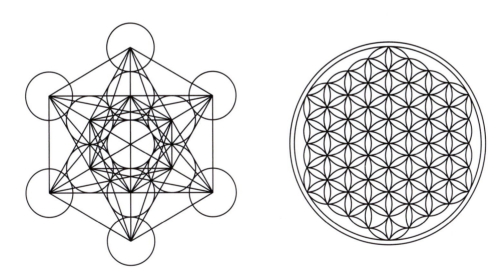

O CUBO DE METATRON E A FLOR DA VIDA

---

* *O antigo segredo da flor da vida*, 2 vols., publicados respectivamente em 2009 e 2010 pela Editora Pensamento, São Paulo.

Este diagrama do hipercubo, matriz hiperdimensional em que cada uma das partes é similar à totalidade, gera todo o Universo como unidade dinâmica em mutação perpétua, unidade cuja roda, *Rota* ou Ouroboros (serpente ou dragão mordendo a própria cauda, órgão do Tarô, como veremos no Capítulo VI) é o símbolo universal. Os aspectos geométricos, matemáticos e metafísicos dos arquétipos geométricos dessa matriz, conhecida desde a alta Antiguidade, foram descritos originalmente por Pitágoras (580-497 a.C.), Platão (427-346 a.C.), Aristóteles (384-322 a.C.) e Euclides (325-265 a.C.). Mais tarde, por Leonardo Pisano (Itália 1175-1250), mais conhecido pelo nome de Leonardo Fibonacci, célebre pelo "cubo de Fibonacci" e por uma série homônima comparada ao Número de ouro (1,618), Regra de Ouro ou Phi. Hoje, a importância de seu trabalho foi reavaliada à luz dos desenvolvimentos da cosmologia, da genética, da nanotecnologia, da cristalografia ou, ainda, da produção de energia (fusão nuclear), e também da medicina dita "holística" (do grego *holos*, "por inteiro"), que considera o Homem como um Todo constituído em função do princípio da Harmonia universal.

Essas novas ciências e tecnologias nos informam sobre a natureza e os códigos fundamentais do nosso Universo, cuja natureza fractal e holográfica representa os arquétipos universais que se revelam efetivamente unidos aos números e à geometria. A redescoberta da primordialidade dessa ciência no âmago da arte sagrada permite ao autor, além de reencontrar pouco a pouco as chaves da estrutura e da organização originais do Tarô, produzir o Tarô de Marselha Edição Millennium, restituindo aos 22 Arcanos Maiores do Tarô de Marselha o respeito total no cânone tradicional dos Tarôs históricos de referência. Baseada nos mais antigos modelos preservados do Tarô de Marselha (os mais importantes são pouquíssimo conhecidos), esta edição traz enfim a público uma versão verdadeiramente respeitosa da iconografia e da tradição iniciática desse antigo instrumento filosofal.

O Tarô de Marselha constitui em si um modelo cosmológico coerente e completo, um instrumento de conhecimento que desempenha o papel de tradutor simbólico universal. Ele permite apreender os princípios subjacentes das verdades do nosso ser e das realidades da nossa experiência no seio do mundo, facilitando assim sua compreensão e também sua assimilação de forma *soberana*. A matriz cosmológica do Cubo de Metatron define, de fato, conforme o número das cartas do Tarô, os diferentes grupos que elas constituem e a inter-relação dessas cartas e desses grupos entre si. Ela define igualmente seus desenhos, suas cores, seu enquadramento, bem como as letras com as quais os nomes são escritos. Diferentemente dos outros modelos de Tarô de 78 cartas (ditos "Venezianos"[1]), como os jogos italianos da Renascença (dos séculos XV e XVII), ou o Tarô dito "de Besançon" (do século XVIII ao XIX), todos os aspectos do Tarô dito "de Marselha" são gerados por essa única e mesma estrutura matricial, englobada de forma fractal em cada uma de suas partes, que a representam em seus múltiplos aspectos. Esta é a *unicidade* do Tarô de Marselha: o *fundo* e a *forma* não são senão Um, expressando, em conjunto, um código cosmológico único cujos múltiplos aspectos são subjacentes ao conjunto de nossa vida e de nossa evolução.

Portanto, o Tarô, codificado com precisão tanto em sua estrutura quanto em sua iconografia, precisa ser justo e "coerente" para funcionar bem. Ora, depois de muitos séculos, parece que a questão da *justeza* do Tarô passou a ser evitada ou virou foco de buscas e especulações criticando sua origem, sua estrutura e, portanto, o significado e a *razão de ser* do Tarô de Marselha, modelo que tem se distinguido dos outros e perdurado, de forma duradoura, ao longo do tempo. Sua estrutura e suas formas originais de utilização, além daquilo que diz respeito a seu uso como um simples jogo social, viraram um mistério, incluindo até mesmo seu próprio nome – TARÔ, palavra cuja origem e significado permaneceram, parcialmente, como um enigma durante muitos séculos, antes de serem totalmente redescobertos e apresentados nesta obra. Na falta de um conhecimento verdadeiro, a abordagem do Tarô de Marselha foi por muito tempo feita pelos tarólogos esoteristas, com base em um entendimento consensual de sua estrutura e de seu simbolismo, segundo outros sistemas tradicionais, como o das cartas hebraicas, da Árvore da Vida das Sephiroth, das Runas, do I Ching, da Astrologia, entre outros, que têm se esforçado para adaptar o Tarô, ainda que *à força*. Mesmo aproximando-se de sua verdadeira natureza (referimo-nos a Éliphas Lévi, a Papus e, mais recentemente, a Tchalaï Unger em particular[2]), ninguém conseguiu compreender verdadeiramente a constituição e a organização que lhe são próprias. Por uma série de limitações (notadamente técnicas) em sua análise, esses pesquisadores forçosamente tiveram de reconhecer que o Tarô era um enigma, a ponto de, ainda hoje, alguns pensarem que ele não se destaca por nenhuma estrutura original, que sua constituição se define progressivamente à medida que ocorrem suas transformações através dos tempos, sem que se possa determinar ao final se elas se *justificam*. Já os historiadores, a maioria deles sem interesse pela simbologia, analisaram o Tarô como qualquer outro objeto de estudo histórico. Por não reconhecerem a verdadeira natureza do que estudavam, eles a abordaram de forma empírica, detendo-se exclusivamente nos elementos históricos reconhecidos de maneira consensual, e seguiram dessa forma confundindo as datas de produção dos raros modelos conservados com as de sua criação original. Por isso, um jogo da corte luminoso como o dos Mamelucos (Anatólia, século XV) ou como o dos Visconti-Sforza (Milão, Itália, início do século XV), ou ainda os jogos de cartas que tinham uma certa semelhança com o Tarô, como as gravuras alegóricas atribuídas a Andrea Mantegna (Ferrara, Itália, 1460), foram considerados como mais originais que o Tarô conhecido como "de Marselha", tido geralmente como mais tardio.

Portanto, as mais antigas cartas conhecidas do chamado Tarô "de Marselha", que foram encontradas na Itália, no fundo de um pote no Castello Sforzesco, em Milão (fortaleza dos Visconti-Sforza), datam igualmente do fim do século XV. Diferentemente dos Tarôs luminosos e das alegorias gravadas sobre couro (como o jogo de Mantegna), essas apresentam características identificadas como do Tarô dito "de Marselha", tanto pela iconografia como pela xilogravura e por sua coloração em estêncil. Por outro lado, a alteração das figuras por um enquadramento grosseiro, cortando a imagem (como é o caso também dos outros Tarôs "de Marselha" históricos conhecidos), permite certamente pensar que esse modelo de Tarô conheceu uma edição mais respeitosa de sua iconografia alguns anos antes. No entanto é ainda a análise das figuras e dos nomes das cartas que permite determinar que o cânone do Tarô dito "de Marselha", tal como nós o encontramos (parcialmente alterado, é verdade) no início do século XVIII, remonta muito provavelmente ao fim do século XIV. Na verdade, as vestimentas das personagens correspondem à moda germânica daquele tempo. Da mesma forma, as armaduras medievais desenhadas sobre algumas cartas, igualmente de estilo germânico, datam da mesma época.

Mais ainda, quase todos os exemplares de referência do Tarô "de Marselha", do tipo II[3] (designando, segundo os historiadores, o tipo de Tarô dito "de Marselha', tendo predominado desde o início do século XVIII, correspondendo ao modelo mais conhecido e geralmente utilizado em nossos dias), dão ao 17º Arcano Maior o nome de LESTOILLE (*l'estoile*, "a estrela"). Ora, segundo o *Dictionnaire historique de la langue française* [Dicionário histórico da língua francesa] (coordenado por Alain Rey, Éd. le Robert 2006), essa palavra provençal foi utilizada exclusivamente entre 1380 e o fim do século XV, substituída definitivamente pela palavra *étoile* [estrela] no início do século XVI.

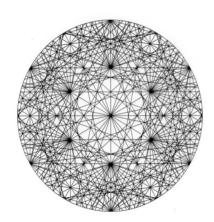

O Olho-Estrela dos Antigos Provençais

Para além de sua origem provençal, que nos remete aos cabalistas e aos sufis espanhóis do século XIII, aos Templários, aos trovadores e a toda a Oceania, que tinha relações estreitas com a Itália, a palavra *lestoille* designa igualmente "estrela-do-mar" e "pupila do olho". Ora, como veremos neste livro, essas definições dizem respeito efetivamente à geometria sagrada, aquela do Pentagrama e de seu Número de ouro, assim como aquela do "Selo de Salomão". Desde a mais alta Antiguidade, esse último é o símbolo da ciência sagrada, da qual a Provença foi um dos locais preferidos, até o desmantelamento da Ordem do Templo, no início do século XIV. Por outro lado, é significativo que, antes da popularidade maior do jogo de Tarô (como jogo do século), no início do século XIX, ele tenha chegado ao mínimo de sua popularidade um século antes, sendo efetivamente jogado apenas na Provença. Esses fatos significativos parecem afirmar uma anterioridade conceitual do Tarô "de Marselha", que se liga tradicionalmente aos romanos e góticos (do século XI ao XIV), aos quais se opôs mais tarde a Renascença, cujo estilo artístico caracteriza os Tarôs italianos luminosos, geralmente presumidos como os primeiros. Portanto, por suas tendências estetizantes, se inclinando sempre mais para uma representação realista do mundo, a Renascença promove uma ruptura com a Tradição. Sua arte, sem dúvida nenhuma dotada de grande beleza estética e de grande valor no plano da história da arte e no das ciências e das técnicas, se caracteriza, de fato, por seu distanciamento dos códigos pictóricos tradicionais subjacentes à arte sacra desde a alta Antiguidade. O Tarô de Marselha, por outro lado (particularmente o tipo II), como veremos neste livro, está em total adequação aos códigos tradicionais da arte sacra, mesmo os mais estritos, como os códigos editados pelo mundo islâmico.

Se é possível afirmar, com certa razão, que o Tarô dito de Marselha é o primeiro Tarô no sentido histórico, também podemos doravante demonstrar que ele se constitui no modelo mais arquetípico, graças à redescoberta de sua natureza e de sua estrutura originais apresentadas pela primeira vez neste livro. Sua extraordinária complexidade conceitual, a profundidade de sua filosofia e suas implicações científicas – algumas são apresentadas nesta obra – permitem hoje em dia compreender por que, malgrado seu percurso tempestuoso através da História, o modelo do Tarô dito "de Marselha" tem se perpetuado até nós e conseguido se impor cada vez mais nas múltiplas esferas do mundo atual. Pelo caráter arquetípico de seu simbolismo e de sua estrutura, mais ainda por seu caráter lúdico, o Tarô de Marselha tornou-se naturalmente parte integrante da cultura popular e se impôs por si só como modelo de referência. Ele demonstra, igualmente, uma importância implícita que pedia para ser *justificada* e cujo enigma devia ser, se não resolvido, esclarecido. É isso que o autor espera ter feito com esta obra, na qual são apresentadas, pela primeira vez, a estrutura, a natureza, a origem, o significado, da mesma forma que a organização fundamental e as bases elementares de uso prático do Tarô de Marselha. Livro "compartimentado", esta obra desenvolve e aprofunda pontos importantes nas notas no final do volume, também ricamente ilustradas, como seu corpo principal. O leitor está assim convidado a ler essas notas à medida que progride na leitura, para penetrar aos poucos e se aprofundar nos mistérios do "Grande Arcano", que modela este extraordinário instrumento de autoconhecimento, de conhecimento do mundo e do Universo, que é o Tarô dito "de Marselha".

Portanto, amigos leitores, boa leitura e vamos ao *jogo*!

I LE BATELEVR (O MAGO) NA GEOMETRIA SAGRADA DO ARCANO
Tarô de Marselha Edição Millennium

Capítulo I

O TARÔ, SUA ORIGEM E SEU SIGNIFICADO

Muitas hipóteses têm sido formuladas sobre a origem e o significado do Tarô, e todas, até agora, têm sido inconsistentes, deixando de dar respostas claras e precisas às questões essenciais: o que é o Tarô e o que ele significa? Qual sua origem, como ele foi elaborado e por que existe? Se a origem exata do Tarô permanece um mistério, se é impossível definir com precisão seu percurso através dos séculos, podemos, de qualquer forma, determinar, independentemente do aspecto historiológico que diz respeito apenas ao aspecto periférico e, portanto, "acidental" do desenvolvimento do Tarô, de onde ele vem de uma forma geral e, sobretudo, o que ele é em um plano *essencial*.

O Tarô, como nós veremos nesta obra, se *justifica* por si só e constitui um instrumento filosófico de autoconhecimento, de compreensão do mundo e do Universo. Esse sistema, embora possuidor, necessariamente, de bases culturais que permitem sua realização efetiva (como veremos mais adiante), constitui em si um código cosmológico arquetípico e, desse modo, é autônomo e "atemporal", resultando de uma soma de conhecimentos relacionados à fonte comum de toda a Humanidade. Mas o que realmente importa compreender sobre o Tarô é que ele é um sistema (*logos*) simbólico sagrado, atemporal, constituindo-se na chave que permite a cada um compreender os princípios de *governança* do mundo, retomar conscientemente contato com a fonte universal, reconstituir sua árvore interior e, portanto, cumprir plenamente seu destino como ser humano.

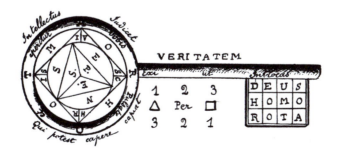

ABSCONDITORUM CLAVIS, ou a chave das coisas secretas, de Guillaume Postel, 1547
Ilustração feita pelo editor da tradução do texto latino original em 1645

DIFERENTES HIPÓTESES EMITIDAS SOBRE O TARÔ

A etimologia do termo Tarô tem sido objeto de pesquisas há séculos, suplantando a curiosidade sobre sua verdadeira origem. Apesar de tudo, as pesquisas têm deixado apenas entrever o que essa palavra misteriosa poderia realmente significar, sem, no entanto, atingir o objetivo e resolver verdadeiramente o enigma que ela nos apresenta. Assim, diversos significados e variadas origens, mais ou menos pertinentes, foram atribuídos ao termo *Tarô*: Antoine Court de Gébelin,[1] a quem se atribui a primeira análise do Tarô em uma perspectiva esotérica (século XVIII), acreditava que o termo teve origem no Egito.

 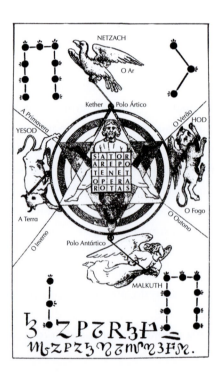

A CHAVE DO GRANDE ARCANO, COM A RODA E A GEOMETRIA
SAGRADA DA ESTRELA, ÉLIPHAS LÉVI, 1859

Segundo ele, TAR = caminho e RO ou ROG = real [*royal*]; assim, Tarô seria o "Caminho Real". Sua hipótese, ainda que seja próxima da verdade, como veremos mais adiante, é mesmo assim insuficiente. Pierre l'Arétin (Pietro Aretino, 1492-1556) dizia que o termo Tarô derivava do grego *etaroi*, que significa "companheiro".[2] Jean-Alexandre Vaillant, um escritor do século XIX, achava que o termo Tarô derivava do nome da deusa fenícia Astarte, ou Astaroth.[3] Foi também sugerido que a origem do termo fosse Tao,[4] "a Via", "o Caminho", cuja filosofia se assemelha à do Tarô apenas em certa medida, e a partir de definições claras, as quais veremos mais adiante neste capítulo. Para outros pesquisadores, o termo Tarô, podendo formar um símbolo com suas quatro letras, foi repartido em cruz.

O tetragrama resultou em oito anagramas circulares, entre os quais TORA (equiparado à Torá), ROTA (a roda) e ORAT, que se assemelha a *oratio*, do latim, significando "prédica", "palavra", aproximando-se de *logos*. As outras palavras são interpretadas de modos diversos pelos exegetas.[5]

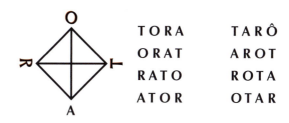

Foi também sugerido que o Tarô pudesse ter sido usado primeiro no vale do rio Taro (rio italiano que se estende por 126 quilômetros, afluente do rio Pó, que nasce nos Apeninos do norte e flui pela província de Parma), e

O TARÔ DE PIERRE MADENIÉ, DIJON, 1709, E SEU DORSO "TAROTADO"

que, assim, um teria dado o nome ao outro, ou vice-versa. O *Dictionnaire historique de la langue française*[6] define o termo Tarô como: "s.m. emprestado do século XVI, grafado *tarau* (1534, Rabelais) e retomado no início do século XVII (1604), à italiana, *tarocco*, geralmente empregado no plural, *tarocchi*. A palavra é de origem obscura: provavelmente derivada de *tara*, 'dedução',[7]

19

correspondendo à mesma origem árabe da francesa *tare* (tara, desconto), porque neste jogo o jogador deve, em certas circunstâncias, deixar de lado uma carta [...]. Tarô designa também (1604) o uso dessas cartas, sua simbologia. Um dos jogos mais difundidos na França era conhecido como Tarô de Marselha. Ele gerou, no francês, os adjetivos *tarotÉ*, *tarotÉE* ('tarotado', 'tarotada') (1642), que qualificam toda carta cujo dorso ou verso é desenhado em quadriculado cinza, como as cartas dos Tarôs. O fabricante dos Tarôs recebeu o nome de *tarotier*, s.m. (1594), hoje atribuído principalmente ao operário que manipula a máquina que imprime o dorso das cartas do jogo."

De qualquer maneira, essa definição, como todas as outras, baseia-se em suposições e pesquisas etimológicas superficiais, embora sejam os termos italianos e germânicos os que permitem, de fato, propor uma primeira etimologia séria para o termo Tarô.

O TARÔ REVELADO POR SUA VERDADEIRA ETIMOLOGIA

Encontramos o termo *Tarô* na forma *Tarock* na Germânia (Alemanha), e *Tarocchi* (plural de *Tarocco*) na Itália. Partindo dessas palavras, os pesquisadores propuseram como origem etimológica a palavra árabe *turuq*, plural de *tarîqa* (significando "caminho", mais propriamente "processo" e "método"[8]). Essas palavras árabes, que completam muito bem o termo árabe *arkhân* ("ângulos"), que veremos se adequar plenamente ao Tarô no próximo capítulo, forneceram a primeira pista verdadeiramente séria. Além disso, como esses termos aparentemente eram suficientes para explicar a origem e o sentido geral do Tarô, as pesquisas não avançaram, e a origem etimológica mais satisfatória ao final pareceu a que dá o crédito aos muçulmanos pela importação do Tarô na Europa.[9] No entanto, embora a etimologia árabe forneça uma pista efetivamente segura, como veremos mais adiante, ela não constitui a última ocorrência tradicional de termos e noções, que remontam a bem mais longe, no tempo e no espaço. A verdadeira origem desses termos nos remete ao sânscrito, "Língua dos deuses", anteriormente falado no subcontinente indiano, que constitui o idioma mais próximo da Tradição primordial.[10] A palavra árabe *tarîqa* vem na verdade do sânscrito *tarika*, que significa "barqueiro", compreendendo a noção de via, de veículo (*yaana* em sânscrito), em um sentido similar ao latim *janitor* (porteiro, Cérbero, guardião). Essa palavra sânscrita *tarika* deriva, por outro lado, de *tari*, que significa "barco", "navio" e "nau do barqueiro" ou "balsa". Porém, todas essas palavras, bem como aquelas às quais se ligam (nós as veremos mais adiante), têm por raiz o termo *taru*, que significa (sempre em sânscrito) "árvore", "planta" e "erva", com todas as acepções que possam emanar desses termos – que veremos no correr desta obra.

No simbolismo tradicional, a árvore e a planta têm múltiplos níveis de significação, além de sua simples acepção como referência ao vegetal. A árvore é, de fato, uma imagem do mundo que se relaciona ao *Axe* [centro, eixo], ao tronco cujas ramificações hierárquicas se estendem ao conjunto da manifestação universal. Em todas as tradições, a árvore é verdadeiramente sagrada e constitui a imagem da ligação entre a Terra e o Céu, permitindo realizar o retorno ao Princípio e o ir e vir entre os mundos. De modo extraordinário, nós encontramos o termo *taru* em diferentes culturas tradicionais distantes umas das outras no tempo e no espaço, em uma acepção do termo totalmente complementar àquela do sânscrito. Assim, em maori (idioma do povo indígena da Nova Zelândia), o termo *taru* significa "planta", "grão"; em sumério, ele significa "retorno" (ao Princípio, seguramente); na Trácia,[11] significa "lança", símbolo do eixo e do *axis mundi*, eixo do mundo.[12] Nas línguas atuais, o termo *taru* é igualmente presente. Nós o encontramos em finlandês, em que ele significa "lenda", "mito", e em estoniano, em que significa "colmeia", simbolizando o retorno pelos alvéolos hexagonais que compõem a colmeia, a geometria sagrada do Cubo de Metatron,

Gênio diante da Árvore da Vida, com flores de papoula na mão
Palácio de Sargon III, Assíria 716-713 a.C.

matriz cosmológica do Tarô e de todo o Universo, como veremos mais adiante, ao longo desta obra. Muitas palavras em sânscrito que têm por raiz o termo *taru* confirmam e desenvolvem o simbolismo da passagem iniciática, da travessia e do *retorno* ao Princípio original (*arkhè* em grego). Também em sânscrito *tara* significa "o barqueiro", "a barca", "a travessia", "a passagem", além de "o salvador" ("salvação", no Egito), a conquista e a superação de um obstáculo ou de um infortúnio;[13] *tari*, como já vimos, significa "barco", "navio"; *tarana* significa "jangada", "bote", e *taram*, "onda", "vaga", "redemoinhos", "que vai e vem sem cessar", "que ondula".[14] Todas essas acepções fazem também referência ao rio tumultuoso, uma imagem tradicional da Manifestação, da vida e de sua impermanência, que se deve atravessar para alcançar a outra margem, passando de um nível a outro na escala dos mundos, religando a Manifestação ao Princípio. Todos esses conceitos estão unidos analogicamente ao simbolismo da ponte como *axis mundi* (eixo do mundo) e, portanto, como polo uni-

A LANÇA E O GRAAL, *O Conto do Graal*, 1330

versal. Na verdade, ainda em sânscrito, o termo *dhruva taara* significa "estrela polar". Mas é o radical *taru*, que significa, respectivamente, "árvore" (como também planta e erva) em sânscrito e "retorno" em sumério, constituindo a origem mais remota conhecida do termo Tarô, que engloba em seus diferentes paradigmas os elementos fundamentais para compreender realmente o que significa o Tarô, de onde ele vem e qual é sua *razão de ser*.[15]

O TARÔ COMO ÁRVORE UNIVERSAL

A Árvore como imagem do mundo remonta à alta Antiguidade e se encontra em todas as culturas, da mais civilizada à mais primitiva. A Árvore, que por suas ramificações é a imagem da própria Vida e do Universo, foi naturalmente situada no centro da Manifestação, constituindo ao mesmo tempo o polo, o eixo, a escala e a ponte que liga todas as ramificações arborescentes do tronco universal. Assim, pela renovação de sua folhagem a cada ano, ela se torna a imagem da regeneração cíclica do Homem e de seu elo com o Princípio, por meio do *retorno* à fonte vital universal. Em sânscrito, o termo *tarun* – igualmente derivado de *taru* – significa "ser jovem", "permanecer jovem" (como regeneração graças ao retorno ao Princípio), mas também "vigoroso", "fresco", "tenro", "delicado", "adolescente", "recém-nascido",[16] "rapaz", "moça" (nos remetendo, no Tarô de Marselha, ao Arcano XXI, O MUNDO, que dá início a um novo ciclo), e faz assim a ligação simbólica com o neófito (do grego *neophutos*, "novo rebento"), pronto para a *iniciação* ou regenerado à saída. Entre os hebreus, a Árvore da Vida das Sephiroth é percorrida por um relâmpago que atravessa simbolicamente todas as esferas da Criação, constituindo um canal que permite *ir e vir* entre o Reino e a Coroa, ou entre a Manifestação e o Princípio. Essa Árvore se duplica e se sobrepõe verticalmente, constituindo dessa forma uma escala de *altura* indefinida, formando uma via que permite realizar a ascensão da *escala* de mundos múltiplos, com a Sephira (feminino

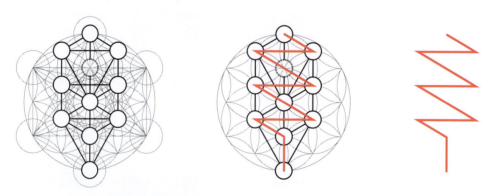

O RELÂMPAGO DA ÁRVORE DA VIDA DAS SEPHIROTH COMO
IDEOGRAMA DA ÁRVORE, DO RAIO E DA SERPENTE

singular de Sephiroth, poderosas criaturas) superior sendo a Sephira inferior do nível seguinte. Tradicionalmente, o uso dessa via é fulgurante e resultado da geração do veículo divino chamado *Merkabah* pelos hebreus e *Vajrayana* pelos hindus. Esse último termo é composto de *vajra*, que significa "raio", "diamante", "fulgor", "brilho adamantino", ou "eixo de diamante", e de *yaanaa*, que significa "veículo".[17] Esse veículo, ao qual se assemelha o carro divino da visão de Ezequiel,[18] se caracteriza por sua ligação com a tempestade, com os turbilhões[19] (relacionado aos termos sânscritos *tarana* –"jangada", "barca", ou seja, veículo – e *taram* – "onda", "vaga", "redemoinho", "que vai e vem sem cessar", "que ondula") e o raio (*vajra*), todos esses atributos correspondendo ao que, na ciência moderna, é chamado de "campo de torção" ou vórtice toroidal gerado pela polarização dinâmica do centro da Manifestação.[20]

Na visão de Ezequiel (assim como na de São João no Apocalipse), o carro divino é cercado de quatro criaturas aladas fabulosas, transfigurações dos quatro aspectos sensíveis de Deus, os tetramorfos. Elas correspondem ao tetragrama do nome divino *Yahweh* יהוה, os Quatro Evangelistas do Novo Testamento e os Quatro Elementos da Tradição primordial. O carro divino constitui por si só o quinto Elemento, ou Quintessência, que se origina do Princípio representado por *Yahweh* na visão bíblica. O Veículo divino tem correspondência analógica com a Árvore da Vida, e as quatro criaturas fabulosas estão relacionadas aos quatro rios que saem de suas raízes e se estendem nas quatro direções do espaço. Ao Princípio são também ligados a Árvore do Mundo, a Montanha Sagrada, Deus e o Trono Divino, todos situados no centro dos Quatro Elementos, fundamentos da Manifestação universal da qual o Tarô de Marselha é, como veremos, o modelo inteligível.

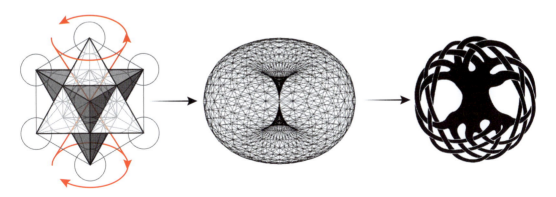

A STELLA OCTANGULA, coração dinâmico do vórtice toroidal como Árvore universal

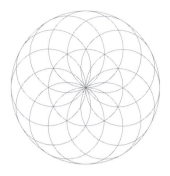
O TOROIDE na Semente da Vida

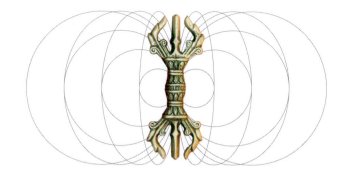
O TOROIDE e o VAJRA (raio) como eixo do mundo

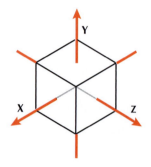

O cubo e seus três eixos correspondentes à Árvore do mundo e aos Quatro Rios da tradição primordial

O eixo vertical y corresponde à Árvore do Mundo (eixo do mundo), cujas partes superior e inferior correspondem respectivamente aos galhos e às raízes; os eixos x e z formam uma cruz horizontal constituída de quatro segmentos correspondentes aos Quatro Rios e aos Quatro Elementos.

A geração desse veículo divino que permite a ascensão e o trânsito por diferentes mundos é o objetivo supremo das práticas espirituais ascéticas em todas as grandes tradições, inclusive as do hinduísmo e do budismo, em que o tantrismo é praticado há mais de vinte séculos. Os maias tinham igualmente práticas similares,[21] e nas origens do judaísmo os adeptos praticavam também os *Maaseh Merkabah*, literalmente "Trabalho do Carro". Todas essas práticas consistiam em atingir uma maneira de efetuar a ascensão e o *retorno* ao Princípio pela via fulgurante do trovão do Poder divino, devolvendo o Homem a seu estado original.[22] No entanto são muitas as diferenças entre as variadas correntes espirituais quanto aos termos dessa *viagem*. Se algumas correntes buscam a libertação, e, dessa forma, a "saída" definitiva do Cosmos (ao menos pela duração de um ciclo completo de Criação, ou *Manvantara*[23]), por outro lado, os que praticam a alquimia espiritual a buscam num ir e vir da Manifestação ao Princípio, promovendo assim uma troca durante o percurso por diferentes mundos, participando dos movimentos "orgânicos" da Criação em um ciclo de Eterno Retorno.[24]

Nessa alquimia espiritual, tântrica, a regeneração ou permanência do Homem em seu estado original repousa sobre o corpo como matéria e instrumento da Obra, e as etapas que a balizam, num total de sete, são correspondentes aos *chakras* ativados alternadamente à medida que se eleva a *kundalini*,[25] da base da coluna vertebral, que constitui para o Homem o eixo do mundo, até os

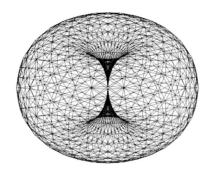

O TOROIDE em 3D

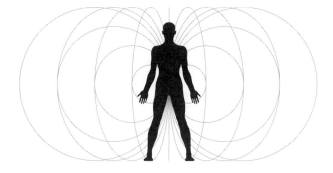

O HOMEM como centro e caminho universal

centros cerebrais superiores. Assim acontecem as operações químicas (alquímicas) que produzirão, em princípio, as substâncias que realizam, portanto, a regeneração (palingenesia) integral do ser humano. Por essas práticas, o Homem, alinhado e em acordo com o universal, se assemelha à Árvore do mundo, unido ao centro de toda a Criação. A Árvore, em sua constituição elementar, se encontra, portanto, inteiramente contida no cubo cujo desdobramento forma a Cruz, figura arquetípica da Árvore do mundo, que encontramos em todas as culturas sagradas. Em algumas dessas tradições, o salvador (*tara* em sânscrito) é crucificado sobre essa cruz (Tau ou Latina, por sua representação), constituindo assim o símbolo da epifania da Quintessência, expresso pela abertura do *arcano*, desdobramento do envoltório "exterior", revelando então seu Coração "interior": o Salvador como ser regenerado que volta à vida após haver se submetido às provas iniciáticas de morte e ressurreição, cumpridor dos princípios regeneradores da Natureza, a realização do Ser universal, transcendente, percebida em todas as tradições como a Manifestação da divindade no Homem.[26] O Homem, afixado à Árvore sagrada, é de fato arquetípico. Para as antigas civilizações e as religiões animistas, a árvore e o mundo vegetal são considerados como os verdadeiros ancestrais da Humanidade, engendrados pela Árvore da Vida.[27]

Várias lendas relatam também a existência de espécies humanoides vegetais, associando assim diretamente a vida e a consciência às plantas e às árvores.[28] A árvore produz o oxigênio e a atmosfera que nos permitem existir, respirar, pensar, ou seja, ter uma consciência.[29] A árvore (assim como as outras plantas) é, portanto, o verdadeiro ancestral da humanidade. Ela fornece as frutas, os óleos e unguentos que nutrem a alma tanto quanto o corpo e a pele, permitindo assim preservar a juventude (*tarun*) e a vitalidade. Dessa maneira, o termo *sapiência* – designando o Conhecimento, a Sabedoria e a Ciência –, que define a Humanidade atual enquanto espécie (*homo sapiens*), remete ao termo original dravidiano *sapa*, que encontramos no inglês como *sap*, ambos designando a seiva e o suco de certas plantas, comparados às águas primordiais e ao seu esplendor espiritual. Da mesma forma, a partir da árvore se fabrica o papel, permitindo a confecção de livros.[30] As plantas produzem igualmente os pigmentos das tintas e pinturas, permitindo a

BODHITARU ou Árvore de Buda, Nepal

preservação, a difusão, o aumento dos conhecimentos e, portanto, da consciência. Enfim, as árvores e as florestas constituem as colunas e os domos dos templos primitivos, cuja pedra angular era o próprio Céu, nos tempos em que o Homem e a Natureza viviam em osmose e eram apenas Um. Compreende-se assim facilmente que a Árvore, por suas especificidades e suas múltiplas propriedades, por sua estrutura lógica (*logos*) arborescente e hierárquica, tenha se tornado a imagem religiosa (do latim *religare*: religar) por excelência,[31] o todo da Manifestação se ligando a um tronco central universal como os galhos de uma Árvore.

Em sânscrito, *dhâtu*, que significa "grão" ou "semente", serve também para designar a raiz verbal, associando assim diretamente a árvore e as plantas ao Verbo como *logos*, que a planta e a árvore manifestam no plano sensível e vivenciam no plano simbólico.[32] A árvore física, que produz oxigênio, remete assim analogicamente à árvore lógica, à *raiz* do pensamento, da inteligência e da consciência. Não dizemos "cultura" quando nos referimos ao desenvolvimento individual e coletivo do ser humano? *Kshêtra*, que significa "o campo", em sânscrito, designa assim simbolicamente o domínio no qual se desenvolvem as possibilidades indefiníveis do ser.

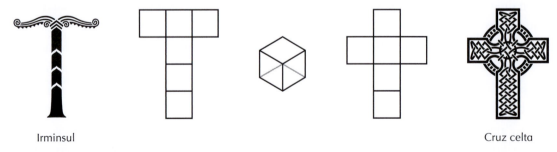

Irminsul　　　　　　　　　　　　　　　　　　　　　　　　　　　　Cruz celta

O CUBO DESDOBRADO NO TAO E NA CRUZ LATINA, DUAS IMAGENS DA ÁRVORE SAGRADA

ÁRVORE DE JESSÉ, genealogia de Jesus Cristo desde o rei Davi
Painel em marfim, Bamberg, Baviera, século XIII

Como resume René Guénon (1886-1951): "O grão é o centro. A árvore que dele brota é o eixo, diretamente resultante do centro, e ela estende através de todos os mundos seus galhos, sobre os quais vêm pousar os pássaros do céu, que, como em certos textos hindus, representam os estados superiores do ser".[33] Na Índia, *sadhu*,[34] que significa "nobre", "sábio", "realizado", "brilhante", tem como raiz *sadaa*, significando "eterno", "perpétuo", "para sempre", mas designa igualmente a clorofila e a montanha, remetendo assim à árvore (*taru*), verdadeiro eixo universal de regeneração e de iluminação, do mesmo modo que o Monte primordial de onde emana a tradição.[35]

OM, vibração primordial em que o *Sri Yantra* representa a Manifestação

SRI MERU YANTRA, Templo Devipuram, Andhra Pradesh, Índia
Imagem do monte primordial (Meru) cercado pelos Quatro Elementos

Por outro lado, os termos *arcano* e *lâmina*, empregados para designar as cartas do Tarô classificadas como "maiores" e "menores", são usados correntemente há mais de um século. Esses termos demandam, assim, um esclarecimento de seus significados e uma justificativa de seu uso para definir as cartas do Tarô. Em sua acepção alquímica, o termo *arcano* representa uma operação secreta, um segredo de fabricação e, metonimicamente, um corpo fabricado com a colaboração de algo secreto. Por extensão, esse termo designa um segredo cuja penetração é reservada a um pequeno número de iniciados. Os alquimistas têm utilizado o termo também para nomear a substância incorporal, imortal, inacessível ao senso comum. Segundo Paracelso, o arcano é a substância que encerra toda a virtude dos corpos de onde é extraída, é a Quintessência. Tirar essa substância dos corpos é abrir o livro da Natureza (nos remetendo à carta II PAPISA, no Tarô de Marselha).

Para os construtores, aos quais os alquimistas são ligados, esse corpo corresponde à "pedra angular" (*rûkn el arkhân*, em árabe), analogicamente ligada ao Princípio, à Quintessência e à Pedra Filosofal, cuja "realização" consiste na *integração* dos princípios da ciência do Cubo de Metatron. Essa Pedra das pedras compreende, na verdade, toda a estrutura e a linguagem (*logos* no sentido de código) do *cosmos* ("ordem", em grego), até sua aplicação no plano concreto e prático, implicando na ciência da transmutação, da regeneração e da transcendência. O Cubo de Metatron é, portanto, como veremos ao longo desta obra, o verdadeiro "Grande Arcano", ou *arcanum mundi*, que constitui a matriz integral do Tarô de Marselha.

Arca de Casamento ou *mundus* ateliê Embriachi, Itália, século XV

O termo *arcano* se relaciona à palavra grega *arkhè*: "origem", "princípio", "começo", mas também "aquele que comanda", fazendo assim referência à estrutura (*ratio*), à ordem (*cosmos*) e à linguagem (*logos*) arquetípicas (geometria sagrada e seus harmônicos sonoros), como Princípio primeiro e base de todas as coisas. Em latim, *arcana* é um pequeno cofre destinado a guardar joias e outros objetos preciosos. Nomeia um lugar secreto, misterioso e escondido. Por outro lado, o termo latino *mundus* (*mundi*), que significa "mundo" e "monte" em francês antigo (de onde deriva montanha, imagem do polo original e do centro de iluminação), significa na origem um cofre, uma caixinha (frequentemente hexagonal) e, mais particularmente, a arca pequena onde a mulher casada colocava suas chaves. O *arcano*, como cubo, é, portanto, a imagem tradicional do mundo e do casamento sagrado dos antagonismos desde a alta Antiguidade. Guardando todos os tesouros materiais e espirituais, seu conteúdo é acessível apenas a quem possui a chave. Em árabe, o termo *arkhân* (plural de *rûkn*), que significa os "ângulos", é tomado no sentido de fundamentos, marcos, referências ou de "pedras de toque", sobre as quais repousam simbolicamente as "Vias de Retorno" (*turuq*). Mas são, principalmente, as quatro pedras fundamentais (imagem da Terra) do Templo universal que se levanta até o cimo (imagem do Céu), cuja chave é o *"rûkn el arkhân"*, a "Pedra angular" ou "Pedra das pedras".[36]

OUTEIRO DE GLASTONBURY e a torre de Saint-Michael, Inglaterra, Somerset.

Esta constitui a imagem da Quintessência e do Princípio Universal a que conduzem as vias ascensionais do Retorno (*taru* em sumério). Como veremos no próximo capítulo, nessa última acepção, *arcane* ou *arkhân* não designam nem as cartas do Tarô nem os cinco grupos que os constituem – os Quatro Elementos ou as Pedras fundamentais correspondendo aos Arcanos Menores (Paus, Espadas, Ouros e Copas), e a Quintessência ou "Pedra angular" correspondendo aos Arcanos Maiores. Contudo, sendo o Tarô de Marselha, como veremos nos próximos capítulos, de constituição fractal, em que o Todo está contido em cada uma das partes, é correto, por extensão, usar esse termo para designar cada uma de suas cartas, mesmo que a palavra "lâmina" seja a mais apropriada. Na verdade, etimologicamente, "lâmina" deriva do latim *lamina*, termo técnico sem

Fecho da abóbada da galeria sul da catedral de São Pedro e São Paulo de Nantes, século XV

origem conhecida (talvez itálico e emprestado), que designa uma folha fina de metal ou madeira, uma placa (o sentido de lâmina afiada é secundário), um lingote e outros objetos planos e finos. Essa definição corresponde inteiramente a uma carta de Tarô da forma como ela poderia ser constituída em sua origem e se aplica perfeitamente às cartas de hoje em dia, justificando assim seu emprego como termo usual.[37]

Enfim, é ainda o sânscrito que nos fornece a etimologia mais original do termo *arcano*, em que *arcana* significa "honrável", "venerável", o radical *arca* significando "culto", "adoração", "ídolo", e *arci*, a ele relacionado, significando "raio", "chama", "esplendor". O latim estabelece, por outro lado, o liame entre o sagrado (*sacratum*) e o Segredo (*secretum*), princípio original (*arkhè* em grego) que é puro brilho *escondido* (*occultus*). Assim, a etimologia sânscrita nos revela que o Arcano corresponde ao Seio dos seios, ao coração do tempo sagrado no centro (virtual) da Manifestação universal.[38] À luz das revelações etimológicas, a denominação "Arcanos do Tarô" pode então ser interpretada como "as Pedras de toque das Vias do Eterno Retorno", trilhas entre a Terra e o Céu, entre a Manifestação e o Princípio. A Realeza de que tratamos aqui tem múltiplos níveis de aceitação, definidos à luz da Tradição, como a da antiga China. O Imperador tendia a representar o papel de Homem universal e de Homem transcendental, situado no centro do Reino entre a Terra e o Céu (Tao), intercessor entre os Homens e a fonte divina. Por outro lado, na Irlanda, entre os Tuatha de Danann, tribo ligada aos antigos indo-citas, o rei era coroado em Tara – "o barqueiro", "a salvadora", mas também "a estrela" polar em sânscrito –, capital mítica da Irlanda, situada na quinta província de Meath. No centro dos Quatro Reinos, ela corresponde ao plano quintessencial, no qual se encontra o talismã da Pedra de Fal (Lia Fáil), símbolo da soberania universal representada no Tarô pelo Arcano XXI O MUNDO.

Os Quatro Elementos do Tarô e sua Quintessência
Tarô de Marselha Edição Millennium

Desenhada verticalmente e de forma fálica, ela é bem semelhante a um linga hindu. Em irlandês, é *Teamhair na Rí*, a colina dos Reis. Naturalmente, chegamos ao símbolo do Graal, ao centro da Távola Redonda, a Jesus Cristo em meio a seus doze discípulos, a Fanes no meio do ano zodiacal etc., como representação do centro sagrado original, da porta entre o mundo transcendente do sobrenatural dinâmico e aquela da realidade "ordinária".

Independentemente de quaisquer considerações históricas particulares, temos conseguido, com o apoio da etimologia e do conhecimento da natureza cosmológica do Tarô, que é apresentada em detalhe no próximo capítulo, encontrar a origem – xamânica, tântrica e revelada – e o significado – estrutura lógica e hierárquica da Manifestação em relação ao Princípio – geral do Tarô de Marselha. Podemos, assim, de agora em diante, compreender sua *razão de ser*, aquela de codificação inteligível do mundo, de padronização dos princípios e dos modos de expressão da linguagem universal (*logos*), do *jogo* dos arquétipos cosmológicos compondo harmoniosamente nosso Universo, onde a integração intelectiva e intuitiva, por meio da interação do jogo dos ícones simbólicos, permite a cada um encontrar o sentido da existência e descobrir seu papel como cocriador universal.

MITRA-FANES saindo do Ovo do mundo pirogênico, século II d.C.

Capítulo II

A ESTRUTURA COSMOLÓGICA DO TARÔ DE MARSELHA

O Tarô é integralmente gerado pela matriz cosmológica universal conhecida pelo nome de Cubo "de Metatron",[1] modelo de toda a Criação, que gera os cinco sólidos máximos "de Platão". Esses poliedros convexos regulares constituem os arquétipos geométricos tridimensionais, que são os fundamentos de nosso Universo. Esses volumes compreendem, implicitamente, todos os teoremas matemáticos de onde procede o conjunto da Criação, das partículas às células vivas, dos sistemas solares às galáxias e a todo o Universo. Possuem inúmeras propriedades, como a de gerar o Número de ouro, ou Divina Proporção,[2] sinal de vida que pode ser encontrado em todos os níveis do Tarô de Marselha, que exprime o código de sua matriz de forma integral.

O CUBO DE METATRON

Essa matriz é gerada, ou, mais precisamente, reproduzida a partir do desenvolvimento arquetípico da Mônada, unidade principal que reproduz, pela multiplicação, a estrutura matricial única da raiz do conjunto da Manifestação, articulada por um *logos* (significando "linguagem" e "sistema", em grego) universal. Para os pitagóricos, a Mônada é de fato incorporada à *arkhè*, a Inteligência associada ao Éter, *comando*, origem e fim de todas as coisas.

As sete etapas de desenvolvimento da MÔNADA,
incorporadas aos sete dias do Gênesis, produzem a Semente da Vida

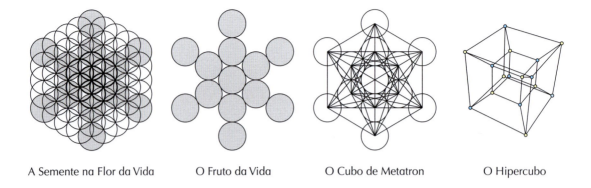

A Semente na Flor da Vida   O Fruto da Vida   O Cubo de Metatron   O Hipercubo

O Cubo de Metatron, diagrama do hipercubo ou tesserato,[3] é composto de dois cubos concêntricos. Ele se define por 39 segmentos que ligam o centro de treze círculos do "Fruto da Vida", fazendo aparecer, de um lado, a figura de dois triângulos equiláteros entrecruzados, denominada "Selo de Salomão" – que compreende praticamente a *Stella Octangula*,[4] seu equivalente tridimensional – e, de outro, a figura do hexágono, correspondente ao cubo em perspectiva isométrica.[5] Como veremos neste capítulo e no seguinte, essa estrutura matricial compreende todos os aspectos do Tarô de Marselha, tanto estruturais e gráficos quanto metafísicos.

OS SÓLIDOS "DE PLATÃO" E OS CINCO ELEMENTOS DO TARÔ

A associação dos cinco volumes arquetípicos aos Cinco Elementos remonta à alta Antiguidade. É em Pitágoras (Grécia, século VI a.C.) que se encontra a definição geométrica e metafísica dos cinco sólidos, que são o tetraedro, associado ao Fogo, o octaedro, associado ao ar, o hexaedro

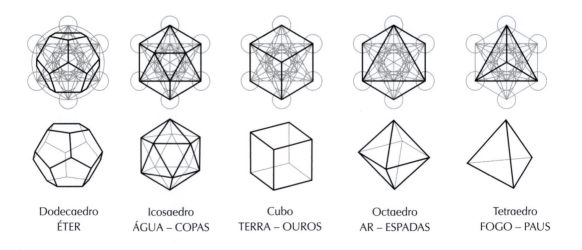

Dodecaedro   Icosaedro   Cubo   Octaedro   Tetraedro
ÉTER   ÁGUA – COPAS   TERRA – OUROS   AR – ESPADAS   FOGO – PAUS

(Cubo), associado à Terra, o icosaedro, associado à Água, e o dodecaedro, associado ao Éter e ao invólucro do Universo.[6] No Tarô, o Fogo corresponde a Paus; o Ar, a Espadas; a Água, a Copas; a Terra, a Ouros. O Éter, ou Quintessência, corresponde aos Arcanos Maiores, e mais particularmente à sua 21ª lâmina: XXI O MUNDO.

O CUBO DE METATRON E AS 78 LÂMINAS DO TARÔ

O Cubo de Metatron é formado por 13 círculos,[7] constituindo uma estrutura hexagonal (6 faces), ou 13 x 6 = 78, número total de cartas no Tarô. Ou 7 x 8 = 56, correspondendo ao conjunto dos Arcanos Menores. O número 78 é igualmente a soma de 2 + 4 + 8 + 64, ou uma progressão de base dois elevada ao número 64 (abstração feita de 16 e de 32), ou 4^3, que corresponde à elevação do quadrado (base quaternária dos Quatro Elementos) ao cubo (Matriz cosmológica exprimindo a Quintessência). Sabemos que o tabuleiro de xadrez tem 64 casas e o I Ching tem 64 hexagramas. Nota-se que a lacuna entre 64 e 78 é de 14, correspondendo ao cubo desdobrado e ao número de cartas de cada um dos Quatro Elementos do Tarô.

Por outro lado, o Cubo de Metatron é formado por 39 linhas que ligam dois a dois os pontos extremos da estrutura. Ou 39 x 2 = 78. Os pitagóricos identificam, de fato, a linha reta como um segmento finito, delimitado por dois pontos nas extremidades. A reta é, portanto, associada ao número 2.[8]

O CUBO ESPACIAL E OS CINCO GRUPOS DO TARÔ

Os 22 Arcanos Maiores e o cubo espacial

O cubo é composto de seis faces, doze arestas, três dimensões espaciais e um centro: ou seja, 6 + 12 + 3 + 1 ou 21 + 1 = 22, correspondendo aos 21 + 1 Arcanos Maiores do Tarô.

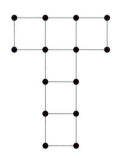

Os 56 Arcanos Menores e o cubo desdobrado

O cubo desdobrado forma uma cruz composta de 14 pontos, número de cartas de cada um dos quatro grupos que determinam os Quatro Elementos. Multiplicado por quatro (a base do cubo é um quadrado), temos 56, número de cartas que correspondem aos Arcanos Menores do Tarô.[9]

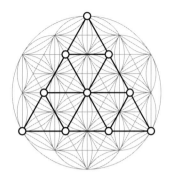

Os Arcanos Menores e a Tetractys pitagórica

Se o cubo engloba 14 cartas de cada um dos Quatro Elementos, é a Tetractys (do grego *tetra* [quatro], e *aktys* [luz radiante]), desenvolvida no coração da "Semente da Vida" e abrangendo o cubo em seu centro, que justifica o fato de cada um dos quatro grupos ser constituído de 10 + 4 cartas. De fato, a Tetractys surge da elevação triangular do número 4 à unidade, resultando 10, o número de cartas numerais, em uma base 4, número dos Elementos do Tarô.

Essa razão de 10 sobre 4 justifica o fato de um quadrado elementar completar o conjunto de dez numerais de cada um dos Quatro Elementos. Nós já vimos que o Cubo de Metatron é constituído de dois cubos concêntricos em perspectiva isométrica. Sendo cada cubo formado de dois triângulos equiláteros entrecruzados, temos, portanto, ao todo, quatro triângulos equiláteros, compreendendo cada um uma Tetractys de base quaternária constituída de dez pontos de base quatro. Por outro lado, o cubo, tendo uma base quadrada, afirma o quaternário fundamental como base estrutural do *logos*.

Nós encontramos, assim, quatro grupos de dez, e quatro bases quaternárias, sendo 4 (10 + 4) = 56, número total dos Arcanos Menores. Assim, os grupos dos 21 + 1 Arcanos Maiores e dos 56 Arcanos Menores estão englobados no cubo. Obtemos, dessa forma, para o jogo completo de 78 cartas, uma estrutura similar àquela de um tempo que se assenta sobre quatro pedras fundamentais, cujos pilares se elevam até o fecho da abóbada do edifício. Esse fecho é a "Pedra Angular" dos construtores, Quintessência, como o que se eleva do terrestre ao celeste ou, ao inverso, Fonte principal de onde emanam os Quatro Elementos, fundamentos arquetípicos da Manifestação universal.

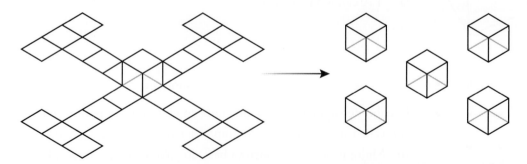

A Quintessência, ou 21 + 1 Arcanos Maiores no centro dos Quatro Elementos ou 4 x 14 Arcanos Menores

Os Quatro Elementos e a Quintessência replicados em CUBOS, "PEDRAS" ou "ARCANOS"

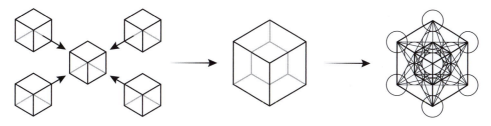

OS QUATRO ELEMENTOS FORMAM APENAS UM, UNINDO-SE PARA REPRODUZIR O CUBO DE METATRON

Filolau de Crotona (c. 485-385 a.C.), pensador maior da escola pitagórica, admite a existência dos Quatro Elementos, que ele associa a quatro divindades, e a quatro ângulos, onde se "estreitaria a união" com a ajuda de um só *ângulo*. Os árabes preservaram essas noções com o *"Rûkn El Arkbân"*,[10] a Pedra das pedras ou fecho de abóbada quintessencial, que foi um dos qualificativos atribuídos ao profeta Maomé.[11] Os Quatro Elementos são os quatro *aspectos* da Manifestação que é Una, resultante do desenvolvimento e da expressão do Princípio, que é o eixo imutável, a Mônada de onde surge por multiplicação e replicação o conjunto do Universo. A junção dos Quatro Elementos constitui, portanto, o invólucro exterior (a "realidade") do Cubo de Metatron, o cubo central correspondente ao Princípio (a "verdade") e à Quintessência. Em alquimia, sua *justa* assimilação corresponde à Pedra Filosofal, traduzida ideograficamente pelo Selo de Salomão, cujas partes constitutivas são figurativas dos Quatro Elementos.

Pedra filosofal   Água (Copas)   Terra (Ouros)   Ar (Espadas)   Fogo (Paus)

A COERÊNCIA DO TARÔ CONFIRMADA PELOS NÚMEROS

Os números principais do Tarô, 22 e 56, com a intervenção de π (*Pi*), que corresponde a 3,1415 (produto do diâmetro de valor 1 da circunferência do círculo, que corresponde aproximadamente a 22/7) e de φ (*Phi*) (o "Número de Ouro", produto de 1 sobre 1,618, que corresponde aproximadamente a 21/13) apresentam uma relação unitária total, terminando por demonstrar que as 78 cartas do Tarô constituem um todo indiviso e indissociável:

78 = 22 Arcanos Maiores + 56 Arcanos Menores.

Ou 56 = 22 x (8/π) e 22 = 56 x (π/8)

O Número de Ouro φ (*Phi*) é encontrado em todos os Tarôs, tanto no que diz respeito ao plano gráfico, nas relações e proporções, quanto no que diz respeito ao plano matricial geométrico, no qual nós o encontramos em essência no Cubo de Metatron e nos sólidos de Platão. No plano puramente matemático, nós encontramos φ (*Phi*) como mediador unindo os dois números-chave do Tarô, 22 e 56:[12] $22 \times \varphi = (56\sqrt{\varphi})/2$ porque $56/2 = 22\sqrt{\varphi}$

O Cubo de Metatron, em perspectiva isométrica (hexágono), é, portanto, constituído de 39 linhas ligando cada centro aos extremos opostos. Essas 39 retas, formadas elas próprias de 54 segmentos ligando os 13 centros dois a dois, ou seja, sempre segundo o axioma pitagórico, em que a reta vale: $54 \times 2 = 108$. Esse mesmo cubo, no plano (visto de frente, quadrado), é formado por 9 círculos e 18 retas, cujo valor pitagórico é de 36 (18 x 2). Essas 18 retas são constituídas de 24 segmentos. Logo, 54 + 24 segmentos = 78: a totalidade do Tarô, e 13 + 9 círculos = 22, número de seus Arcanos Maiores. Então, os números 108 e 36 correspondem, respectivamente, ao ângulo interno do pentágono – o delta luminoso –, que é de 108 graus, e ao ângulo interno da divisão do pentagrama – estrela regular com cinco pontas constituída do Número de ouro φ – que é de 36 graus.

O pentágono, que compreende o pentagrama, é formado por dois dos cinco sólidos platônicos: o icosaedro, constituído de cinco triângulos equiláteros ligados por dois de seus lados, e o dodecaedro, formado por doze faces pentagonais. As bases geométricas da equação do Número de ouro φ nos são dadas pela *Vesica Piscis* (bexiga de peixe) – considerada pelos pitagóricos uma figura sagrada –, que aparece na Díade, primeira etapa do desenvolvimento da Mônada. Assim, a Quintessência, representada pelo pentagrama, está contida como embrião na própria matriz e se manifesta geometricamente em seus volumes platônicos:

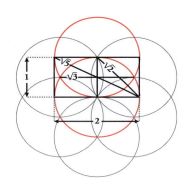

A "Semente da Vida", o pentagrama e o Número de Ouro φ

O coração do Cubo de Metatron e sua primeira parte constitutiva, a Díade, compreendem geometricamente os termos da equação do Número de Ouro φ[13]

$$\varphi = \frac{\sqrt{5}+1}{2} = 1,618$$

$$\frac{1}{\varphi} = \frac{\sqrt{5}-1}{2} = 0,618$$

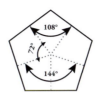 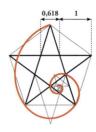

O dodecaedro formado por 12 pentágonos | O pentágono e seus principais ângulos | O pentagrama, seu gnômon e a espiral do Número de Ouro

A relação da Pedra (o cubo) com a Quintessência é representada pelo ponto central do quadrado (o cubo visto de cima), e nós a encontramos expressa de forma elementar no Tarô pelo hexágono e o decágono (duplo pentágono). Essas duas figuras englobam, respectivamente, a totalidade dos Arcanos Maiores e Menores do Tarô. Portanto, temos: 22 = 1 + 2 + 3 + 4 + 5 + 6 + 1, ou seja, a soma dos seis topos do hexágono (o cubo em perspectiva isométrica) mais seu centro, sete "ângulos" no total (compreendendo implicitamente o produto de 22/7, representativo de π) e 56 = 1 + 2 + 3 + 4 + 5 + 6 + 7 + 8 + 9 + 10 + 1, ou seja, os topos do decágono mais seu centro. Essas duas figuras são assim representativas da matriz cosmológica (o Cubo) e do ciclo universal da Manifestação, expresso pela unidade dinâmica do número dez, simbolizado pela roda ou *Rota*, que veremos no Capítulo VI. Joannes Stobaeus (doxógrafo e compilador bizantino do século V de nossa era) relata o seguinte: "O mundo é Uno, começou a se formar a partir do centro e não pode se manifestar senão na Década, soma aritmética dos dez números da Tetractys" (*Eclogæ physicæ et ethicæ*).

O DECÁGONO E O HEXÁGONO, FIGURATIVOS DOS NÚMEROS 56, 22 E 15

Ora, como vimos até aqui, os Arcanos Maiores emergem do cubo (hexágono) e os Arcanos Menores, por seus Quatro Elementos, constituem o quadrado primordial e a base da Tetractys que engendra o número Dez, imagem do Cosmos e de todos os aspectos possíveis da Manifestação, segundo os filósofos pitagóricos. No decágono e no hexágono, estão, portanto, contidos os números 22, 56 e, por sua superposição, 14 + 1, ou seja, 15, redução aritmográfica de 78 (7 + 8). Por outro lado, como se ecoasse o *logos* universal, encontramos, pelo centro e pelos quatro círculos concêntricos do Cubo de Metatron, os Quatro Elementos e a Quintessência, aparecendo como a pulsação e o ritmo vibrante do coração de toda a Criação.

Assim, a totalidade do Tarô é inteiramente criada e *justificada* pela geometria sagrada do Cubo de Metatron, matriz cosmológica universal. No próximo capítulo veremos que isso não acontece com a constituição gráfica das cartas.

Capítulo III

A CONCEPÇÃO GRÁFICA DO TARÔ DE MARSELHA

este capítulo é demonstrado que a geometria do Cubo de Metatron, além de justificar a estrutura geral do Tarô de Marselha, produz, por meio de seu desenvolvimento no espaço, um plano matricial fractal que gera todos os aspectos gráficos das cartas segundo as afinidades harmônicas arquetípicas.

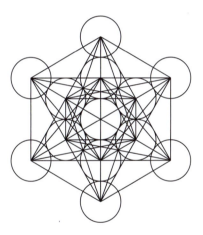

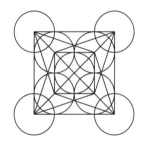

O Cubo de Metatron
em visão espacial

O Cubo de Metatron
em visão plana

A MATRIZ FRACTAL DO ARCANO

O Cubo de Metatron se apresenta principalmente de duas formas. Uma com volume, que é representada em perspectiva isométrica, e outra no plano, representada pelo quadrado. Essa dupla expressão mostra assim dois aspectos geométricos fractais, que se desdobram harmonicamente no espaço, um em relação ao outro. Esses dois diagramas, por si sós, *comandam* a integralidade do Tarô de Marselha.

Grade fractal do plano matricial hexagonal (vista espacial)

Grade fractal do plano matricial quadrado (vista plana)

Essas matrizes, à semelhança do próprio Cubo de Metatron, conjugam linhas de tensão que ligam seus pontos principais, completando-os por retas formadoras de traços reguladores que justificam e equilibram a constituição gráfica das cartas na estrutura global do *Arcano*. Para permitir a boa apreensão dessa matriz, deixamos de apresentar aqui todas as escalas necessárias para criar as cartas. Da mesma forma, os dois aspectos do plano matricial são apresentados separadamente para que possamos distingui-los bem, porém *na realidade* eles se sobrepõem. Entretanto teremos neste capítulo uma percepção da justificação das cartas em todas as escalas e em cada uma de suas geometrias. É, portanto, preciso mergulhar ao nível mais profundo do *Arcano* para descobrir que o conjunto do Tarô de Marselha pertence a uma única e mesma *natureza*, a estrutura e as linhas de tensão dos pontos principais da matriz revelando que um único e mesmo código ordena o Todo.

A CONCEPÇÃO GRÁFICA DAS CARTAS NA GEOMETRIA SAGRADA

Na página ao lado, podemos ver a lâmina XII LE PENDV (O PENDURADO) do Tarô feita por Pierre Madenié em Dijon, em 1709, na matriz geométrica hexagonal. De todos os Tarôs ditos de Marselha de referência histórica, este jogo é um dos mais antigos e dos mais belos dentre os conhecidos, feito 51 anos antes do Tarô de Nicolas Conver (Marselha, em 1760), em geral considerado, sem razão, como o Tarô "original" ou como o de referência. Conforme podemos conferir ao lado, o desenho da carta foi "baseado" na geometria matricial, as linhas de tensão da estrutura geométrica contêm e delimitam cada uma das partes constitutivas da lâmina. Além de todas as cartas do Tarô de Marselha serem justificadas dessa forma nessa matriz, seus desenhos

XII LE PENDV (O PENDURADO) de Pierre Madenié, Dijon, 1709, na geometria matricial (vista parcial)

XVIII LA LUNE (A LUA) atribuída a Arnoult, Paris, 1748, edição Grimaud, 1891, na geometria matricial

são inteiramente criados por suas premissas geométricas, que se desdobram harmonicamente pelo Infinito. Essa geometria produz, dessa forma, todos os *aspectos* das lâminas do Tarô, cada uma definindo, por sua posição na geometria matricial, sua relação com as outras lâminas, das quais é parte integrante, caracterizando também sua *situação* no seio do Cosmos (palavra grega que significa *ordem*, cujo emprego para designar o Universo e sua estrutura é atribuído a Pitágoras), cuja geometria sagrada é a expressão universal.

Nessa matriz geométrica, as cartas são todas construídas a partir de duas premissas, a reta e o círculo, cujos ângulos e raios são relativos às escalas harmônicas e fractais da estrutura matricial. Essas premissas geram a integridade do desenho das cartas, dos mínimos detalhes às partes gerais, incluindo a moldura, as cifras e as letras. As lâminas se estruturam, assim, por um conjunto de elementos determinados e rigorosos, conferindo ao Tarô de Marselha toda a sua força e sua coerência lógica, todos os seus aspectos são codificados por uma única e mesma linguagem sistêmica, que, como vimos, não é outra senão o *logos* universal. Vamos constatar, nas páginas seguintes, que essa Ciência da arte do traço não só era conhecida até a metade do século XVIII, como também foi aplicada efetivamente na concepção gráfica das cartas do Tarô de Marselha, como o prova, sem ambiguidades, o Tarô dito "de Arnoult, 1748" (de origem indeterminada e provavelmente impresso entre 1760 e 1800), jogo de características gráficas únicas, do qual só os moldes foram preservados, e nenhum exemplar impresso à época, infelizmente, se deu a conhecer até hoje.[1]

Os círculos harmônicos e fractais da concepção gráfica do Tarô de Marselha

Os círculos de escalas harmônicas são traçados em vermelho; os intermediários, de escalas fractais de primeiro grau, em preto. Os intermediários suplementares, fractais de segundo grau, não são usados senão em três casos raros no desenho das lâminas. Essas simples relações harmônicas associadas de retas e de ângulos igualmente harmônicos (fractais de ângulos mestres) compõem os desenhos do conjunto de cartas do Tarô de Marselha.

O *maître-cartier* Lequart, ou seja, mestre-impressor de cartas, que resgatou o fundo do mestre Arnoult em 1890, produziu uma edição (com cores não tradicionais) desse jogo no mesmo ano. Em 1891, a Maison Grimaud resgatou, por sua vez, o fundo desse impressor e reeditou esse Tarô (da mesma forma, com as cores fantasiosas), conseguindo uma seleção melhor dos moldes para as lâminas numéricas e para certas Honras, gravadas muitas vezes conforme o costume. Foi enfim Paul Marteau, sobrinho de Baptiste Paul Grimaud, que reeditou esse jogo em 1930,[2] realizando uma versão ainda comercializada hoje em dia e bastante popular, ainda que ela comporte, como as edições precedentes de Grimaud e de Lequart, um cânone de cor fantasiosa. Entretanto a iconografia desse jogo, bastante alterada em relação à iconografia tradicional do Tarô de Marselha tal qual podemos admirar nos modelos mais antigos (o Tarô de Pierre Madenié, 1709, e o de François Chosson, 1736, principalmente), apresenta a particularidade única de ter uma extraordinária pureza geométrica, comportando "marcadores" que permitem determinar com relativa facilidade a localização das cartas em sua geometria matricial. O comparativo a seguir revela a singularidade do Tarô de Arnoult, de 1748, e suas aparentes anomalias gráficas, que constituem, na realidade, marcadores, como podemos constatar no plano geométrico na página 44. Sem esses, a redescoberta do ajuste das lâminas na geometria teria sido extremamente difícil, senão impossível, para as lâminas como XVIII LA LVNE (A LUA), cujo diâmetro do astro, na iconografia tradicional, não corresponde na matriz geométrica ao raio harmônico ou fractal de primeiro grau, talvez porque o restante da carta não esteja evidente. Ou essa carta comporta um diâmetro maior, fractal de primeiro grau, que se ajusta de forma clara na geometria, facilitando assim estimar sua localização. Assim também, nessa mesma lâmina, o focinho do lobo à esquerda apresenta uma curvatura não conforme ao desenho tradicional, mas que corresponde exatamente, como podemos constatar no plano geométrico, a um círculo harmônico. Esses dois elementos característicos permitem datar a carta sem muita dificuldade e sem erro. Entretanto, mesmo com esses marcadores, foram necessários muitos anos ao autor para que encontrasse a localização dos 22 Arcanos Maiores em sua geometria matricial.

Os Arcanos Menores apresentam, por outro lado, uma relação mais evidente com a geometria, pelo menos no que diz respeito às lâminas ditas Numerais, as Honras, como o CAVALEIRO DE PAUS aí ao lado, apresentando igualmente uma relação complexa com a geometria. Este exemplo nos permite apreciar novamente a precisão geométrica do Tarô atribuído a Arnoult, 1748. Pelo conjunto de suas características gráficas, esse jogo é precioso no mais alto grau, com um desenho

Pierre Madenié, 1709

François Chosson, 1736

Arnoult, 1748

Claude Burdel, 1751

CAVALEIRO DE PAUS, atribuído a Arnoult, Paris, 1748, Édition Lequart, 1890, na geometria matricial ajustado na geometria mesmo quando não é comparado à iconografia tradicional. Esse Tarô demonstra, assim, que essa geometria é certamente a matriz tradicional da iconografia do Tarô de Marselha, tanto quanto de sua estrutura geral e de sua organização. Isso também prova, sem sombra de dúvida, que essa Ciência foi conhecida e dominada a ponto de ser inserida no final do século XVIII por um desenhista que foi, sem dúvida, um grande iniciado.

O Tarô é, de fato, uma obra puramente hermética. Se um mestre não concede as chaves, ou não permite que elas sejam encontradas por meio de sinais claros como esses marcadores geométricos, não se consegue desvendar *o arcano*. É bem provável que, se esse mestre o fez, além de ser Iniciado, ele deu a entender que estava no fim de uma era e que a transmissão da herança sagrada da ciência do Tarô de Marselha estava ameaçada. Outros traços do conhecimento e da matriz da geometria original do Tarô pelos gravadores se encontram, porém, em outros Tarôs, como o produzido por Jean-Pierre Laurent em Belfort, em 1760, que apresenta a adição de uma estrela de seis pontas à frente do cavalo do CAVALEIRO DE PAUS, um destaque em relação à geometria matricial, pois normalmente essa figura não é aparente nessa carta. Assim, também, encontramos o hexagrama – o Selo de Salomão – nos moldes do jogo de cartas espanhol Baraja, do século XVIII, englobando, como o Tarô de Marselha, as quatro insígnias "italianas" de Paus, Espadas, Ouros e Copas. Esses exemplos mostram que, ainda que a ciência geométrica do Tarô não seja plenamente aplicada ou mesmo *reconhecida*, certas cartas de Tarô e de jogos semelhantes comportam, como um emblema, o símbolo-chave da antiga ciência tradicional, da qual ele é também o Selo. A perda progressiva do segredo geométrico da iconografia do Tarô de Marselha resultante da produção em massa de cartas, somada ao fato dela decorrente de os gravadores não

Pierre Madenié, 1709   François Chosson, 1736   Claude Burdel, 1751   Jean-Pierre Laurent, 1760

serem necessariamente Iniciados e de copiarem as imagens sem necessariamente conhecer o significado original, engendra alterações múltiplas e lamentáveis. Assim, como podemos constatar no comparativo da lâmina XII LE PENDV (O PENDURADO), abaixo, além da precisão do desenho, que se degradou durante todo o século XVIII, cores e detalhes foram alterados a ponto de alguns desaparecerem completamente.

Podemos, também, constatar que o verde-claro das árvores dessa lâmina, produzido pela superposição da tinta amarela sobre a tinta azul-clara (às vezes, o contrário), desapareceu e tornou-se simplesmente amarelo, falseando dessa forma o simbolismo da carta. Da mesma forma, podemos constatar que o galho cortado do tronco transversal no qual se sustenta o personagem é progressivamente apagado, a ponto de se tornar parecido com uma ponta de corda, para enfim desaparecer totalmente. Além disso, de forma geral, a iconografia sofre a influência naturalista própria do racionalismo do século das "Luzes", tendendo a representar as personagens sempre mais "reais", distanciando ainda mais o Tarô de sua origem puramente figurativa e alegórica. Veremos, no próximo capítulo, em que isso caracteriza o desvio profano da produção do Tarô.

Molde de carta espanhola, 1800

Pierre Madenié, 1709

François Chosson, 1736

Nicolas Conver, 1760

André Arnoux, 1808

III DE ESPADAS atribuído a Arnoult, Paris, 1748, Edição de Paul Marteau, Grimaud, 1930, na geometria matricial

A redescoberta da matriz gráfica do Tarô de Marselha e sua aplicação aos Tarôs históricos de referência permitiram ao autor descobrir inúmeras outras alterações estruturais e gráficas das lâminas, como aquelas resultantes do corte das cartas para seu enquadramento na moldura, ou aquela da inversão espelhada de três lâminas[3] na maior parte dos exemplares históricos de Tarôs de Marselha conhecidos. Essas descobertas levaram o autor a produzir o Tarô de Marselha Edição Millennium, desenhado em pura geometria fractal,[4] consubstanciando o princípio de que as cartas do Tarô são, *na origem*, (arquetipicamente) de maneira integral geradas pela geometria sagrada do Cubo de Metatron. Cada detalhe é assim produzido segundo as mesmas regras harmônicas, restituindo dessa forma, plenamente, ao Tarô de Marselha seu *logos* original.

A MOLDURA, AS CIFRAS E AS LETRAS DO TARÔ DE MARSELHA

As cartas do Tarô de "Marselha" são delimitadas por uma moldura constituída de um quadrado duplo chamado "quadrado da Gênese", ou ainda "quadrado do Conhecimento". Comparado ao "quadrilongo" dos construtores (o quadrilongo na proporção prateada), ele contém implicitamente todas as relações subjacentes à "Criação do mundo" e à organização lógica (*logos*) do Cosmos. Como vimos até agora, o quadrado duplo é gerado pela *Vesica Piscis* produzida a partir da Díade, primeira etapa do desenvolvimento da Mônada. Princípio original (*arkhè*) de onde desce o Universo. O quadrado duplo situa-se, portanto, na base da Manifestação, constituindo-se, de qualquer forma, na "Porta"[5] situada entre o Princípio e a Criação, na "Mesa" *comportando* os códigos sagrados da estrutura do Cosmos. Pela tradição simbólica, o quadrado superior representa o Céu, o quadrado inferior, a Terra, e a linha mediana, o horizonte. As ilustrações a seguir representam essa Mesa e suas principais proporções cosmológicas:

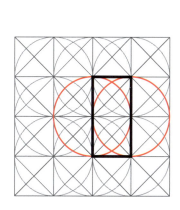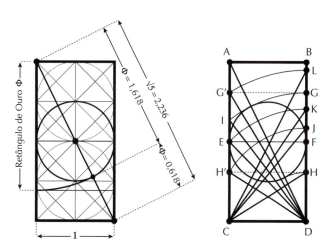

O QUADRADO DUPLO DAS LÂMINAS DO TARÔ E AS PRINCIPAIS PROPORÇÕES DO "QUADRADO DA GÊNESE"

As proporções fundamentais do quadrado duplo:

DG = DI = $\dfrac{\sqrt{5} + 1}{2}$ = Φ = 1,618 ... o Número de Ouro

AD = $\sqrt{5}$ = 2,236... a diagonal do quadrado duplo

DE = $\sqrt{2}$ = 1,414... a diagonal do quadrado

CK = $\sqrt{3}$ = 1,732... correspondente à diagonal transversal do cubo

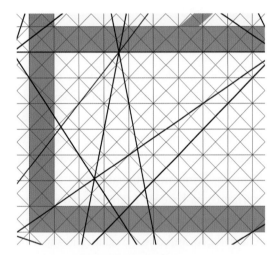

A moldura (quadrado duplo) e o motivo ornamental da carta determinados pela grade quadriculada do plano matricial

As letras latinas e sua disposição no motivo ornamental determinados pela grade hexagonal do plano matricial

A moldura de cada uma das lâminas do Tarô de Marselha tem uma posição e um corte determinados de forma muito precisa no "passo"[6] da grade quadriculada do plano matricial (a moldura é um quadrado duplo), sendo que a espessura do traçado dessa moldura é o dobro da espessura do traçado dos desenhos da lâmina. Da mesma forma, a grade determina a altura do motivo ornamental contendo o nome e as figuras associadas a cada carta. Essas são compostas de letras latinas, igualmente geradas e justificadas pela geometria sagrada.[7] As letras I e V, assim como L, M e X, que correspondem a algarismos romanos, ampliam o âmbito das relações de nomes e de números entre eles.[8] A utilização dos números e de suas combinações, trocas e sequências, como meio de representação conceitual do mundo, tem sua origem conhecida na Índia, principalmente. Ela foi desenvolvida no Egito e na Grécia, onde, segundo Pitágoras, o domínio das virtudes particulares dos números pelo espírito humano desvenda os componentes

Carta do Tarô de Marselha Edição Millennium na geometria matricial hexagonal e quadrada superposta

secretos da natureza.[9] Assim, os nomes específicos das lâminas do Tarô de Marselha, que são compostos segundo uma ortografia precisa encontrada da mesma forma em todos os Tarôs de referência, constituem, por sua grafia e sua composição específica, um código aberto em que o conteúdo se revela pela aplicação das regras da "língua dos Pássaros", língua iniciática que *joga* com as sonoridades e as formas da linguagem.[10]

O VERSO DAS LÂMINAS, CHAMADO "TAROT" OU "TAROTAGEM"

O verso das cartas do Tarô de Marselha é igualmente composto na geometria do plano matricial. Ele tem um motivo ortogonal que se propaga indefinidamente, produzindo um campo visual indiferenciado, que neutraliza a persistência na retina, a fim de preparar o olhar para as figuras e cores vivas das cartas. A *impressão* é ainda mais forte que essa "tarotagem" gerada na geometria quadrada, ao passo que o desenho das cartas, em volume, é globalmente produzido na geometria hexagonal, maximizando assim o impacto visual por essa passagem do plano ao volume. O padrão em rede do verso das cartas corresponde a um tratamento tradicional de grandes áreas de diferentes materiais, como o papel ou o pergaminho nas cartas e nos livros, as superfícies de veludo de lã, como se pode ver nas grandes portas de castelos medievais, ou ainda os mosaicos do Oriente, onde essa tradição foi preservada.[11] O termo "tarotar" significa pautar com pontos ou linhas pretas, e esse verbo tem conexão com *tara* (século XIV), uma espécie de trabalho com ferros quentes sobre veludos, tecidos, em que se produz pequenos furos pespontados e alinhados em compartimentos. Esse termo foi igualmente empregado na mesma época para

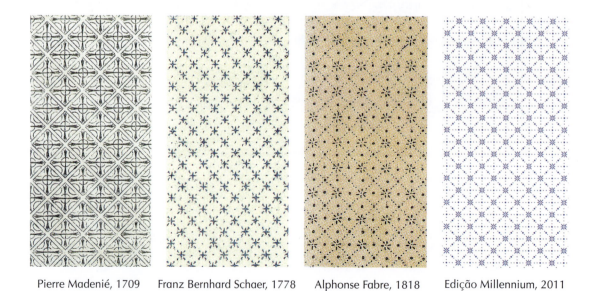

Pierre Madenié, 1709   Franz Bernhard Schaer, 1778   Alphonse Fabre, 1818   Edição Millennium, 2011

designar o peso de embalagens que era necessário ser deduzido na hora de definir o peso líquido[12] das mercadorias. O *Dictionnaire historique de la langue française* [Dicionário histórico da língua francesa] nos dá a seguinte definição para o termo *tare*: "S.f. é empregado (1311) como definição do antigo *tara* do provençal (somente atestado em 1375), ou do italiano, ao árabe *tarha*, 'peso de embalagens', substantivo verbal de *taraha*, 'levantar, tirar'. [...] *Tare* designava inicialmente um pacote, algo que, uma vez pesado, permitia conhecer o peso da mercadoria nele contida."

Já vimos, no primeiro capítulo, a origem sânscrita do termo *tara*, e em que o termo *tare*, equiparado por conta e dedução, se liga à *lógica*. Segundo o *Dictionnaire de l'Académie Française* [Dicionário da Academia Francesa], as cartas *tarotadas* são aquelas em que o verso é marcado de grisalhas ou de piquê de ouro. Quanto à *Enciclopédia* de Diderot e de Alembert, ela registra que a face posterior das cartas é chamada de *Tarot*. Assim, os termos "Tarot", "Tarotar" e "Tarotagem" foram empregados na França desde meados do século XIV para designar uma estrutura regular em malha, correspondendo à geometria fractal do cubo, que determina *peso* e *medida*. Mais precisamente, como temos visto desde o primeiro capítulo, a *tare* designa, de fato, o "fio" do invólucro do vórtice toroidal, campo dinâmico unificado da matriz universal. Esse é o padrão de piquê quadriculado que foi empregado tradicionalmente no verso das cartas do Tarô pelos mestres impressores de cartas da Europa até o final do século XIX.

AS CORES DO TARÔ NO ESPECTRO LUMINOSO

As cores do Tarô de Marselha destacam o espectro luminoso, composto primitivamente das três cores primárias da luz – o vermelho, o verde e o azul – e de três cores secundárias – o ciano, o magenta e o amarelo, que são, no que lhes diz respeito, as cores primárias da pintura e da impressão, compostas de pigmentos.[13] As cores vermelho, verde e azul são os três componentes da luz branca, que provém do fogo, ao qual o número três é tradicionalmente associado.

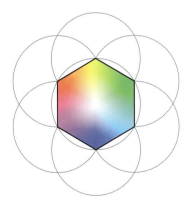
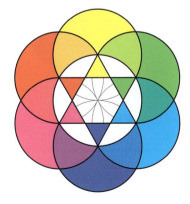

O hexágono do espectro luminoso   O espectro luminoso na Semente da Vida

Nós encontramos especialmente essa associação com o mantra hindu "OM", som primordial da Criação (igualmente associado ao número sete), e com Âjnâ-chakras, correspondente ao Terceiro Olho, sede do Espírito e morada do *Fogo Secreto* da alquimia espiritual.[14] As seis cores primárias do espectro luminoso, reunidas às cores intermediárias, produzem o círculo cromático com doze seções, tendo a luz branca como centro sintético. Como constatamos nas ilustrações logo abaixo, essa roda arquetípica está contida no coração do Cubo de Metatron[16] – a Semente da Vida –, que fornece, por sua estrutura gráfica intrínseca e sua palheta de cores, as bases fundamentais da arte sagrada, da mesma forma que é a fonte secreta dos mitos de todas as grandes tradições transmissoras da *Filosofia Perene*,[15] cujos símbolos se referem, todos, alegoricamente, ao código cosmológico universal.

Deixando visível o espectro luminoso considerado como a palheta da Criação, o arco-íris representa simbolicamente a ponte de luz e o signo da aliança entre o Céu e a Terra. A síntese, a luz branca, assimilada tradicionalmente ao "Sétimo Raio", corresponde ao eixo universal ou *axis mundi*, ao Caminho do meio (Tao) ou ao canal que permite ao Homem o encontro com o Divino, pelo caminho transcendente.

As cores do Tarô de Marselha são sete, mais o preto e o branco, que são, na arte sacra, cores absolutas. As cores formam, juntas, uma enéade, que exprime de forma luminosa o conjunto de possibilidades universais.[17] Do mais escuro ao mais claro, ou do mais ao menos material, essas cores são: o preto, o azul-escuro, o verde-escuro, o vermelho, o verde-claro, o azul-claro, o bege (nuance clara do amarelo-laranja), o amarelo e o branco.

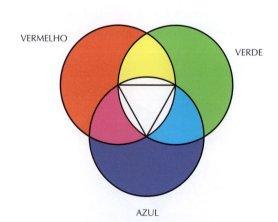

SÍNTESE ADITIVA
CORES PRIMÁRIAS DA LUZ
A soma das cores produz o branco

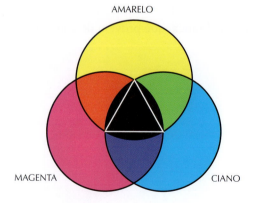

SÍNTESE SUBSTRATIVA
CORES PRIMÁRIAS DOS PIGMENTOS
A soma das cores produz o preto (marrom)

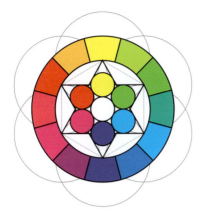

A Semente da Vida e as doze cores do
círculo cromático, mais o branco e
o preto; 14 cores ao todo

O casamento do Céu (síntese aditiva: luz)
e da Terra (síntese substrativa: pigmentos)
formando o selo de Salomão

Destaque-se que a gama de cores do Tarô é mais calibrada no espectro luminoso do que na escala de luminosidade. Na verdade, as cores são unidas entre si harmoniosamente pelo tom, percorrendo toda a *amplitude* do espectro, enquanto na escala de luminosidade são separadas. A estrutura cosmológica arquetípica comum ao círculo cromático e ao Tarô de Marselha afirma que

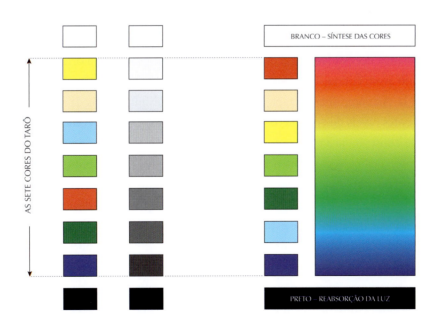

AS SETE CORES DO TARÔ
na escala de luminosidade
da obscuridade à luz

AS SETE CORES DO TARÔ
no espectro luminoso do menor
ao maior comprimento de onda

o código colorido desse último é o mesmo da luz e da energia. O espectro luminoso corresponde de fato às cores da luz, ao contrário das cores ligadas aos pigmentos e, portanto, à matéria, cuja calibragem na escala luminosa vai do obscuro ao claro, quer dizer, da maior à menor reabsorção dos raios luminosos (composta da trindade vermelho, verde, azul, da qual a luz branca é a síntese) na matéria. Realmente, a cor óptica provém da reabsorção parcial ou total de um ou de muitos dos três raios de luz. Assim, temos a percepção do amarelo ao observar o núcleo de um ovo, pois a componente azul é mais ou menos totalmente absorvida pela matéria, e os pigmentos não refletem (ou não liberam) senão o vermelho e o verde, cuja síntese aditiva (luminosa) produz precisamente o amarelo, cor efetivamente percebida pela retina e transmitida ao cérebro.

O SIMBOLISMO TRADICIONAL DAS CORES CORROBORADO COM A CIÊNCIA ATUAL

O esclarecimento do simbolismo tradicional das cores comum a todas as grandes tradições repousa sobre os estudos de associações especificamente atribuídas a uma determinada cor, como as encontramos em todas as grandes culturas, por exemplo, a dos hindus, a dos egípcios, a dos cristãos, a dos judeus, a dos muçulmanos... O simbolismo das cores é, de fato, extraordinariamente semelhante em todas as grandes culturas sagradas, atestando dessa forma sua validade. Essas associações simbólicas eram definidas pelos Mestres que, de um lado, as receberam como herança e, de outro, as experimentavam por si próprios, por meio da prática intensiva da meditação e da experiência direta da Natureza, em todos os seus aspectos, pela via xamânica. As iniciações revelam a necessidade vital de se integrar harmoniosamente à ordem (*cosmos*) da Natureza, permitindo assim conquistar os meios de compreendê-la, de se desenvolver com ela e, enfim, de transcendê-la. Ao cumprir essa etapa, exploram-se os múltiplos níveis da realidade experimentando os diferentes níveis de energia (os chakras, por vezes apontados como ponte do Arco-Íris) e os estados de consciência a ela ligados.

Atualmente, a ciência traz uma nova luz aos significados que a Tradição associa às cores e permite compreender até que ponto eles repousam sobre fundamentos lógicos. Na verdade, as aplicações das tecnologias de *biofeedback*, da neurociência em particular, devem influenciar o curso das ondas cerebrais com a ajuda de estímulos auditivos, sonoros e visuais coloridos.[18] A correspondência de cores a uma série de ondas cerebrais específicas e, sobretudo, aos estados de consciência que induzem constitui uma chave que permite não apenas validar o simbolismo tradicional das cores, mas igualmente compreendê-lo e "atualizá-lo" em sua própria experiência. Um adulto acordado emite habitualmente ondas alfa e beta com frequência de 14 a 30 Hz. As frequências superiores a 24 Hz, geralmente em torno de 40 Hz, são chamadas "gama". Elas têm sido reconhecidas ultimamente nos processos de ligação perceptiva como a sinestesia, frequentemente associada à prática do Tarô de Marselha.[19] No espectro luminoso, o pico da atividade

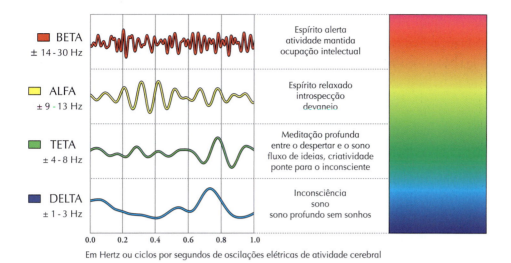

INFLUÊNCIA DAS CORES DO ESPECTRO LUMINOSO SOBRE A ATIVIDADE CEREBRAL

cerebral corresponde aos diferentes degraus da zona entre o vermelho e o infravermelho, que correspondem, no espectro, à cor magenta, cor do fecho do espectro luminoso (o magenta é produzido pela mistura do vermelho com o azul). Em estado de adormecimento ou meditativo, a atividade alfa diminui e desaparece em benefício das ondas teta, que caracterizam um estado hipnótico entre o sono e o despertar, correspondendo aos estados xamânicos de profunda meditação e de hipnose. O sono profundo é caracterizado por uma atividade cerebral de baixa frequência, as ondas delta. Durante o sono REM, associado aos sonhos e aos movimentos oculares rápidos, ocorre um pico de atividade beta similar ao estado de despertar alerta. Os dois extremos, dessa forma, se juntam e transcendem potencialmente, podendo, em determinadas condições, levar ao sonho lúcido.

O SIMBOLISMO DAS CORES DO TARÔ DE MARSELHA

BRANCO

DIAMANTE

O branco corresponde à luz indivisível não refratada em cores, e assim à Unidade de onde emana o vermelho, o verde e o azul, cores primárias da luz que representam toda a Criação. O branco corresponde, desse modo, simbolicamente ao divino, ao centro, à perfeição, à justiça e à equidade, enfim, ao original. Ele corresponde, consequentemente, à inocência e à pureza virginal (do grego *pura*, o fogo, portanto, a luz), à santidade e à espiritualidade, à indiferenciação. Na alquimia, o branco corresponde à Lua e à segunda das três fases do *Magnum Opus*, *l'Albedo* ou a fase Branca da Obra, que constitui a Pequena Obra: a "espiritualização do corpo". Por outro lado, os alquimistas concebiam as pedras cristalinas como a cristalização dos raios luminosos nas profundezas da Terra. À luz branca corresponde assim o diamante (*vajra* em sânscrito), o mais puro e o mais duro dos cristais, o carbono, base da vida. Por outro lado, o branco corresponde igualmente à esterilidade, ao purismo, ao vazio, à ausência, ao frio e à morte. Em egípcio, o verbo *hédji*, derivado de *hedji* (branco), quer dizer "ser branco", mas também "destruir", "ser um pouco simplório", "aniquilar", "matar", "perecer", "reverter", "desobedecer", "anular", "prejudicar".

À luz da ciência atual: o branco é a síntese de três cores primárias da luz (vermelho, verde, azul), cores relacionadas, como vimos, aos diferentes estados de consciência do ser humano (ligados ao curso das ondas cerebrais). A luz branca corresponde assim ao sobre-humano e à clarividência, ao Ser universal e ao Caminho do meio (Tao). Associado à fulgurância, o branco indica então o poder divino que purifica, transcende ou aniquila.[20]

VERMELHO

RUBI

Nos textos sagrados dos cristãos, dos egípcios, dos hebreus e dos árabes, o vermelho é sempre associado ao fogo e ao amor divino (a luz branca, de atribuição divina, provém do fogo, cuja cor tradicional é o vermelho). Por extensão, o vermelho simboliza a divindade e a adoração, e essa cor está associada à geração e à regeneração (o renascimento da Fênix), ao sangue, à alma e às emoções, assim como à vitalidade física e nervosa, mais comumente à força vital. Essa cor é associada a Marte e, na alquimia, ao sofrimento, ao Sol e à terceira fase da Grande Obra, o *rubedo*, a fase Vermelha da Obra, cujo sucesso constitui seu cumprimento: a "corporificação do Espírito". Por outro lado, o vermelho corresponde igualmente às paixões exacerbadas e à violência.

À luz da ciência atual: o vermelho corresponde ao mais alto grau de intensidade da luz, que estimula a atividade cerebral e nervosa até o ponto mais elevado, podendo atingir o nível de produção de ondas gama, que traduzem os estados de liames cognitivos e de sinestesia, aproximando a consciência, por suas percepções multidimensionais, da compreensão da Unidade universal. Caracterizando aquilo que o Homem pode experimentar de mais elevado, tanto no plano intelectual como no físico, o vermelho é assim naturalmente relacionado ao fogo e ao amor divino, à força vital. Por outro lado, as conexões que esse fogo estabelece com o corpo que o encarna podem conduzir o espírito no plano puramente instintivo, passional e impulsivo, desligado do plano espiritual.[21]

CALCITA

| | BEGE |

A cor bege, na qualidade de nuance do rosa, corresponde simbolicamente à síntese entre o vermelho, manifestação da vitalidade e do amor, e o branco, a Sabedoria divina irradiante. Ela corresponde, no Tarô de Marselha, à cadeia humana e vegetal, como também às matérias minerais. Representa, assim, os três reinos da Natureza, em seu potencial de geração fértil, de crescimento. Por sua claridade, a cor bege se encontra a meio caminho entre o terrestre e o celeste, representando a carne, como ponte entre o espírito e a matéria, o corpo sendo frágil e transitório, mas portador de vida e canal de luz. Por outro lado, a cor bege corresponde à sensualidade carnal, à complacência dos sentidos e, portanto, a um potencial isolamento do plano superior, ao fechamento, até mesmo à oposição ao plano espiritual.

À luz da ciência atual: a cor bege, nuance clara do laranja, corresponde ao estado cerebral entre a consciência alerta ligada às ondas beta e à cor vermelha, que a estimulam, e ao relaxamento imagético caracterizado pelas ondas alfa associadas à cor amarela. A cor bege é, portanto, a integração passiva (devaneio) dos princípios superiores do divino, "colocados" pelo Homem no nível das ondas beta e gama de sua atividade cerebral e, consequentemente, da cor vermelha. Com a cor bege, o Fogo criador, o Amor e a atividade divina (o vermelho) são integrados, atualizados e, portanto, "encarnados".

 AMARELO

HELIODORO
(ou berilo amarelo)

O amarelo corresponde, tradicionalmente, ao ouro, ao Sol, ao Verbo criador e ao Santo Espírito regenerador, ao calor divino, à riqueza, ao Pai (o ouro é o metal mais perfeito, chegado à maturidade). O amarelo é a cor do ser, da revelação, da alma radiante unida ao divino. Ele é igualmente a cor da perfeição da matéria e do espírito, da inteligência esclarecida. Por outro lado, o amarelo corresponde à vaidade do ego, à loucura.

À luz da ciência atual: a cor amarela, associada às ondas alfa e ao estado de espírito relaxado, tranquilo ou introspectivo, é própria ao devaneio (segundo os graus de atividade cerebral situado entre 9 e 13 Hz para as ondas alfa). O amarelo corresponde ao espírito sereno na luz espiritual, que é calor e riqueza daquele que tem consciência. A alegria, o bom humor, o idealismo e a clareza de espírito que caracterizam esse estado de consciência provêm de qualidades (calor, riqueza etc.) da irradiação da luz (o branco, o divino), cujo componente amarelo é o mais luminoso e o mais quente de todos. Por outro lado, o amarelo corresponde à complacência do espírito neste calor confortável, podendo induzir ao egoísmo, ao ciúme e à loucura em razão da limitação do ego ao que pode vir a ser a prisão dourada da superautoestima.[22]

OLIVINA

VERDE-CLARO Cor central do Tarô e do espectro luminoso, o verde-claro é assim o mediador entre o Céu e a Terra. Ele é a cor da juventude, do renascimento, da primavera, da esperança em uma vida nova, da regeneração pelo Verbo e pela inteligência, da saúde, da espiritualidade fértil. Deve-se destacar que, na escala de luminosidade (do preto ao branco) ou no espectro luminoso (comprimentos de ondas crescentes), a cor central do Tarô é sempre o verde-claro. Cor intermediária do Céu e da Terra, é associado ao neófito (etimologicamente: novo crescimento[23]), iniciado nos mistérios da regeneração do mundo, adquirindo a "língua dos Pássaros" (os quais voam entre Céu e Terra), igualmente chamada "Língua verde". Por outro lado, o verde-claro, cor da juventude, pode denotar certa fragilidade, imaturidade, falta de experiência e de consistência.

À luz da ciência atual: o verde-claro, sendo a cor intermediária do espectro luminoso, corresponde assim à atividade cerebral situada entre as ondas teta – que caracterizam a meditação profunda e os estados xamânicos, fazendo a ponte entre a consciência e o mundo do inconsciente (iniciação) – e as ondas alfa – relativas ao estado de espírito de repouso, introspectivo e inspirado, ligado ao sentimento de afirmação e de autoestima. Assim, o verde-claro corresponde a um enriquecimento da consciência aclarada pelo eu (o amarelo) e o Verbo regenerador fértil das profundezas vegetativas do ser (o verde-escuro). É com essa harmonia, entre o plano espiritual e o plano material, que o verde-claro caracteriza as novas possibilidades sintéticas e equilibradas, efetuando assim a "fotossíntese da alma".[24]

 VERDE-ESCURO O verde-escuro está relacionado à criação terrestre e às profundezas da Terra, como poder gerador vegetal, produzido pela união fecunda da terra e da água. Por sua fertilidade, ela se incorpora à Natureza, à potência vital, ao crescimento profundo, à sabedoria e à estabilidade, assim como ao conhecimento das coisas secretas. Na literatura cristã, o verde está associado a uma das três virtudes teológicas: a Esperança,[25] relacionada com a renovação e a regeneração que caracterizam essa cor na natureza. Por outro lado, o verde-escuro, cor vegetativa (passiva) composta de uma parte de sombra (reabsorção parcial da luz), está relacionado à degradação moral e física (o verde é a cor da pele de uma pessoa doente e de um cadáver), à loucura profunda.

ESMERALDA

À luz da ciência atual: o verde-escuro, nem quente nem frio, corresponde às ondas teta, caracterizando o estado vegetativo, a passividade nervosa e a descida às profundezas do ser, mas se aproxima das ondas delta, que caracterizam o inconsciente e o sono profundo, sem sonhos. O verde-escuro corresponde, dessa forma, a um processo profundo e fértil, poderoso nas profundezas por potencialmente gerar força e vida nova.

 AZUL-CLARO

ÁGUA-MARINHA

O azul-claro é tradicionalmente a cor do ar, do azul do céu, do éter, das águas-vivas e do mercúrio alquímico. É uma cor associada ao plano astral, à verdade eterna, ao domínio espiritual e psíquico iluminado pela luz celeste. Assim, é a cor da pele de inúmeras divindades. Essa cor clara, sendo um meio-tom com o branco, é igualmente comparada à sabedoria. O azul-claro, associado ao céu, é relacionado aos aspectos transcendentes e espirituais da existência. Por outro lado, é frio e sem característica particular. Servindo de condutor puro, essa cor é, por consequência, neutra. No entanto, sua frieza, a meio caminho do branco, pode ser associada à impassibilidade e ao indefinido, ao ilimitado e aos ideais inacessíveis, à intangibilidade.

À luz da ciência atual: o azul-claro, que no espectro luminoso está situado entre o azul (profundeza do psiquismo e do inconsciente) e o verde (a geração, a nova produção), a meio caminho do branco sintético, indica o plano mental e espiritual, assim como as possibilidades indefinidas do espírito (azul) em relação a seu potencial gerador e produtivo (verde), indicando que ele é o ambiente (éter) de toda emanação espiritual. A luminosidade do azul celeste caracteriza assim o veio claro do espírito superior, espiritual, divino, cruzando o conjunto da Manifestação, permitindo ao espírito circular livremente na esfera ideal, independentemente do espaço e do tempo.[26]

DECOMPOSIÇÃO DA LUZ BRANCA ATRAVÉS DE UM PRISMA

SAFIRA

AZUL-ESCURO O azul-escuro é tradicionalmente associado à animação da matéria, ao psiquismo e ao inconsciente, onde reside o espírito dos ancestrais. Ele corresponde assim, igualmente, à realeza. O azul-escuro está relacionado ao mundo que nasce no seio de águas frias primitivas (trevas tornadas úmidas pela luz, segundo o *Corpus Hermeticum*) e, portanto, ao surgimento da Manifestação fora do Caos ("estar aberto", em grego), como também aos primeiros graus de iniciação. No Egito, o azul-escuro é relacionado à abóbada celeste da noite e às profundezas abissais. Por outro lado, corresponde à obscuridade psíquica, às trevas do Caos e do desconhecido que habita nosso inconsciente, às profundezas abissais e glaciais da Criação e do espírito.

À luz da ciência atual: o azul-escuro induz uma atividade cerebral caracterizada pelas ondas delta, as quais se calibram de 1 a 3 Hz, indo do azul-escuro ao verde-escuro, impulsionando a introspecção que caracteriza as profundezas abissais do inconsciente e, portanto, da memória e da hereditariedade. O verde-escuro, a meio caminho entre o nada (o preto) e a gestação (o verde), é rico do potencial proveniente dos recursos inestimáveis (daí o símbolo de realeza) deste "pote sem fundo". O Azul, *blao* no alemão antigo, significa "brilhante", compreendendo, em seu significado, a noção de brilho nas trevas, de luz divina presente nas maiores profundezas. Na verdade, no plano psíquico humano, é depois de ter atravessado o sono profundo, caracterizado pelas ondas delta (estimuladas pelo azul-escuro), que se produz o "sono paradoxal", ou sono REM, ou seja, o sonho, cuja assinatura cerebral é semelhante à do despertar alerta (ondas beta, cor vermelha). Seguem-se, então, ciclos que alternam sono profundo e sono REM.[27]

QUARTZO PRETO

PRETO O preto está associado à Terra e à matéria que contém o mistério do Todo, o desconhecido, o secreto. Ele corresponde, portanto, à iniciação, às águas primitivas, ao Caos e à Terra como fonte tenebrosa. O preto corresponde à síntese substrativa (pigmentos corpusculares e não mais luz ondular) de todas as cores e, portanto, de toda a Manifestação no plano material. Se o branco é luz, o preto é mais que ausência de luz, procede de sua redução em uma matéria sem deixar que qualquer raio escape, absorvendo-os assim em sua totalidade. O preto pode ser então percebido como luz sem movimento (sendo "retido" em uma ganga), e o branco, como luz em movimento, livre. Assim, o preto está associado tanto às trevas, à ocultação e à reclusão (o arcano), como à riqueza e à fertilidade (todas as cores, de onde toda a Manifestação está contida no preto) da *matéria-prima* da alquimia, prestes a receber a impressão da forma (o *nous* dos gregos), tendo o potencial de tudo engendrar no plano material, até o ouro filosofal, que constitui o acordo perfeito entre a matéria e o espírito. Na alquimia, o preto corresponde à primeira fase da

Pequena Obra, o *nigredo*, a Obra "em Preto", que é aquela da calcinação da matéria, que se desfaz assim de suas impurezas, constituindo então a pura (do grego *pura*, fogo) *matéria-prima* da Grande Obra. Por outro lado, o preto corresponde à morte, ao mal, à falsidade, à dor, ao desespero, à queda na matéria.

À luz da ciência atual: o preto advém da ausência ou da interrupção da luz, portanto, da atividade cerebral. Corresponde, assim, à morte, clínica ou aparente, ao espírito vagando então no plano astral fora do corpo,[28] nas profundezas misteriosas do Universo.

Capítulo IV

O TARÔ DE MARSELHA E A CIÊNCIA SAGRADA TRADICIONAL

Com a verdadeira natureza do Tarô esclarecida, sabendo como ele é estruturado e concebido, o que significa e por que existe, podemos daqui em diante compreender que o Tarô de Marselha constitui um verdadeiro modelo cosmológico universal, apreensível por intermédio de suas figuras simbólicas arquetípicas, hierarquizadas em suas relações, inteligíveis em sua linguagem codificada. Ora, o caráter verdadeiramente tradicional e sagrado do Tarô, estabelecido, preservado e transmitido pelos antigos Mestres herdeiros da Tradição primordial, se encontra confirmado por sua conformação completa aos códigos tradicionais da arte e da ciência sagradas mais estritas, garantindo assim, definitivamente, ao Tarô de Marselha seu lugar entre os instrumentos-mestres do Conhecimento universal.

OS CÓDIGOS TRADICIONAIS DA ARTE E DA CIÊNCIA SAGRADAS

Até a redescoberta de sua verdadeira natureza, o Tarô não era reconhecido como ciência tradicional, pois as chaves de seu conhecimento e de sua compreensão estavam perdidas. Como consequência disso, o Tarô de Marselha permaneceu em uma espécie de antecâmara da pesquisa. O nível de degradação do Tarô e, portanto, de sua percepção geral era tal que os historiadores "acadêmicos" (ou seja, não iniciados na verdadeira dimensão esotérica do *jogo*) trataram da estrutura do Tarô à parte, relegando-a ao segundo plano como algo incerto, mas reconhecendo, no entanto, a possibilidade de sua existência. Por ignorância de sua verdadeira natureza, e por associação à *adivinhação* entendida como "superstição",[1]

O poço do Cálice Sagrado, Glastonbury, Somerset, Grã-Bretanha

o Tarô foi frequentemente considerado como um simples jogo de cartas, e seu enfoque esotérico foi relegado às teorias nebulosas de pessoas consideradas não sérias. Esse enfoque categórico, que tenta classificar o Tarô como simples objeto de cultura popular, tenta dessa forma se livrar de um problema, deixando, porém, um ponto de interrogação persistente sobre uma questão que precisa ser considerada seriamente.

Como destacam René Guénon e outros genuínos pesquisadores conectados pela *Sophia Perennis*, o simbolismo é em si uma linguagem cuja origem é *extra-humana*.[2] Ele surge, de fato, da tradução, em *termos* gráficos e codificados, da estrutura arquetípica do Universo, em que tudo está ligado pela via da analogia.[3]

Pierre Gordon, grande erudito no domínio da iniciação antiga e da Tradição primordial, registra que: "A partir de certa época, as artes gráficas (hieróglifos, gravuras, pinturas, esculturas) se difundiram, da mesma forma que o fragor sagrado, em conexão com as disciplinas iniciáticas: elas permitiam estabelecer um padrão para o pensamento; elas facilitavam a concentração mental, instrumento da liberação humana e da penetração no mundo transcendente. Elas interagiam, como é claro, no domínio ritual; embora, pouco a pouco, as imagens e as efígies das quais faziam

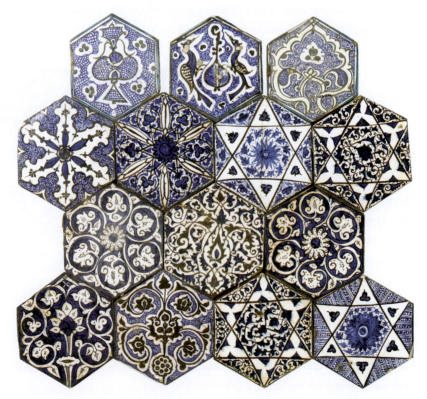

ARTE FIGURATIVA ISLÂMICA, sobre lajotas de cerâmica hexagonais, Damasco, Síria, 1420

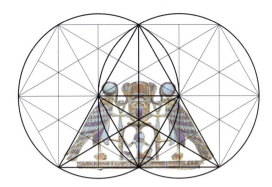

Peitoral egípcio em nome de
Sesostris II, 1880 a.C.,
composto com a geometria sagrada
da *Vesica Piscis*

Tumba de Nefertiti, Vale dos Reis,
1298 a.C., em perspectiva lógica e
sem gradação de cores

uso não apenas adquirissem elas mesmas um valor iniciático, mas desfrutassem da virtude de fazer irradiar o maná divino."[4] Titus Burckhardt afirma, por outro lado: "[...] O objetivo da arte (sacra, N.A.) é permitir que o ambiente humano, o mundo modelado pelo homem, participe da ordem que manifesta mais diretamente a Unidade divina. A arte esclarece o mundo; ela ajuda o espírito a se destacar da multidão de coisas assustadoras, a fim de que possa novamente se elevar à Unidade infinita".[5]

Os Antigos tinham integrado o princípio arquetípico, fractal e combinatório do Universo e o traduziam pelos instrumentos sagrados de Conhecimento, como, citando apenas os principais, o I Ching (ligado ao taoismo), as Runas (indo-europeias e nórdicas), o Tzolkin (o calendário de

Lakshmi Ganesh Yantra, Índia

Manuscrito da Bíblia hebraica, século XI

VAJRA, ou "Eixo de diamante", Nepal

longa duração dos Maias), as 22 letras hebraicas (judaísmo e cabala), as letras árabes (islã e Al-Jafr, a ciência mística das 28 letras) e, lógico, o Tarô, particularmente aquele dito "de Marselha", produzido integralmente segundo os códigos que caracterizam a arte sagrada em geral e a arte real em particular, a *Ars Magna*. Vários códigos estritos se encontram, de fato, na base de toda arte verdadeiramente tradicional e sagrada. Eles se caracterizam por regras que governam a composição, o traço, a cor e todos os aspectos da definição dos arquétipos, constituindo um todo que reflete o somatório universal.[6] Uma das regras mais importantes é não produzir a ilusão de representações "realistas", que possam ser confundidas com o "real" (dentro de percepções puramente humanas), de acordo com o projeto de Dionísio, o Areopagita, que estabelece que o ícone deve "respeitar a distância que separa o inteligível do sensível". A confusão dos planos de realidade foi, portanto, proscrita na arte sacra, particularmente segundo as regras islâmicas.

Titus Burckhardt afirma que, para o islã, há uma interdição ao mesmo tempo condicional e absoluta da arte antropomórfica (mais severa entre os sunitas que entre os xiitas): ela é absoluta em relação às imagens que poderiam ser objeto de uma adoração – culto por um ídolo, que confundia assim, por meio de uma representação antropomórfica "realista", o relativo com o absoluto, deixando de *respeitar* aquilo que é inefável além do ser humano na divindade – e condicional segundo as formas artísticas que imitam os objetos da via "ordinária".

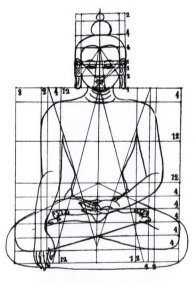

Diagrama das proporções da "verdadeira imagem" do BUDA, a partir do desenho de um artista tibetano

Na verdade, o islã aceita as formas de arte antropomórfica (embora elas não sejam encontradas nas mesquitas) com a condição estrita de que não criem a ilusão de seres vivos percebidos segundo a aparência própria dos humanos, aquela que deriva dos limites inerentes a sua natureza, nesse caso entendida como decaída de um estado anterior, mais próximo, ou confundida com a divindade. Justamente porque toda "representação" de ordem sagrada deve, necessariamente, derivar de uma estrutura arquetípica (cosmológica, universal e, portanto, "sobre-humana") que lhe é própria, ela é distinguida, sem possibilidade de erro, do plano de realidade "ordinária". Ora, essas são regras aplicadas no Tarô de Marselha, que é claramente não realista, construído na geometria sagrada, comportando "anomalias" em suas figurações, prevenindo qualquer confusão entre as diferentes ordens da realidade.[7]

O Tarô de Marselha nos indica assim, sempre, que ele se exprime em um plano puramente figurativo, simbólico e *lógico*. É em função dessas regras que, nas miniaturas islâmicas persas (como também em todas as representações tradicionais, como no Egito, em Creta, na América, na África etc.), as cenas são representadas sem sombras nem perspectivas fugidias, com camadas monocromáticas, constituindo-se em figurações não "realistas", mas totalmente *expressivas*. O Tarô de Marselha não é, portanto, em nada idólatra, mas *icônico*. O que se percebe da carta não é uma representação exterior e estática, mas um princípio *interior* universal e luminoso, vibrante ao coração do ser e que se organiza como um conjunto, segundo uma estrutura cosmológica codi-

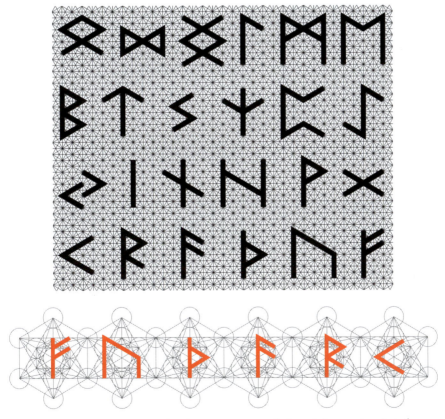

As RUNAS do FUTHARK, alfabeto oracular dos Germanos revelado a Odin, pendurado à Árvore sagrada Yggdrasil, durante nove dias de sacrifício, com o objetivo de trazê-lo à Humanidade. Como o termo Arcano, Runa significa "mistério", "segredo", e faz referência ao Cubo cosmológico

ficada. Sendo assim, alguém meditando sobre esses ícones percebe não apenas uma representação banal de um objeto real fascinante, por seu esteticismo sensível, mas com princípios e arquétipos ativos e *atuantes*, expressos em seu próprio plano, em perspectiva lógica e coloridos em camadas monocromáticas, sem gradações, determinando uma iluminação particular pertinente ao mundo fenomenal, considerado como profano.[8] O barão Pierre Paul Frédéric de Portal (1804-1876) nos diz, de fato, que "os arqueólogos têm notado que as pinturas indianas, as egípcias, bem como as de origem grega, chamadas 'etruscas', são compostas de camadas de tinta de um colorido brilhante, mas sem meios-tons; [...] a arte não falava apenas ao olhar dos profanos, ela era também a intérprete e a depositária dos mistérios sagrados. O desenho e os coloridos tinham uma significação necessária, deviam ser nítidos: a perspectiva, o claro-escuro e os meios-tons tinham entranhada a desordem. Eles eram desconhecidos ou sua manifestação era severamente reprimida".[9]

Na iconografia sagrada, a única perspectiva autorizada é, portanto, a perspectiva lógica. Assim, a iconografia do Tarô de Marselha é isométrica. Da mesma forma, os rostos e as mãos dos personagens são tradicionalmente translúcidos e luminosos (brancos), como se fossem atravessados por uma luz mística, traduzindo por si só sua irrealidade e o sobrenatural dos princípios arquetípicos que eles expressam simbolicamente como ícones. Como afirmou Titus Burckhardt, as pregas das vestes, em suas representações tradicionais, são a expressão não de um movimento físico, mas de um ritmo espiritual. As linhas gráficas não servem apenas para definir o contorno das formas. Elas adquirem um significado e uma qualidade gráfica ao mesmo tempo límpida e suprarracional, a *disposição* arquetípica dos ícones afirmando sempre o fundo metafísico e universal, que testemunha implicitamente a origem inumana do modelo.

O cubo dos 64 hexagramas do I CHING, ou seja, 4^3

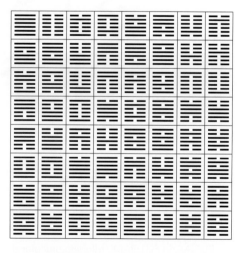

O quadrado dos 64 hexagramas do I CHING, ou seja, 8^2

Acompanhando "a evolução" do Tarô de Marselha do século XVII ao XIX, pode-se constatar que a razão principal de sua decadência resulta da perda de códigos da arte sacra (que resulta de sua produção em massa para fins puramente comerciais), a ponto de os ícones tornarem-se sempre mais realistas e mundanos. As cartas passaram a ser vistas apenas como representações

Croqui de Villard de Honnecourt, século XIII

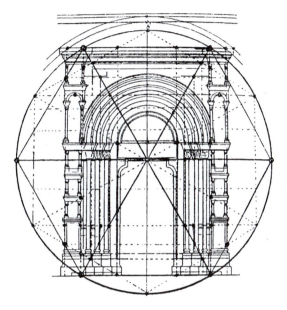

Diagrama geométrico do portal romano da catedral da Basileia, traçado por P. Maurice Moullet

de objetos e de personagens "reais".[10] Essa perda de estrutura e de dimensão sagradas e, portanto, de compreensão do Tarô de Marselha naquilo que ele tem de intrínseco engendra derivações e aberrações que podem ser encontradas em muitas das edições de Tarô históricas e modernas, dentre as quais algumas, comercializadas hoje em dia, são apresentadas como sendo, ou pretendendo ser, fiéis à Tradição.

Desse ponto de vista, é mais fácil compreender como o Tarô de Marselha pode ser menosprezado, julgado duvidoso, desprezível ou simplesmente pitoresco em certos meios de estudo, e considerado "primitivo" por outros, como os círculos esotéricos do fim do século XIX e início do século XX. Todos deixaram, entretanto, de perceber o essencial do cânone tradicional presente nas melhores edições históricas. Além do fato de sua história ser obscura e de seu caráter tradicional e sagrado ter sido cada vez menos confirmado, a alteração das cartas do Tarô de Marselha e a perda das chaves de sua compreensão terminaram por abarcar um desinteresse dos pesquisadores e historiadores pouco perspicazes por essa ciência tão velada (mas não oculta), os quais, é

IIII LEMPEREVR (O IMPERADOR) NA GEOMETRIA SAGRADA DO ARCANO

preciso dizer, eram geralmente pouco versados em ciência tradicional. O Tarô de Marselha provém, de fato, de um código iconográfico estrito, fiador de seu funcionamento como "sistema metafísico e modelo do mundo". Titus Burckhardt afirmou ainda:[11] "Na arte icônica [...] está o conteúdo que é o critério da forma. O caráter especificamente doutrinal dessa arte determina não apenas a iconografia, mas também sua forma artística e seu estilo geral [...]." A partir do momento em que essa doutrina se perde, segue-se inevitavelmente uma decadência que se caracteriza pela degradação das figuras, que se tornam então "naturalistas" e "realistas", enquanto refletem originalmente uma estrutura arquetípica universal.

Como disse A. K. Coomaraswamy:[12] "As formas de arte tradicional são 'imitações' de coisas invisíveis, sem aparência; mas, enquanto analogias, elas podem despertar em nós seus arquétipos. As obras de arte são reminiscências; em outras palavras, uma introdução à contemplação. Portanto a contemplação e a compreensão dessas obras devem satisfazer às necessidades da alma, isto é, segundo os próprios termos de Platão, conciliar nosso modo de pensar com as harmonias cósmicas, para que, pela assimilação e identificação do sujeito do conhecimento ao objeto do conhecimento – a natureza arquetípica –, possamos enfim ter acesso ao 'melhor da vida' que os deuses estabeleceram como fim do homem nos tempos presentes e nos que estão por vir, ou, segundo os termos indianos, para realizar nossa reintegração própria pela imitação das formas divinas; e, uma vez que, como os Upanishads nos recordam, acaba sendo a mesma matéria de que é feito o espírito, segue-se que não saberemos extrair das formas da arte de ser as reminiscências de seu paradigma, mas que a própria natureza desses paradigmas é da maior importância, se considerarmos o valor cultural da arte no verdadeiro sentido do termo 'cultura'." É justamente esse rigor conceitual que caracteriza o Tarô de Marselha, tanto quanto a arte sacra da alta Antiguidade.

Como resume A. K. Coomaraswamy: "A arte neolítica [cuja arte arcaica, isto é, próxima da original, N.A.] é abstrata, ou melhor, algébrica, pois só uma forma algébrica pode constituir a forma simples de uma porção de coisas. As formas gregas primitivas [e aquelas de toda arte sacra e da ciência metafísica, como o Tarô de Marselha, N.A.] são o que são porque o equilíbrio entre o físico e o metafísico não pode ser mantido senão por meio de tais formas."[13] Na verdade, as artes tradicionais não tinham como objetivo representar o prazer sensual, mas, sim, ser o liame e o vetor sensível das verdades metafísicas. À medida que a arte se distancia desse rigor doutrinário – como no fim da Renascença, caracterizado por uma estética sempre crescente –, ela se torna puramente sensual

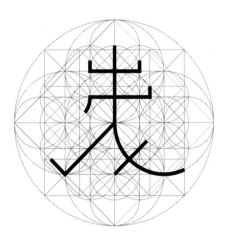

Marca de lapidação num canteiro
Nuremberg, século XIII

e técnica. Ela não é mais que um suporte de prazer induzindo à complacência do espírito nos objetos ilusórios dos sentidos. Também a *forma* da obra sagrada é capital. Na filosofia tradicional, forma, do latim *forma*, não tem o sentido de aspecto tangível como hoje em dia, mas designa a ideia (*eidos* em grego) cujo complemento é a *materia* (*hylè* em grego), matéria sobre a qual a forma, isto é, o Espírito se manifesta.[14] Assim a arte e a ciência sagradas tradicionais expressam, no Tarô de Marselha, princípios universais puramente inteligíveis, tornados sensíveis e compreensíveis pelo ser humano por meio da interpretação dos ícones simbólicos e de sua organização arquetípica.

O Tarô de Marselha constitui desse modo um modelo do Mundo, que codifica o elo entre o Homem e o *logos* universal. Sua utilização induz, por assimilação intelectiva, a repercussões positivas na vida objetiva, com todas as consequências construtivas que isso implica no cotidiano. Nessa acepção platônica e aristotélica da filosofia, a ontologia, a teologia, a arte de viver e a sabedoria podem e devem de fato se aplicar aos problemas de todos os dias, e derivar de uma ciência ontológica global. Pela filosofia tradicional, "a arte concerne ao conhecimento".[15] Assim, a ciência de hoje pode se tornar *holística*. Ligando-se à ciência tradicional, ela pode abarcar todos os aspectos da existência em uma soma científica universal e positiva.

Nós podemos, doravante, claramente perceber que o Tarô de Marselha, por suas características próprias, realça a arte e a ciência sagradas. Entre as outras ciências iniciáticas metafísicas, o Tarô dito "de Marselha" se revela totalmente à parte, independente de todas as tradições,

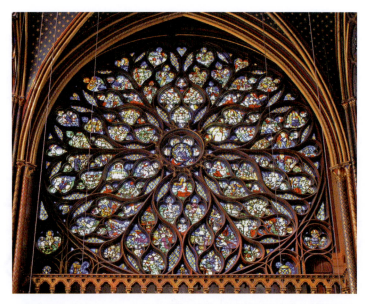
Rosácea ou *Rota* da Sainte-Chapelle, Île de la Cité, Paris, século XIII

comportando um aspecto secular, hierárquico e ordenado por rituais e dogmas religiosos específicos. René Guénon afirma que: "[...] uma ciência tradicional regularmente constituída diz respeito aos princípios de ordem doutrinal, disso dependendo inteiramente; [...] essa ciência é estritamente ligada a uma forma tradicional definida, de tal sorte que ela será totalmente inútil fora da civilização que a tiver definido dessa forma."[16] Por outro lado, no mesmo sentido, Titus Burckhardt nos disse: "[...] não há caminho espiritual fora das tradições ou das seguintes religiões: judaísmo, cristianismo, islamismo, budismo, hinduísmo e taoismo; mas o hinduísmo é fechado àqueles que não são nascidos dentro de uma casta hindu, e o taoismo é inacessível."[17]

Ora, contrariamente aos grandes sistemas simbólicos tradicionais sagrados, como o I Ching (ligado ao taoismo), as Runas (indo-europeias nórdicas), as letras hebraicas (judaísmo e cabala), as letras árabes (islã e Al-Jafr, a ciência mística das letras utilizadas pelos sufis), entre outros, o Tarô de Marselha se revela *transcultural* e *metarreligioso*, transcendendo os paradigmas de diferentes dogmas seculares. Ele constitui uma codificação simbólica *articulada* da Tradição Primordial e da *Sabedoria Perene* e, assim, um meio de reunir as diversas culturas tradicionais da humanidade por intermédio da ciência e da sabedoria universais que elas partilham de modo complementar. A partir da redescoberta da verdadeira natureza do Tarô de Marselha, uma luz nova ilumina seu significado e a ciência universal dos antigos construtores, em um momento em que isso é necessário, até mesmo vital, para recuperar o que nos liga ao coração daquilo que nos distingue, a fim de "reunir o que está separado" e de aceitar assim um novo paradigma, reconciliando a Humanidade com ela mesma e com o mundo.

OS 22 ARCANOS MAIORES DO TARÔ DE MARSELHA

Edição Millennium

ste capítulo apresenta o resultado de trabalhos do autor sobre a iconografia tradicional dos 22 Arcanos Maiores do Tarô de Marselha. Mais de dez anos de estudo da geometria sagrada e dos Tarôs históricos de referência foram necessários para produzir o Tarô de Marselha Edição Millennium, integralmente feito em Marselha pelo autor da presente obra. Esses estudos fundamentais e essas descobertas essenciais, aliados à potência operacional da tecnologia computacional e de seus *softwares* gráficos, permitiram ao autor realizar esta recuperação inédita, que, ante a degradação progressiva das edições do Tarô ditas "de Marselha" ao longo da história, responde à necessidade de uma edição realmente respeitosa da iconografia tradicional e do verbo geométrico deste instrumento universal de conhecimento, que é o Tarô dito "de Marselha", cujos 22 Arcanos Maiores constituem o centro e a quintessência.

I LE BATELEVR (O MAGO)

Mediador entre o Céu e a Terra, docente, demiurgo,
expressão da força realizadora na raiz de toda Vida,
I LE BATELEVR (O MAGO) é o arquétipo do politecnicismo, do precursor
do movimento e da medida, operando em conformidade com o *logos* universal.
Esta lâmina representa a unicidade do princípio original, o poder da continuidade,
a força apaziguadora estabelecendo o *terreno* de todo desenvolvimento.

II LA PAPESSE (A PAPISA)

Matrona universal depositária da ciência sagrada,
fundamento da educação e da iniciação, germe da Vida,
II LA PAPESSE (A PAPISA) é o arquétipo da Grande Mãe e da sabedoria,
da permanência da divindade, do receptáculo dos mistérios da Natureza.
Esta lâmina representa o princípio gerador da polaridade e do discernimento,
a Fonte dinâmica de toda vida e de todo conhecimento.

III LIMPERATRISE (A IMPERATRIZ)

Poder das ideias e da fecundidade universal,
criatividade na forma e na matéria,
III LIMPERATRISE (A IMPERATRIZ) é o arquétipo da Mãe nutriz,
da força motriz, da Alma de tudo o que vive.
Esta lâmina representa a concepção fecunda e a inteligência soberana,
a feminilidade virginal fecunda do Espírito universal.

IIII LEMPEREVR (O IMPERADOR)

Estabelecimento do ambiente formador do Cosmos,

afirmação da supremacia da Ordem universal,

IIII LEMPEREVR (O IMPERADOR) representa o arquétipo do Pai, do chefe,

do mestre que comanda e ordena a governança do mundo.

Esta lâmina expressa a força estável, positiva e construtiva,

a garantia da harmonia e da prosperidade universal.

V LE PAPE (O PAPA)

Mentor, instrutor e coordenador da vida espiritual,
soberano pontífice fazendo o elo entre o Céu e a Terra,
V LE PAPE (O PAPA) é o arquétipo do pai espiritual, do sumo sacerdote,
da autoridade religiosa garantindo o advento do Homem universal.
Esta lâmina representa o ordenamento do mundo segundo as Leis divinas,
a abertura da dimensão ideal no centro da organização material.

VI LAMOVREVX (O ENAMORADO)

União das forças e liberdade criativa, regeneração,
emancipação da dúvida e brilho intelectual,
VI LAMOVREVX (O ENAMORADO) é o arquétipo do prazer da descoberta de si e do mundo,
da alegria e do desenvolvimento pessoal que se opera no jogo das relações.
Esta lâmina representa a coordenação dinâmica e criativa das coisas,
a florescência do ser em um amor por toda a Criação.

VII LE CHARIOR (O CARRO)

Exploração dos conhecimentos adquiridos pela conquista de novos horizontes,
determinação e discernimento permitindo atingir o objetivo estabelecido,
VII LE CHARIOR (O CARRO) é o arquétipo do ser em plena posse de seus meios,
da unificação dinâmica dos antagonismos e da vitória da vontade.
Esta lâmina representa o poder material como fator de abundância e de riqueza,
como provedor dos meios necessários a toda conquista pessoal.

VIII IVSTICE (A JUSTIÇA)

Ajuste a um plano superior da existência,
descoberta de si, reorganização e regeneração do ser,
VIII IVSTICE (A JUSTIÇA) é o arquétipo do rigor da Ordem cósmica,
da harmonização dos antagonismos pela conformação às leis universais.
Esta lâmina representa a avaliação do resultado dos atos e a adaptação às necessidades,
a estabilidade, a reserva vital essencial e a capacidade de decidir.

VIIII LERMITE (O EREMITA)

Anúncio de uma mudança de estado e de uma mutação,
libertação do ensinamento necessário para o próximo ciclo evolutivo,
VIIII LERMITE (O EREMITA) é o arquétipo do guia espiritual e do mestre instrutor,
do vigia e do barqueiro que conduz a um novo plano existencial.
O Eremita representa o ciclo de renovação e de regeneração,
o nascimento de um novo tempo destinado a engendrar o Ser universal.

X LA ROVE DE FORTVNE (A RODA DA FORTUNA)

Roda da existência e dos ciclos da manifestação universal,
de mutações e de alternâncias no curso da existência, germe da vida futura,
X LA ROVE DE FORTVNE (A RODA DA FORTUNA) é o arquétipo da renovação perpétua,
do centro de regeneração e das *oportunidades* de redefinição criativa do Ser.
Esta lâmina representa as possibilidades indefinidas de expressão, as oportunidades,
o processo de iniciação de um novo ciclo de experiência.

XI LA FORCE (A FORÇA)

Vitória sobre a dualidade, vontade, coragem e determinação,
união das partes constitutivas do Ser, estabilidade,
XI LA FORCE (A FORÇA) é o arquétipo da assimilação e da unificação das forças da Natureza,
da dominação e da canalização da energia instintiva e espiritual.
Esta lâmina representa a força de coesão, a matriz de si mesma e dos acontecimentos,
o *esforço* necessário ao estabelecimento de um plano universal de existência.

XII LE PENDV (O PENDURADO)

Amadurecimento da soma de experiências e de conhecimentos acumulados,
evolução pelo equilíbrio entre a experimentação e a contemplação, outro olhar sobre
o mundo, XII LE PENDV (O PENDURADO), conhecido também como
O ENFORCADO é o arquétipo do sacrifício livremente consentido, da iniciação,
da observação prudente e do alinhamento interior antes de qualquer ação decisiva.
Esta lâmina representa a gestação antes de um novo nascimento,
a mutação, o estado de crisálida do qual o ser surgirá transformado.

XIII

Limpeza e purificação, exploração dos velhos conceitos,
transmutação de todos os valores e nascimento de um novo ciclo,
XIII é o arquétipo da transformação e da passagem de um estado a outro,
da mudança necessária à renovação integral do ser.
Esta lâmina representa o guardião do limiar, a articulação entre o conhecido
e o desconhecido, a força fecunda e formadora que tudo engendra e transforma.

XIIII TENPERANCE (A TEMPERANÇA)

Purificação da matéria e destilação da Quintessência,
desenvolvimento e regulação da vida universal pela harmonização das diversidades,
XIIII TENPERANCE (A TEMPERANÇA) é o arquétipo da troca vital entre os diferentes planos
da realidade, da constituição de um canal de ligação, de ascensão e de *retorno* à origem,
de uma comunhão. Esta lâmina representa a fecundidade e as flutuações da vida universal,
a mutação e a evolução para um plano superior da existência.

XV LE DIABLE (O DIABO)

Raiz arcaica e memória ancestral da Humanidade,
ciclo de forças da natureza e do apego às paixões,
XV LE DIABLE (O DIABO) é o arquétipo do agente dinâmico criador,
do instrutor do desenvolvimento da vida no seio do cosmos.
Esta lâmina representa o princípio luminoso que resplandece no fundo das trevas,
a profundeza obscura da natureza animal e instintiva, fecunda do Ser universal.

XVI LA MAISON DIEV (A CASA DE DEUS)

Dança sagrada de circunvolução em torno do polo sagrado,
celebração festiva da participação na regeneração do Cosmos,
XVI LA MAISON DIEV (A CASA DE DEUS), conhecido também como A Torre,
é o arquétipo da explosão criativa, da fulgurância das energias que dão vida e
animação à matéria. Esta lâmina representa a liberação das ilusões,
a tomada de consciência do essencial, o orgasmo cosmológico do
processo regenerador da Vida universal.

XVII LESTOILLE (A ESTRELA)

Perfeição do dom de si como canal universal,
escuta da voz interior e de sua inspiração,
XVII LESTOILLE (A ESTRELA) é o arquétipo da pureza do renovado,
do restabelecimento do equilíbrio e da harmonia após as lutas da existência.
Esta lâmina representa o retorno à Fonte original e a ação regeneradora do Verbo,
o início de uma nova consciência e a confiança no destino.

XVIII LA LVNE (A LUA)

Eclipse do Sol, estágio crítico e passagem na qual tudo pode se alternar,
catalisação das aspirações misturadas aos medos, dúvidas e incertezas,
XVIII LA LVNE (A LUA) é o arquétipo da culminação da busca da sublimação,
da mobilização das forças ocultas para transcender a dualidade.
Esta lâmina expressa o momento em que as oposições se resolvem e tendem a se unificar,
a necessidade de transmutar tudo o que é obscuro e primitivo no coração do ser.

XVIIII LE SOLEIL (O SOL)

Eclipse anular, união mística do Sol e da Lua, iluminação,
transcendência dos opostos e retorno ao centro essencial,
XVIIII LE SOLEIL (O SOL) é o arquétipo da reintegração do princípio original,
da completude banhada de esplendor e do calor do Amor divino.
Esta lâmina representa o acesso à terra prometida e as possibilidades indefinidas
de crescimento, a alegria da evolução natural e a felicidade da harmonia universal.

XX LE IVGEMENT (O JULGAMENTO)

Momento de provação, de verdade e de deliberação,
prova de humildade e de desapego, de obediência e de desinteresse,
XX LE IVGEMENT (O JULGAMENTO) é o arquétipo da estabilidade da consciência em
comunicação com o divino, da criação do ser transcendente pela prece e pela devoção
à Obra. Esta lâmina representa a etapa da revelação e da libertação,
do renascimento, o prelúdio do advento da encarnação do Verbo universal.

XXI LE MONDE (O MUNDO)

Unificação e dominação das forças ativas do Universo,
triunfo do equilíbrio e da harmonia, movimento dinâmico do Fogo criador,
XXI LE MONDE (O MUNDO) é o arquétipo da consagração do Ser universal,
da aliança vitoriosa da Humanidade, da natureza e do divino.
Esta lâmina representa a epifania do coração quintessencial do mundo,
a transformação do sobrenatural elevado ao pináculo da Criação.

LE MAT (O LOUCO)

Mensageiro do sagrado e guardião dos segredos do mundo,
o barqueiro, o viajante e sua sombra ambulante pelas vias do eterno retorno,
LE MAT (O LOUCO) é o arquétipo da busca iniciática, da evolução em marcha,
do retorno à origem para que se opere a regeneração total do ser.
Esta lâmina representa a liberdade, a consagração dos esforços, o resultado,
o ir além das vicissitudes dos ciclos da existência, a apoteose.

LE MAT

Capítulo VI

A MESA E A *ROTA* DO TARÔ DE MARSELHA

Organismo do Tarô de Marselha, a *Rota* constitui a estrutura instrumental que liga o conjunto de cartas entre si segundo relações hierárquicas precisas. A mesa tarológica (disposição horizontal das lâminas) ou a *Rota* (disposição circular) não apenas fornece a chave para a compreensão da linguagem e do funcionamento do Tarô, mas também reflete o mundo como jogo de arquétipos universais em que combinações indefinidas traduzem todos os aspectos da experiência humana no seio da Manifestação universal.

A MESA TAROLÓGICA: OS 22 ARCANOS MAIORES

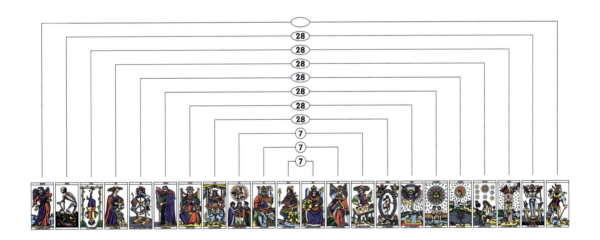

A *Rota* se forma pelo alinhamento dos 22 Arcanos Maiores numa relação simétrica das lâminas em pares. A chave desse alinhamento simétrico é o número 28, e sua base triangular, o número 7 – ambos são parte da estrutura da "Semente da Vida", coração da matriz do Cubo de Metatron.

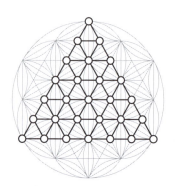

O Heptactys e o número 28 na "Semente da Vida"

Como a Tetraktys (triângulo de base 4), o Heptactys (triângulo de base 7) está contido na geometria sagrada. Duplicada de forma a constituir o Selo de Salomão, a soma praticamente dobra para produzir 28 x 2 = 56, ou seja, a totalidade dos Arcanos Menores. Assim o hexagrama, que também corresponde ao cubo, compreendendo o número 22, justifica todo o Tarô de Marselha e fornece a chave da organização da *Rota*.

Vinte e oito (28) é um número "perfeito", ou seja, é a soma de todos os seus divisores: 1 + 2 + 4 + 7 + 14. O primeiro número perfeito é 6: (1 + 2 + 3),[1] que corresponde ao cubo que tem seis faces, e ao hexágono, sua representação isométrica, que constitui a base da matriz cosmológica de todo o Tarô de Marselha. Vimos (cf. Capítulo I) que o número 22 (21 + 1, exatamente) representa de forma arquetípica o cubo, por seus três eixos espaciais, suas seis faces, suas doze

A *Rota* constituída de 21 x 2 raios, correspondendo à rotação setenária do hexagrama com IIII LEMPEREVR (O IMPERADOR), XI LA FORCE (A FORÇA) e XVIII LA LVNE (A LUA) como coração trinitário

bordas e seu centro. Ora, o cubo, pelas doze diagonais de suas seis faces, suas doze bordas e suas quatro diagonais espaciais internas, representa igualmente o número 28: 12 + 12 + 4 = 28.

Além disso, 28 – 6 (os dois primeiros "Números Perfeitos") = 22, número dos Arcanos Maiores, e 28 x 2 (os dois triângulos heptactys formando o hexagrama) = 56, número dos Arcanos Menores. Ora: 28 = 22 $\sqrt{\Phi}$ (cerca de 2 milhões) confirma novamente a relação do Tarô com o Número de ouro, constituindo assim o elo da relação entre 22 e 28.

Igualmente: 28 = 1/2(7 x 8), e 22/28 = 0,78, números-chave (abstraindo o zero e o sinal de multiplicação) que correspondem à totalidade das lâminas do Tarô de Marselha. Por outro lado, como pudemos constatar antes, a formação da *Rota* repousa sobre 2 x 21 raios, ou 7 (a soma dos círculos da Semente da Vida, ou ainda o hexagrama e seu centro) x 6 (o hexagrama, o cubo em visão espacial); ora, o número-chave da *Rota*, 28, é resultado de 7 multiplicado por 4, sendo a base do quadrado, correspondente ao cubo em vista plana. Essas duas analogias, somadas às já expostas, revelam a integridade absoluta do Tarô de Marselha: o Todo, o conjunto e as partes são apenas um, representando o axioma hermético cujo símbolo é o Ouroboros, figura da Unidade de todas as coisas manifestas, da regeneração e do Eterno retorno.

As ocorrências tradicionais do número 28 como número-chave da lei universal são inúmeras.[2] Entre elas, a tradição hebraica com o primeiro versículo do primeiro livro da Torá: ואת הארץ בראשית ברא אלהים את השמים – "No início, Deus criou os Céus e a Terra", Gênesis 1:1 –, que se compõe, em hebraico, de sete palavras somando 28 letras que a cabala nomeia como "as 28 letras da Criação e da ação do Início" (as três primeiras e as quatro últimas palavras são compostas de 14 letras, número da totalidade das lâminas de cada um dos quatro sinais do Tarô).[3] O alfabeto

A mesa setenária com o ternário IIII LEMPEREVR (O IMPERADOR),
XI LA FORCE (A FORÇA) e XVIII LA LVNE (A LUA) como eixo central

hebraico tem 22 Letras às quais se juntam as letras que mudam de forma quando aparecem no fim de uma palavra, mais o *Aleph* final, considerado como uma letra mesmo quando não muda de forma: ao todo, o alfabeto hebraico tem, portanto, 28 letras.

Ocorre o mesmo com o alfabeto árabe, que é composto do "Pequeno *Jafr*", com 22 letras, e o "Grande *Jafr*", com 28, as seis letras suplementares não sendo mais que modificações de letras primitivas, com o simples acréscimo de um ponto.[4] Na metafísica árabe, o trono divino é sustentado por oito anjos que são colocados na circunferência, os quatro primeiros nos quatro pontos cardeais, e os outros quatro nas quatro direções intermediárias. Os nomes desses oito anjos são formados de tal maneira que o conjunto desses nomes compreende a totalidade das 28 letras do alfabeto completo, ou "Grande *Jafr*", cada um dos dois conjuntos quaternários contendo exatamente a metade do alfabeto, ou seja, 14 letras.

A *Rota* e seus três heptagramas

Na China, 28 é o número de dias durante os quais Buda meditou embaixo da figueira dos Pagodes, ou *ficus religiosa*, chamada de *bodhi-taru* (árvore de Bodhi) pelos budistas. Na astrologia chinesa, há 28 constelações, *Xiu* ou "mansões" (em tradução literal), chamadas "casas lunares", relacionadas às 28 estações do mês lunar, cujo ano de treze meses dá ritmo aos ciclos de transformação. Por outro lado, o *Bardo Thodol* (Livro Tibetano dos Mortos) se divide em três fases, sendo que a terceira, chamada "o Bardo do Futuro" (*Nirmânakâya*), dura 28 dias. Durante as três primeiras semanas desse estado intermediário, a consciência revê suas ações anteriores (*karma*), o que a prepara para buscar, durante os sete últimos dias, sua próxima condição de renascimento. Em persa, os *Izeds*, gênios benfeitores na religião de Zoroastro, opositores dos *Devs* ou gênios do Mal, foram criados por Ormazd e são ao todo 28. Eles vêm imediatamente após os sete *Amchaspands*, aos quais servem como ministros. Abaixo deles, a mitologia iraniana colocava Mitra,[5] entre outras divindades benfeitoras.

No Egito, no interior da Grande Pirâmide, há 28 encaixes esculpidos em cada um dos muros da grande galeria, ou seja, 56 ao todo (número total dos Arcanos Menores). Da mesma forma, o côvado real egípcio, chamado também de "grande côvado", é a medida utilizada pelos arquitetos egípcios em seus cálculos para a construção harmônica dos monumentos. É uma medida de referência do sistema baseado no Número de ouro. Ela tem 28 polegadas (enquanto o pequeno côvado tem apenas 24).[6]

O termo *ha-h'ayah* החיה, que significa "a vida", no sentido de "vitalidade", podendo significar também "o animal", tem como valor o número 28. Este é também o valor do termo *koah* כח, que significa "força", "poder", "potencialidade". Essas acepções definem os princípios da *Rota*, cuja lâmina XI LA FORCE (A FORÇA) é o centro unitário. Por outro lado, 28 é o número das falanges das mãos (14 cada uma). Ora, em hebreu, o número 14 se escreve com as letras yod י e *daleth* ד, ou seja, *yad* יד, palavra que significa, exatamente, "mão" (assim como "poder"). O número 28 pode, portanto, corresponder às duas mãos, como no culto tântrico da mão direita (*dâkshinâcâra*), que é casta, e o culto secreto da mão

A Grande Galeria, Pirâmide de Quéops
Descrição do Egito, 1799

esquerda (*vâmâcâra*), no qual a sexualidade sagrada e o uso de drogas ativam, pela magia, a fecundidade universal.

As mãos, instrumentos da vontade do Homem, correspondem a seu poder de expressão concreto, à criatividade e à força que elas podem empregar para forjar, de modo benéfico ou maléfico, seu próprio destino, bem como o do mundo, de que a *Rota* é o símbolo universal.

A MESA TAROLÓGICA: OS ARCANOS MENORES

A *Rota*, cujo coração é constituído pelos 21 + 1 Arcanos Maiores, organiza igualmente, segundo uma lógica precisa, a relação dinâmica do conjunto de lâminas do Tarô. A divisão dos Arcanos Menores sobre a *Rota* se dá em função da ordem serial arquetípica dos Quatro Emblemas ou Quatro Elementos. É Tchalaï (ver Introdução, nota 2), em seu livreto das Edições Grimaud, redigido em 1981 para acompanhar o Tarô de Marselha (ver Capítulo III, nota 3), que desvenda a hierarquia dos Quatro Naipes pela abordagem de seus respectivos Cavaleiros.

PRIMEIRA HIERARQUIA DOS CAVALEIROS – François Chosson, Marselha, 1736

Por intermédio da definição do cavalo (imagem do *veículo* e, portanto, símbolo fundamental), mais gracioso ou menos gracioso, do personagem mais ricamente vestido ou menos, da cabeça mais protegida à menos etc., Tchalaï fez aparecer a seguinte hierarquia: Paus-Espadas-Ouros-Copas. Ora, como vamos constatar, essa sequência corresponde justamente à ordem natural. Na verdade, Paus representa a manifestação do poder vital e do comando (*arkhè* em grego, o princípio primordial, o fundamento do mundo e o que *comanda*), que é subjacente ao mental, representado por Espadas, que representam o discernimento, o crescimento e o *encadeamento* de pensamentos criativos. Vêm em seguida os Ouros, figurativos do florescimento da Manifestação e da organização de sua estrutura material, que constitui a própria base da vida, assim como o suporte da Essência vital e da herança sagrada – representadas por Copas.

Os Quatro Elementos são, dessa forma, polarizados em pares. Por sua distribuição da direita para a esquerda, como o Ás de Paus nos convida a concordar com a implantação natural da *Rota*, os dois primeiros Naipes, situados à direita, constituem o polo ativo. Os dois últimos, situados à esquerda, constituem o polo passivo. Constatamos que, se fechamos esta série, os Cavaleiros ficam face a face, dois a dois, o Cavaleiro de Paus com o de Copas, e o Cavaleiro de Espadas com o de Ouros, formando duas duplas polarizadas ativo/passivo. Se, em troca, se hierarquiza os Cavaleiros segundo o porte de seus respectivos cavalos, temos então a série Paus-Ouros e Espadas-Copas. A primeira dupla de Cavaleiros é então orientada para a direita, e a segunda, para a esquerda, o Cavaleiro de Ouros indicando, por outro lado, a dupla Paus-Ouros como primordial.

SEGUNDA HIERARQUIA DOS CAVALEIROS – François Chosson, Marselha 1736

Por sua perspicácia, Tchalaï detectou que a ordem sequencial dos Quatro Elementos era bem codificada na iconografia das Honras do Tarô de Marselha. Faltava, no entanto, detectar que Arcanos Maiores representam, por si só, o ciclo dos Quatro Elementos nesta ordem precisa. Constata-se, na verdade, que I LE BATELEVR (O MAGO) tem por princípio predominante Paus (o bastão); II LA PAPESSE (A PAPISA), Espadas (o intelecto, o discernimento); III LIMPERATRISE (A IMPERATRIZ), Ouros (o corpo, o crescimento material e a geração das formas); IIII LEMPEREVR (O IMPERADOR), Copas (a preservação da herança sagrada), que fecha o ciclo novamente com Paus, princípio do primeiro comando. Constatamos, de fato, que com V LE PAPE (O PAPA) o ciclo recomeça, sempre seguindo a ordem Paus-Espadas-Ouros-Copas. O ciclo dos Quatro Elementos é representado, portanto, plenamente, pelo desenrolar lógico do conjunto de séries de lâminas numerais, conforme o princípio alquímico da *rotatio*:[7] ao Arcano I LE BATELEVR (O MAGO), primeira lâmina, correspondente a Paus, é então destinado o Ás de Paus; ao Arcano II LA PAPESSE (A PAPISA), segunda lâmina, correspondente a Espadas, é destinado o II de Espadas; ao Arcano III LIMPERATRISE (A IMPERATRIZ), terceira lâmina, correspondente a Ouros, é destinado o III de Ouros; ao Arcano IIII LEMPEREVR (O IMPERADOR), quarta lâmina, correspondente a Copas, é destinado o IIII de Copas. Em seguida o ciclo recomeça, até realizar uma volta completa tipo bustrofédon.[8]

A DISTRIBUIÇÃO DAS 40 LÂMINAS NUMERAIS SOBRE A MESA TAROLÓGICA

Verificamos que cada Arcano Maior está acompanhado de duas lâminas numerais, sempre em dupla Paus/Espadas (ativo) e Ouros/Copas (passivo), cuja soma chega sempre ao número 12, símbolo da geração universal e base triangular do número 78, que corresponde ao conjunto de lâminas do Tarô de Marselha. Se seguirmos, etapa por etapa, o desenrolar do ciclo, constataremos que o Arcano XXI LE MONDE (O MUNDO) corresponde normalmente ao Ás de Paus.

Ora, estando este já com I LE BATELEVR (O MAGO), devemos, portanto, em função da lógica da *rotatio*, destinar-lhe a lâmina Ás seguinte, ou seja, de Espadas. O conjunto de lâminas se organiza perfeitamente.[9] I LE BATELEVR (O MAGO) e XXI LE MONDE (O MUNDO), à parte, constituem os dois polos do ciclo (1 + 21 = 22) e compreendem neles mesmos os Quatro Elementos. O Ás de Paus e o Ás de Espadas, os dois polos ativos da *Rota*, são apenas um – ligados ao Ás de Ouros e ao Ás de Copas, correspondentes à XI LA FORCE (A FORÇA), centro unitário da mesa tarológica.

Esses três últimos Arcanos Maiores começando, cada um, um ciclo universal (1 = 0 + 1, 11 = 10 + 1, 21 = 20 + 1) se juntam, portanto, aos Quatro Elementos. Seu valor numérico somado se eleva ao número 33 (1 + 11 + 21), que encontramos no ternário IIII LEMPEREVR (O IMPERADOR), XI LA FORCE (A FORÇA) e XVIII LA LVNE (A LUA), que correspondem, como temos visto, ao eixo vertical central da mesa setenária, assim como ao triângulo positivo do hexagrama central da *Rota*, o Selo de Salomão sendo constituído de dois triângulos entrecruzados, ou 3 + 3 ângulos. Podemos ver, logo abaixo, a simetria das lâminas numerais segundo seu valor numérico, irradiando XI LA FORCE (A FORÇA), Arcano que constitui bem o centro unitário de coesão dinâmica dos Quatro Elementos.

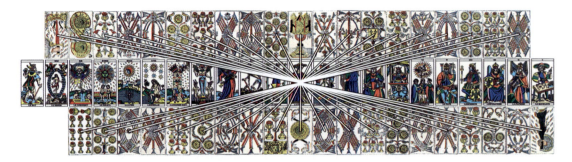

A IRRADIAÇÃO DAS 40 LÂMINAS NUMERAIS SOBRE A MESA TAROLÓGICA

A mesa tarológica assim desenvolvida apresenta a relação arquetípica das lâminas numerais aos Arcanos Maiores. O Ás de Espadas é dessa forma associado a XXI LE MONDE (O MUNDO), que apresenta uma estrutura similar à da série de Espadas, constituída igualmente de uma forma central amendoada (*vesica piscis*) e de elementos situados nos ângulos. O Arcano XIII apresenta uma relação estrutural evidente com o III de Paus, o VII LE CHARIOR (O CARRO), com o VII de Ouros. A curvatura do IIII de Espadas está espelhada com a de XIIII TENPERANCE (A TEMPERANÇA), o II de Ouros liga o Céu e a Terra com o XX LE IVGEMENT (O JULGAMENTO), XI LA FORCE (A FORÇA) mostra a virtude própria do Graal (o Ás de Copas) repousando sobre seu platô (o Ás de Ouros) etc. As relações simbólicas se revelam progressivamente à análise, a *justificação* das relações se descortinam pouco a pouco aos olhos do tarólogo perspicaz.

Embora as 40 lâminas numerais estejam expostas, falta dispor as 16 Honras. Como vimos nos Capítulos I e II, a geometria subjacente à estrutura geral do Tarô mostra que os Arcanos Maiores correspondem analogicamente ao fecho da Abóbada do Templo universal, a qual repousa sobre os quatro pilares (*Arkhân* em árabe). Os Arcanos Maiores representam, portanto, a quintessência do Tarô, no centro dos Quatro Elementos. Ora, nesse estágio de desenvolvimento da mesa, apenas esses Elementos enquadram cada Arcano Maior. São, portanto, as Honras que vão completar o quadrado e afirmar os Arcanos Maiores como coração quintessencial, e se afirmam, elas mesmas, como princípios operativos de coordenação dos Quatro Elementos, constituindo assim uma expressão da *vontade* universal. É por isso que essas lâminas são denominadas "Honras", porque têm a honra *insigne* de ser os agentes operativos dos princípios cosmológicos do mundo, *mundus* ou *Arcanum Mundi*.

Para completar a mesa tarológica, é preciso então determinar duas Honras para completar o quadrado elementar. Assim, para uma lâmina como II LA PAPESSE (A PAPISA), ligada ao II de Espadas e ao X de Paus, é preciso uma Honra de Ouros e uma Honra de Copas. Ora, se em princípio cada uma das Honras dos Quatro Emblemas pode complementar essas lâminas numerais, algumas as completam idealmente como um arquétipo quaternário. Para defini-lo, é preciso determinar quais Honras correspondem mais às duas lâminas numerais que duas outras Honras devem, por outro lado, complementar. A regra a ser aplicada é sempre aquela da *rotatio*: o quadrado de Honra não deve ter qualquer dupla função. Ele deve, portanto, ser constituído de um Valete, de um Cavaleiro, de um Rei e de uma Rainha, cada um de um Emblema (naipe) diferente.

A determinação precisa dessas Honras acontece em função da relação de complementaridade Paus-Ouros e Espadas-Copas, que constitui o código dinâmico do Tarô de Marselha. Como vimos com a hierarquização dos quatro Cavaleiros, existem duas duplas complementares ativa/passiva: Paus-Copas, Espadas-Ouros, e Paus-Ouros, Espadas-Copas. Ora, é justamente essa segunda dupla elementar que é fundamental no código do Tarô de Marselha. De fato, o Arcano XXI LE MONDE (O MUNDO), que constitui em si o arquétipo de todas as outras lâminas, representa a dupla Leão-Touro, que analogicamente corresponde a Paus-Ouros. Situado no pé da carta, ele representa o polo material. Essa lâmina mostra igualmente a dupla Águia-Anjo, que corresponde analogicamente a Espadas-Copas. Situada no alto da carta, representa o polo espiritual. Essas duas duplas complementares são, portanto, de suma importância no Tarô de Marselha, como o demonstra a relação dinâmica das 40 lâminas numerais. Na verdade, como podemos constatar abaixo, essa complementaridade Paus-Espadas e Ouros-Copas expressa uma dupla curva sinuosa que percorre em pares as lâminas da mesa tarológica.

AS DUPLAS SINUOSIDADES DOS ELEMENTOS COMPLEMENTARES DA MESA TAROLÓGICA

É essa complementaridade específica Paus-Ouros e Espadas-Copas que permite designar precisamente quais Honras completam o quadrado elementar dos Arcanos Maiores. De fato, a cada lâmina numeral corresponde outra de igual valor em seu Elemento complementar. Assim, segundo essa relação, o II de Espadas e o X de Paus, que são ligados a II LA PAPESSE (A PAPISA), têm como complementar o II de Copas e o X de Ouros, ligados a XII LE PENDV (O PENDURADO). Logicamente, a Honra de Espadas, que complementa o II de Copas, e a Honra de Paus, que complementa o X de Ouros, correspondem ao II de Espadas e ao X de Paus, respectivamente. Em paralelo, a Honra de Copas, que complementa o II de Espadas, e a Honra de Ouros, que complementa o X de Paus, correspondem ao II de Copas e ao X de Ouros.

Assim, segundo essa relação, ao II de Espadas não pode corresponder senão o Rei de Espadas. De fato, na perspectiva tradicional, esses dois Arcanos Maiores se relacionam com a morte e o renascimento iniciáticos. Ora, o Rei de Espadas está sentado sobre um túmulo aberto, que é simbolicamente aquele do Mestre, mostrado igualmente, segundo um dos múltiplos níveis de leitura das lâminas do Tarô, no Arcano XII LE PENDV (O PENDURADO), semelhante a uma estátua estendida vista de cima.

Ao II de Copas não pode corresponder senão a Rainha de Copas, bastante próxima de II LA PAPESSE (A PAPISA), com seu véu e sua taça em forma de globo, imagem do mundo (*mundus*). Ora, XII LE PENDV (O PENDURADO) é precisamente a prefiguração de XXI LE MONDE (O MUNDO) – as posturas dos personagens estão invertidas uma em relação à outra –, que representa a glória da ressurreição após a descida iniciática de XII LE PENDV (O PENDURADO) à matriz obscura do Arcano (o túmulo e o ventre matricial), onde ele vai entrar para, de maneira simbólica, renascer plenamente regenerado.

A MESA OU ÁBACO TAROLÓGICO COMPLETO

Ao X de Paus, que representa o fechamento de um ciclo operativo (o fim se ligando ao início com o Ás de Paus), corresponde o Valete de Paus, que representa o construtor no almofariz (o perfil desta lâmina é de fato muito similar ao hieróglifo egípcio *Khous*, que significa "construir"), a relação entre a abertura das duas mãos e o resto do bastão sendo aquela do Número de ouro. Esta lâmina representa assim a ciência da real arte dos construtores, cujo nome deriva justamente do termo Bastão, que simboliza nesta carta a aplicação das regras dos Mestres.

Ao X de Ouros (cujos contornos esboçam XXI LE MONDE [O MUNDO]) não pode corresponder senão o Cavaleiro de Ouros, que representa a capacidade de realização concreta do ciclo evolutivo da *Rota* (ele tem um cetro e afirma a complementaridade cosmogônica Paus-Ouros), aqui representada por Ouros com doze torres (que se relaciona com XII LE PENDV [O PENDURADO]), correspondendo aos doze signos do ano zodiacal percorrido em um ano (ciclo universal) pelo Sol visto a partir da Terra, que apresenta, como esse Ouros, uma inclinação relacionada ao plano eclíptico. Essas quatro Honras unem enfim seu elemento complementar, no caso, o Cavaleiro de Ouros (fazendo com a ajuda de seu bastão um ciclo evolutivo completo) pelo X de Paus, a Rainha de Copas (Rainha-Mãe, bastante similar a II LA PAPESSE [A PAPISA]) pelo II de Espadas, o Valete de Paus (cujo bastão está de cabeça para baixo, como XII LE PENDV [O PENDURADO]) pelo X de Ouros e, enfim, o Rei de Espadas (túmulo) pelo II de Copas, no qual figura tradicionalmente a Fênix renascendo das cinzas, ressurgindo da sepultura totalmente regenerada.[10] Se as relações entre as Honras e as lâminas numerais não são evidentes à primeira vista, a indicação de uma ou duas lâminas permite encontrar as outras por eliminação. É preciso, de fato, sempre ter claro que o Tarô de Marselha é um sistema de coesão integral (hiperlógica), cujos arcanos se revelam pouco a pouco pelo estudo.

PITÁGORAS curvado sobre um ábaco
Portal real, catedral de Chartres,
século XII

Da multiplicidade de ocorrências das Honras sobre a Mesa, verifica-se que se os Arcanos Maiores e as lâminas numerais são permutáveis (pelo jogo da geometria da *Rota* e pelo jogo da complementaridade dos Quatro Elementos), as Honras são, além do mais, *móveis*. Intervindo em vários "lugares" ao mesmo tempo, elas representam, por exemplo, o princípio da ubiquidade. As relações da mesa tarológica são, na verdade, ao mesmo tempo sequenciais e simultâneas, o conjunto constituindo um todo indiviso em relação dinâmica perpétua. Assim completa, a mesa do Tarô de Marselha constitui "o ábaco tarológico". Apresentando as relações arquetípicas das lâminas entre si, ele permite operar cálculos numerológicos complexos, daí a designação dessa mesa como ábaco. Terá a mesa tarológica, então, uma relação com o misterioso ábaco pitagórico, também chamado mesa ou mesmo roda de Pitágoras?[11] Seria ela, como pensam os historiadores das ciências baseando-se em uma passagem do primeiro livro da geometria de Boèce,[12] a simples tabuada?

A mesa tarológica constitui um organograma das relações articuladas dos diferentes arquétipos da experiência humana. A dupla sinuosidade que a percorre e anima é a expressão elementar da vida dinâmica, da corrente polarizada subjacente a toda manifestação, a toda vida. Essa dupla espiral, que percorre de forma dinâmica os Quatro Elementos, religa analogicamente o Tarô ao DNA, que apresenta, efetivamente, a mesma estrutura.[13] Nosso código genético constitui assim a base *última* do Tarô de Marselha, que é certamente, como o entendeu Tchalaï, a expressão de um código evolutivo universal.

A *ROTA*, ÓRGÃO DO TARÔ

O circuito circular da mesa tarológica forma assim a *Rota*, constituída do conjunto de lâminas do Tarô, com LE MAT (O LOUCO) realizando o percurso cíclico do conjunto de aspectos da Manifestação. A *Rota* assim constituída deve ser percebida como o diagrama de uma roda cilíndrica tridimensional, apreendida a partir de seu centro, na horizontal, com os personagens abaixo, girando sobre si mesma da esquerda para a direita, em que o sentido positivo do processo de evolução é simbolizado pelo movimento de LE MAT (O LOUCO), que arrasta a *Rota* em sua esteira. O Tarô de Marselha nos aparece, dessa forma, de fato, como centro cosmológico e verdadeiro agente da evolução universal. O bastão de LE MAT (O LOUCO) representa o polo, imagem da Árvore do mundo, do *axis mundi*,[14] que apresenta assim essa lâmina como sendo o *avatar* do Chakravarti,[15] que faz girar a roda da Manifestação Universal a partir do centro imutável e transcendente. Por essa transposição, essa lâmina representa a relação de tensão dinâmica necessária entre o centro fixo (o Princípio, a Fonte) e o contorno movente (a Manifestação, a evolução perpétua), que assegura a circulação e as trocas necessárias, para permitir à Manifestação existir como realidade lógica e princípio vital organizado. Como podemos ver nos diagramas da mesa tarológica e da *Rota*, as cartas se dispõem da direita para a esquerda, e não da esquerda para a direita, como é comum, segundo a ordem de leitura usual no Ocidente. Esse alinhamento das cartas da direita para a esquerda segue a lógica da polaridade arquetípica positiva/negativa da dinâmica universal. Na verdade, o lado direito, que corresponde ao hemisfério esquerdo do cérebro, é analítico e ativo, e positivo, enquanto o lado esquerdo, correspondendo ao hemisfério direito do cérebro, é intuitivo e passivo, portanto, analogicamente negativo.[16]

Na perspectiva horizontal da *Rota*, a marcha de LE MAT (O LOUCO), que impulsiona a roda em seu rastro, a faz virar para a direita a partir de um ponto fixo de referência. LE MAT (O LOUCO), faz percorrer dessa forma as cartas em ordem crescente (portanto, positivo). Pode-se, por outro lado, perceber a harmonia e a inteligibilidade da relação de cartas dispostas em sua ordem

A *ROTA* COMPLETA NO SEIO DO CUBO DE METATRON

natural, distribuídas da direita para a esquerda. Vê-se, de fato, que I LE BATELEVR (O MAGO), primeira lâmina do Tarô, é virada totalmente para a esquerda, orientando-se assim em direção a II LA PAPESSE (A PAPISA), que afirma, ela própria, claramente, essa direção. II LA PAPESSE (A PAPISA) e III LIMPERATRISE (A IMPERATRIZ) são naturalmente postadas uma contra a outra, e IIII LEMPEREVR (O IMPERADOR) está voltado para V LE PAPE (O PAPA) – cada um dos polos do poder temporal está voltado para os polos do poder espiritual, cujos princípios se concentram no plano concreto. Da mesma forma que a água na base de VIIII LERMITE (O EREMITA) une as ondas da X LA ROVE DE FORTVNE (A RODA DA FORTUNA), as de XVII LESTOILLE (A ESTRELA) se dispersam no reservatório de XVIII LA LVNE (A LUA), e XXI LE MONDE (O MUNDO) se vira para I LE BATELEVR (O MAGO), unindo assim o laço da *Rota*, que realiza um retorno (*taru*) perpétuo sobre ela mesma.

A *ROTA*, SÍMBOLO DO MUNDO E DO FUTURO

Unidade da multiplicidade, ciclo de transformação e de criação contínua, a *Rota* é o símbolo da renovação, da redefinição e da regeneração perpétua do mundo. Seu centro corresponde ao Princípio, imutável e transcendente, em torno do qual se realizam as revoluções cíclicas da Manifestação universal.[17] Assim, o contorno da *Rota* representa as diferentes facetas da existência, sujeitas à impermanência e aos ciclos de transformação, de morte e de renascimento e de regeneração. Ela representa igualmente os recursos de que dispomos, com possibilidades criativas indefinidas. Etimologicamente, *rota*, que significa "roda" em latim, quer dizer "caminho" em occitano, português, provençal e turco. O sânscrito, por outro lado, tem o termo *srota*, que significa "corrente", "córrego", acepções que nos remetem a *taram*, outra palavra do sânscrito, que

Rota Fortunœ, Alemanha, século XV

significa "vaga", "onda", "redemoinho", "vaivém", tendo como raiz o termo *taru*, que, como vimos (cf. Capítulo I), é a origem da palavra *Tarot* e, portanto, indiretamente de *Rota*. Por outro lado, o termo *taram*, em seu significado literal, significa "capítulo", e nos remete, portanto, ao *fio* do Sutra e do Tantra. Cada revolução da *Rota* se apresenta então como um capítulo do *Liber Mundi*, ou Livro do Mundo, cujo destino se entrelaça na trama universal. Titus Burckhardt, em *Principes et Méthodes de l'art sacré* [Princípios e métodos da arte sacra], nos diz: "Segundo a visão taoista das coisas, a arte divina é essencialmente a arte da transformação: a natureza inteira se transforma incessantemente, sempre de acordo com as leis do ciclo; seus contrastes se revolucionam em torno do centro único que escapa sempre à compreensão. Entretanto, alguém que compreenda esse movimento circular é capaz de reconhecer o centro que é sua essência. O objetivo da arte é se adequar a esse ritmo cósmico."

A *Rota*, geradora de Vida, é, portanto, o símbolo de totalidade e de completude, da natureza cíclica da existência, da união perpétua do Céu e da Terra. A roda é, de fato, Solar por sua emanação, manifestação do princípio universal doador de Vida, e lunar por seus ciclos de transformação, sua impermanência e suas mutações. Esse aspecto lunar é confirmado no Tarô pelo número

28, chave da constituição da *Rota*, que corresponde ao número de dias do ciclo mensal da Lua. Ora, o número 28 é igualmente importante no calendário juliano porque corresponde ao ciclo solar de 28 anos, ao fim do qual os dias da semana voltam às mesmas frações de unidade mensais. No século VI, Denys le Petit utiliza esse ciclo solar, que ele multiplica com o ciclo lunar de 19 anos (o ciclo de Meton, no qual as mesmas datas do ano correspondem às mesmas fases da Lua), para chegar ao ciclo pascal de 532 anos: 19 x 28. Assim, em um período de 532 anos contados segundo o calendário juliano, as festas de Páscoa – ressurreição de Jesus Cristo, o terceiro dia após sua paixão – acontecem nas mesmas datas. Ligados entre si pelo setenário, todos esses números se reduzem aritmologicamente ao número 10, que representa a *Rota* – 28 sendo igual a 2 + 8 = 10.

EX-LIBRIS *HERMÉTICO*, século XVII, Poitiers

O número 10 é andrógino graças ao 1, que é ímpar e masculino, correspondendo ao centro ativo embora imóvel, assimilado ao Sol e ao Fogo criativo, e ao 0, que é feminino, correspondendo ao contorno passivo, mas mutável, assemelhado à Lua e à água do ventre materno. Número ao mesmo tempo par e ímpar, enquanto unidade (o 1 e o 0 definem o próprio ciclo), o número 10 une dinamicamente os dois agentes universais da hierogamia geradora de toda Vida.[18] O doutor René Allendy observa que o número 28 combina os tempos cíclicos 4 e os tempos evolutivos 7: "É a espiral da evolução se desenvolvendo entre os ciclos perpétuos da natureza; é o ser progredindo em meio às oscilações permanentes do Cosmos."[19] Ele oferece, dessa forma, uma perfeita definição da *Rota* do Tarô.

Nos Arcanos Maiores, encontramos a imagem da *Rota* nas lâminas X LA ROVE DE FORTVNE (A RODA DA FORTUNA) bem como XVIIII LE SOLEIL (O SOL) (1 + 9 = 10). É essa segunda lâmina que representa a união universal geradora de Vida. Na Antiguidade grega, a roda é tradicionalmente associada a Cronos (Saturno para os romanos), filho de Urano, o Céu, e de Gaia, a Terra. Ora, Cronos representa o tempo e as fases de assimilação, de transformação, necessárias a toda criação divina. Simbolizado por um velho que segura com a mão direita uma foice e na outra o Ouroboros, representa a passagem dos anos, com o fim de um mês se ligando ao início do mês seguinte, ano a ano, unindo assim a cabeça e o rabo da serpente circular, o ciclo do antigo e do novo se unindo por intermédio de uma regeneração

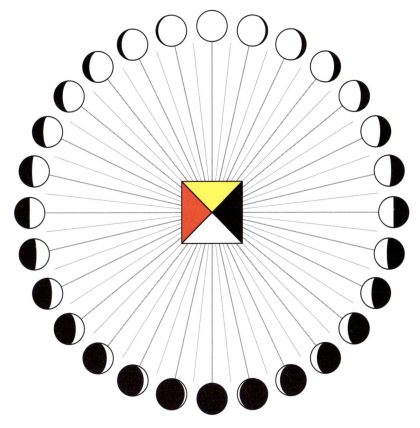

A *ROTA* DAS 28 CASAS LUNARES

perpétua. A figura de Cronos une-se dessa forma à de Janus, simbolizado pela imagem de um adolescente, contrastando com a de um velho (algumas vezes, de um homem e de uma mulher). Sua perpétua união simboliza a eternidade da aliança dos contrários, a renovação e a regeneração de todas as coisas, e apresenta o Barqueiro (*tara*, em sânscrito) abrindo e fechando o acesso ao coração do Arcano, ao Princípio que transcende o Tempo e o Espaço.

Diferente de Cronos, que corresponde ao tempo da sucessão matricial, Aion (que corresponde a Zurvan Akarana no Avesta[20]) significa "destino", "idade", "geração", "eternidade", "tempo infinito", mas também "duração de um ciclo". Aion representa o sobrenatural resplandecente e a transcendência do Tempo e do Espaço, a extratemporalidade de um presente ideal, imanente ao tempo dos corpos. Ele representa o Ser universal, perpetuamente regenerado, o mestre absoluto de tudo.

Com seu ciclo fechando-se sobre ela mesma, a *Rota* é assim comparada ao Ouroboros,[21] representação de uma serpente ou de um dragão que morde a própria cauda – em grego *oura* significa "cauda", e *boros*, "devorando". Mas *ouros* significa também "guardião". Nós o encontramos assim em

Comment & par quelles figures ilz signifioient laage & les ans du temps.

ORUS APOLLO DE AEGYPTE,
Ed. Kerver, 1543

cântaros herméticos e gnósticos. O Ouroboros é, de fato, a imagem da união dinâmica do Céu e da Terra, da natureza cíclica da existência e da renovação da vida. Ele representa a união do mundo ctônico (do grego *khthôn*: "que nasceu da terra", "qualificativo aplicado aos deuses infernais"), simbolizado pela serpente (que troca de pele ciclicamente), e do mundo uraniano (do deus Urano, divindade primordial que personifica o Céu), representado pelo círculo englobando a totalidade da Criação, como também pelas asas, polarizando-se às vezes em duas serpentes, uma celeste, outra terrestre. Esse símbolo representa, portanto, a unidade da Manifestação, o eterno retorno, a autofecundação (representada pelo ponto no círculo figurativo do número 10) e a regeneração (palingenesia), fim último de todo ensinamento.[22]

Como podemos constatar pelo mosaico da vila romana de Sentinum e pelo Ouroboros do Códice Marciano, na Antiguidade, a *Rota* era claramente associada à fita dita de Moebius,[23] a que se chega fazendo um círculo com uma faixa (ou segmento), com uma rotação de meia-volta (ou de um número ímpar de meias-voltas) nela. A fita de Moebius forma assim uma superfície em que ambos os lados são um. Mais ainda: o corte longitudinal dessa fita gera outro corte duas vezes maior (em vez de duas fitas distintas em um círculo normal), comportando quatro meias-voltas. Dando continuidade a esse processo de cortes, chega-se a muitos anéis unidos entre si, produzindo um conjunto semelhante a uma roda solar cujos raios são as fitas se dividindo indefinidamente, constituindo simbolicamente muitas das vias (*turuq*) de *retorno* (*taru*, cf. Capítulo I). Tal correlação representa, portanto, a imagem da unidade da multiplicidade, da relação dinâmica entre a Manifestação (o contorno) e o Princípio (o centro) unidos por vias (raios) de número indefinido. A fita de Moebius constitui, na verdade, uma das formas que podem prender o Vórtice Toroidal (*tube torus*, cf. Capítulo I, nota 20), evoluindo de modo sinuoso no seio da hiperesfera, que engloba o conjunto do Universo. Seus movimentos cíclicos, que voltam eternamente sobre si mesmos, constituem o *verdadeiro* Ouroboros cosmológico, hiperdimensional. Ela constitui a serpente cósmica que define a natureza última de nossa realidade, na

Ouroboros, *Codex Marcianus*, século XIV. Ao centro, em grego: o TODO

AION e a roda do zodíaco como fita de Moebius, entre a árvore verde e a árvore seca
Vesta (Héstia) e suas quatro crianças a seus pés – Mosaico de piso,
vila romana de Sentinum, século III d.C.

qual todas as partes constituintes são ligadas dinamicamente de modo indiviso e eterno, transcendendo a dualidade, em mutação contínua e em regeneração perpétua. Ora, como vamos constatar, a *Rota* – semelhante ao Ouroboros – do Tarô de Marselha (gerada pelo Cubo de Metatron, diagrama do Hipercubo) exprime igualmente uma fita de Moebius. O Tarô de Marselha se revela dessa forma como uma modelagem integral do Universo, formando um todo que exprime as facetas arquetípicas do mundo, ou *Arcanum Mundi*.

No Tarô, o elemento que determina essa fita é o Arcano XII LE PENDV (O PENDURADO), que está, na verdade, invertido quando se apresenta no natural, e no natural quando está invertido. É, portanto, essa lâmina, por sua reversibilidade, que realiza a meia rotação da fita sobre ela mesma.

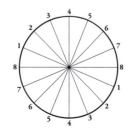

Percebe-se assim que essa lâmina, chave da formação efetiva da fita de Moebius, por sua característica, é absolutamente necessária na *Rota* porque ela constitui efetivamente uma representação completa do mundo, do *Mundus* (cf. Capítulo I).

A ilustração ao lado[24] representa, por outro aspecto, o elo efetivo entre a *Rota* e a fita de Moebius. É preciso imaginar essa fita formada pelo corte de um *fio* torcido e percorrido por linhas de tensão elásticas (um número indefinido delas compõe a superfície da fita), passando de uma forma à outra por extensão e flexão. Se a ilustração ao lado mostra oito "linhas de imersão" (apenas para preservar a clareza da demonstração), a fita de Moebius equivalente à *Rota* do Tarô de Marselha comporta 21 (somando ao final 42 raios). Dessa forma, a *Rota* do Tarô de Marselha, como nós pudemos ver no início do capítulo, é a representação em duas dimensões de uma estrutura que destaca, na *realidade*, dois vórtices toroidais evoluindo em múltiplas dimensões no seio da hiperesfera.

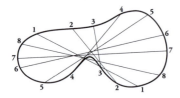

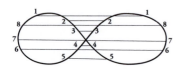

A fita de Moebius (na verdade, o *fio*) e suas duas faces, que são uma, aparecem assim como a chave unitária do microcosmo e do macrocosmo, entre a física e a metafísica, entre a Manifestação e o Princípio (*arkhè*). Na verdade, uma folha de papel (embora fisicamente palpável) cuja superfície se dobre sobre ela mesma tem apenas uma face, como demonstra o desenho a lápis percorrendo em sua totalidade o comprimento da superfície da fita, voltando ao ponto de partida após ter dado duas voltas.

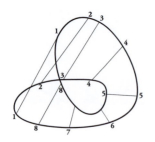

As duas faces dinâmicas e alternadas são na realidade uma e exprimem a unidade e a universalidade da polaridade elementar, instrumento de toda geração. Historicamente, o Ouroboros está associado ao hermetismo, à alquimia e ao gnosticismo.

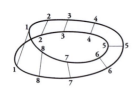

DA *ROTA* (NO ALTO) À FITA DE MOEBIUS, E SUA RELAÇÃO COM A HIPERESFERA, RESULTADO DA REVOLUÇÃO DINÂMICA DO HIPERCUBO

Fulcanelli, em sua obra *Le mystère des cathédrales* [O mistério das catedrais], nos esclarece sobre o simbolismo alquímico da roda ou *Rota*: "Na Idade Média, a rosa central dos pórticos era chamada *Rota*, a roda. Ora, a roda é o hieróglifo alquímico do tempo necessário à cocção da matéria filosofal e, por conseguinte, da própria cocção. O fogo alimentado, constante e igual, que o artista mantém noite e dia durante essa operação, é chamado, por isso, de 'fogo de roda'."

O hermetismo e a alquimia, cujas origens remontam à alta Antiguidade, se desenvolveram principalmente nos três primeiros séculos antes e depois de Cristo. A partir do século III anterior à nossa era, religiões misteriosas de inspiração hermética se espalharam nos impérios helenizados e depois

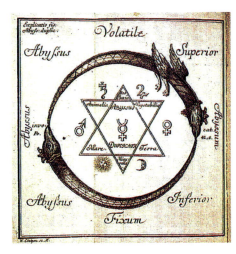

ROTATIO dos Quatro Elementos
no cadinho alquímico
A. J. Kichweler, *Aurea Catena Homeri*, 1781

no Império Romano. Foi na cidade de Alexandria que a Grande Biblioteca e o museu foram criados, pelos generais de Alexandre, o Grande, no século III a.C. Alexandria tornou-se então um centro cultural que acolhia os espíritos mais ilustres do Oriente e do Ocidente, alimentados pelas grandes correntes tradicionais, como as do Reino indo-grego de Gandhara (que também foi resultado das conquistas de Alexandre) e dos reis indo-citas (herdeiros da ciência dos vedas e do tantra), dois reinos contemporâneos que se comunicavam com a cidade de Alexandria.

A partir do século II a.C., pensadores gregos, como Antíoco de Ascalão (130-68 a.C.), e romanos, como Cícero (103-43) ou Sêneca (4 a.C.-65 d.C.), sintetizaram, em diferentes níveis, as filosofias estoica e platônica. Esse movimento (o modo platônico) é caracterizado por um retorno à concepção transcendente do divino e a uma prática dos símbolos com o objetivo de desvendar os mistérios invisíveis, no que foi o primeiro passo para a prática da teurgia, capacidade de fazer "milagres", podendo ser efetuados pela integração operacional de princípios cosmológicos universais (realização da pedra filosofal). A renovação platônica que ocorreu então foi acompanhada de um novo desenvolvimento do pitagorismo. Esse movimento, tanto tradicional (arte da numerologia, da geometria e do simbolismo platônico) quanto inovador (síntese dos pensamentos religiosos e filosóficos, isto é, científicos do tempo), foi conduzido por iniciados como Alexandre Polistor (Roma, entre 82 e 70 a.C.), Nigídio Fígulo (entre

Tetradracma da esfinge de Alexandre,
o Grande; século IV a.C.

98 e 45 a.C.) e Deodoro de Alexandria (25 a.C.). São os trabalhos dessa corrente, que desenvolve por outro lado o conceito do arquétipo como princípio universal[25] (que C. G. Jung retoma a seu modo no início do século XX), que permitem a elaboração subsequente do Tarô como modelo inteligível do mundo.

O gnosticismo, por outro lado, cujos princípios essenciais se desenvolvem nos três primeiros séculos depois de Cristo, diz respeito quase exclusivamente à *Via do Retorno*, ou à *habilidade* de cada faísca esparsa de luz (a parte essencial de cada indivíduo) *retornar* à Fonte original por meio de um processo de redenção e de correção do *rumo* (*cyber*) de sua existência, cuidando de elevá-la a um nível sempre mais alto e espiritual para "sair" do mundo, do *Arcano*, visto como uma prisão ou um labirinto. Na verdade, segundo o mito gnóstico, quando ocorreu a Criação do mundo (*mundus*), as almas foram aprisionadas nas trevas da matéria como resultado de uma perversão do plano divino executada pelo Demiurgo, o Artesão do Cosmos. Velado por um dualismo aparentemente oponente entre a luz divina e as trevas (sombras) do mundo, o mito gnóstico representa na realidade uma alegoria cosmológica. A antiga tradição nos ensina, efetivamente, a complexidade da Criação e o necessário desequilíbrio ou a "dissonância" que permitem a existência da Manifestação, cujo sistema vital repousa sobre os ciclos de mudanças e de redefinição, de flutuações, de vida, de morte e de regeneração, se desenvolvendo em um Universo organizado e fechado. No gnosticismo original, não dualista (*gnosis* significa "Conhecimento" em grego[26]), a luz desce no Ouroboros, iluminando a matéria para cumprir um plano divino, que compreende todos os níveis de Manifestação.

A descoberta da Tábua de Hermes Trismegisto; *Aurora Consurgens*, 1450

A pluralidade e a aparente antinomia do mundo dos fenômenos e dos arquétipos participam assim de um plano de mudança dinâmica regenerador, como qualquer organização, e toda a problemática da vida humana está em compreender o sentido dessa união entre as forças do Espírito, da Alma e do Corpo, e de integrar todos os aspectos do Cosmos em uma unidade dinâmica harmoniosa, em conformidade ao *logos* universal. O Tarô de Marselha, por sua estrutura e sua codificação simbólica arquetípica, constitui assim o instrumento filosófico que traduz a *governança* do mundo,[27] fornecendo as bases *de instrução* elementares que permitem a cada um efetuar com lucidez seu caminho seguindo as trilhas sinuosas do Eterno *retorno*. A *Rota* assim iluminada torna completamente explícitos os aforismos da "tábua de Esmeralda" de Hermes Trismegisto,[28] figura mítica da Antiguidade greco-egípcia,

THOTH, deus lunar da linguagem e das ciências; Templo de Luxor, Alto Egito, cerca de 1250 a.C.

FLORES DE VIDA gravadas em ocre vermelho do Templo de Osíris; Abidos, Alto Egito, cerca de 2200 a.C.

a quem foi atribuído um conjunto de textos, chamados *Hermética*, dos quais os mais conhecidos são o conjunto de tratados místico-filosóficos *Corpus Hermeticum* e a Tábua de Esmeralda. Segundo a lenda, essa última, que apresenta os ensinamentos de Hermes Trismegisto (o três vezes Grande), teria sido encontrada em sua tumba, gravada sobre uma prancha de esmeralda. A mais antiga versão conhecida se encontra como apêndice de um tratado árabe do século VI. Traduzida para o latim no século XII, ela foi comentada por numerosos alquimistas na Idade Média e mais ainda na Renascença. Eis a tradução da *Tabula Smaragdana* feita por Fulcanelli em *Les demeures philosophales* [As mansões filosofais]:

"É verdade, sem dúvida, certo e muito verdadeiro: o que está embaixo é como o que está em cima, o que está em cima é como o que está embaixo; por essas coisas se fazem os milagres de uma só coisa. E como todas as coisas são e provêm de um, pela meditação de um, assim todas as coisas são nascidas dessa coisa única, por adaptação. O Sol é o pai, e a Lua é a mãe. O vento o trouxe em seu ventre. A terra é sua nutriz e seu receptáculo. O Pai de tudo, o Telesma do mundo universal, está nisso. Sua força, ou seu poder, é plena, se é convertida em terra. Separarás a terra do fogo, o sutil do denso, suavemente e com grande maestria. Sobe da terra e desce do céu, e recebe a força das coisas superiores e das inferiores. Tu obterás dessa forma a glória do mundo e tudo o que é obscuro se afastará de ti. Esta é a força, vigorosa de toda força, pois ela vencerá todas as coisas sutis e penetrará em tudo o que é sólido. Assim, o mundo foi criado. Esta é a fonte das admiráveis adaptações aqui indicadas. Por isso fui chamado de Hermes Trismegisto, tendo as três partes da filosofia universal. O que eu disse sobre a obra solar está completo."

Os gregos associaram o deus Hermes à divindade egípcia Thot (nome grego de Djehouti), cujo culto se exercia no Médio Egito, em Khemenou, que se tornou Hermópolis Magna sob os Ptolomeus (três últimos séculos antes de Cristo). Essa associação de Hermes com Thot tornou-se oficial, como testemunha o decreto da assembleia dos sacerdotes egípcios gravado sobre a célebre pedra de Roseta.[29] Na mitologia egípcia, Thot (cujo nome significa "sinal" em hebreu, uma das concepções das letras hebraicas[30]) é o deus lunar da linguagem e das ciências. Representado como um íbis (ou homem com cabeça de íbis) com plumagem branca e preta ou como um babuíno, Thot capta a luz da Lua, de quem rege os ciclos (comportando 28 estágios), a ponto de ter sido nomeado "o Senhor do Tempo", aproximando-o dessa forma de Metatron, "Senhor da Essência", isto é, do Espaço. Todos esses atributos permitem compreender por que o Tarô foi designado como o "Livro de Thot" ou "Livro de Hermes",[31] sendo essas duas divindades emblemáticas da Linhagem dos Mestres Instrutores que prodigalizaram ensinamentos sagrados à Humanidade, propondo-lhe assim evoluir através dos tempos em harmonia com o *logos* universal.

HERMES TRISMEGISTO, gravura em cobre de Johannes Theodorus de Bry, 1615

Capítulo VII

OS PRINCÍPIOS E OS MODOS FUNDAMENTAIS DA PRÁTICA DO TARÔ DE MARSELHA

O Tarô de Marselha constitui em si mesmo uma síntese de todas as ciências tradicionais, da filosofia e da metafísica. Sua prática é uma arte, sendo, portanto, conveniente aprender suas regras e compreender as instruções para aproveitar inteiramente os benefícios desse instrumento universal de autoconhecimento, conhecimento do mundo e do Universo. De fato, se a natureza arquetípica e simbólica do Tarô de Marselha predispõe a uma aproximação intuitiva dele, é o aprendizado rigoroso de seus códigos que permite desenvolver as aptidões necessárias para utilizá-lo de forma construtiva nos diferentes níveis de nossa existência.

O TARÔ COMO INSTRUMENTO DE CONHECIMENTO

O Tarô de Marselha é semelhante a um programa de computador constituído de ícones classificados por categorias. Pelas combinações possíveis, se traduzem os princípios cosmológicos subjacentes ao dinamismo de nossa existência. O Tarô traduz, de fato, um código evolutivo universal, cibernético. Etimologicamente, a cibernética designa os meios de governança e se liga assim à noção do Princípio primeiro, do *arkhè* (cf. Capítulo I, nota 13). Ela se aplicava, no tempo dos romanos, à navegação, mas se aplica também ao campo da esfera ontológica global do ser humano, às modalidades de sua boa "navegação" no oceano da vida. Como dizia Albert Einstein, não se podem resolver os problemas com o mesmo nível de consciência daqueles que os criaram.

A verdadeira justificativa para a existência do Tarô de Marselha, assim como de toda a ciência tradicional sagrada, em geral, está nos benefícios concretos que seu estudo e seu uso trazem, elevando pouco a pouco o nível de consciência do estudante assíduo pela *integração* desta tradução arquetípica do sistema (*logos*) subjacente à "realidade", dando assim ao filósofo os meios de decodificá-la e de adquirir a capacidade de agir sobre sua própria trama, com justeza e virtude. Titus Burckhardt nos diz, na verdade, que: "[...] sem o recurso de uma verdadeira Arte sagrada, nenhuma 'sublimação' de forças passionais da alma poderia vencer e superar definitivamente certos antagonismos a ela inerentes. É preciso que alguma coisa de não individual e de implicitamente divino penetre no homem, antes que possa sair do círculo vicioso das volições individuais."[1]

Um modelo cosmológico universal repousa sobre um jogo de arquétipos agrupados em categorias seriadas, traduzindo, pela combinação de suas partes constitutivas, a trama qualitativa da "realidade". Constituído como um instrumento concreto e explorável, ele surge necessariamente de um conjunto de figurações simbólicas compostas de imagens e palavras e constituindo um todo. Por combinação, essas definem e caracterizam os princípios subjacentes em todos os níveis de nossa existência, da forma que eles se manifestam nos contextos e nas condições únicos, complexos e específicos da vida individual e coletiva. As lâminas do Tarô representam assim, simbolicamente, os diferentes aspectos do "Grande Arcano" (*Arcanum Mundi*), que refletem o Homem e o Universo em sua totalidade, tornando inteligíveis e compreensíveis os princípios universais de *governança*. As bases da Vida são de fato bastante simples. Elas se desenvolvem até produzirem conjuntos de uma complexidade indefinida, mas têm o seu âmago constituído de uma soma de arquétipos limitados, tendo como raiz os números e a geometria, subjacentes à organização e ao

Ninho de abelha dodecaédrico ortogonal hiperbólico,
ilustrando a hiperdimensionalidade universal

desenvolvimento de todos os aspectos da vida. Por meio de seus ícones simbólicos, o Tarô de Marselha torna inteligíveis esses princípios universais. Ele permite gerar, pela integração e pelo seu uso prático, o modo de se desenvolver e de crescer em sincronia e harmonia com o mundo.

Por meio dessa ciência, o Homem ganha os meios de se conectar ao plano universal e se integrar com a inteligência aberta. Macrocosmos e microcosmos são apenas Um, "o que está embaixo é como o que está em cima" (Tábua de Esmeralda de Hermes Trismegisto), o que está fora é como o que está dentro: o Homem constitui em si mesmo a síntese do Universo, onde tudo está ligado e pode ser entendido por meio da analogia. Pela analogia, a função simbólica permite à consciência chegar às verdades invisíveis, aos mistérios das origens, e compreender os arquétipos universais na raiz de todas as coisas, manifestos em múltiplos níveis de realidade, segundo formas de expressão indeterminadas.

Associado ao desenvolvimento da imaginação ativa, no plano do "imaginário", o simbolismo permite dar sentido à experiência vivida. Titus Burckhardt nos diz, de fato, que: "A multiplicidade de significados é inerente à própria essência do símbolo; e essa é sua vantagem sobre a definição racional. Porque, embora esta organize um conceito aos olhos de suas conexões racionais – e ao mesmo tempo o estabeleça a determinado nível –, o símbolo, sem perder um pingo de sua precisão ou clareza, permanece 'aberto para o alto'. Está acima de toda uma 'chave' de realidades suprarracionais."[2] Pela manipulação de combinações das cartas do Tarô, é assim possível trabalhar sobre a trama da constituição do "real" e "programar" desenvolvimentos construtivos e alegres, para si e para os outros. O que acontece no psiquismo no plano simbólico repercute na vida concreta, nossa realidade exterior e nossa experiência no seio dela se ligam permanentemente a nosso mundo interior.

A relação de elementos esparsos, cuja reunião destaca um ou vários níveis de significados, base do pensamento intelectual, caracteriza precisamente o símbolo, cujo princípio prático original (*sum-bôlon* em grego, "montar", "reunir", "constituir uma *soma*") consistia em aproximar dois ou vários elementos para formar um conjunto significativo. Ele se prestava, assim, como meio de reconhecimento pelos portadores dessas partes em questão, mas também de suporte de desenvolvimento do Conhecimento pelo qual esses elementos assim reunidos permitem *compreender*. O simbolismo nasce, de fato, de um princípio dinâmico, e o Tarô de Marselha, cujo funcionamento repousa precisamente sobre a reunião de elementos distintos e complementares (as cartas), constitui um instrumento simbólico por excelência. Ele revela, por suas cartas e suas combinações, os diferentes aspectos da vida universal graças à lei da analogia e de correspondência, que é o fundamento de todo simbolismo. O símbolo é assim mediador e unificador entre o concreto e o sutil. Ele leva a ideias além daquelas que a consciência objetiva pode apreender por si só, já que está sempre muito implicada no mundo fenomenal.

Mircea Eliade nos diz que: "[...] Há uma 'lógica dos símbolos', no sentido de que eles, qualquer que seja sua natureza e qualquer que seja o plano no qual se manifestem, são sempre

PITÁGORAS e a música das esferas, século XV

coerentes e sistemáticos [...]. O pensamento simbólico torna possível ao homem a livre circulação por meio de todos os níveis do real."³ É por esse motivo que o Tarô de Marselha é tão preciso em sua codificação e deve necessariamente ser *justo*, rigorosamente fiel a sua estrutura e a seu cânone tradicional. É, na verdade, por essa justeza que o Tarô, enquanto instrumento filosófico, permite realizar a leitura e a decodificação lógica dos fatores subjacentes aos *objetos* de análise, quer sejam eles de ordem particular ou geral. Dessa forma nos é oferecida a oportunidade de retomar o "discurso abandonado",⁴ de nos comunicarmos novamente com o Universo e de participarmos alegremente, em sua própria linguagem, no decorrer de seu desenvolvimento, do qual somos parte integrante. O Tarô de Marselha, para quem tem domínio sobre ele, é um jogo divino, e não um *jogo infantil*. As ciências tradicionais sagradas, ao contrário das ciências profanas, se caracterizam por sua precisão e exatidão, resultado da integração através dos séculos e dos milenares princípios cosmológicos verificados nos diferentes planos da realidade individual, coletiva e universal. Como afirma René Guénon: "Temos dito com frequência, e não nos cansamos de repetir: todo símbolo verdadeiro encerra nele mesmo seus múltiplos sentidos, bem como aquele da origem, porque não é constituído como tal em razão de uma convenção humana, mas em virtude da 'lei da correspondência' que liga todos os mundos entre si; embora alguns vejam esses sentidos e outros não os vejam ou vejam apenas parte deles, eles não deixam de estar ali e o 'horizonte intelectual' de cada um faz toda a diferença; o simbolismo é uma ciência exata e não um devaneio em que fantasias individuais podem ter livre curso."⁵

O espírito do Tarô de Marselha é o de apresentar, na forma de ícones simbólicos, os arquétipos que se expressam em todos os aspectos e graus da existência humana. Esses arquétipos se exprimem em níveis diversos, do mais sagrado ao mais mundano na vida diária. O arcano I LE BATELEVR (O MAGO) representa assim o arquétipo que caracteriza tanto o Demiurgo quanto o manipulador oportunista. Se algo os distingue *a priori*, o mesmo germe arquetípico os liga, afirmando o papel criador do Homem e iluminando de passagem a noção gnóstica do Demiurgo, cuja Obra repousa sobre uma ciência e uma geometria que são justamente aquelas do Tarô de Marselha. Esse exemplo nos mostra que esse último é um tradutor universal que permite que não se "perca o fio" e que se *perceba* que as expressões dos arquétipos subjacentes à realidade são todas interligadas, que suas manifestações surgem da *necessidade* (a noção antiga do cosmos e do destino), e que elas têm uma origem *única*.

Como vimos (cf. Capítulo IV), o Tarô de Marselha é um sistema metarreligioso – considerando que o termo *religião* é originário do latim *religare*, que significa "ligar". Esse significado implica a própria ideia do fio (*tantra, sutra, taram, taru*, cf. Capítulo I), que não é outro senão aquele da Tradição, que permite ao Homem que não se perca, mas se *encontre*. Tanto pela abordagem puramente analítica e racional como pela intuição intelectual, o Tarô de Marselha, por sua estrutura intrínseca, nos instrui e nos *informa* sobre os princípios arquetípicos universais e sua articulação com a Obra no cotidiano. Permite também a todos, e a cada um em particular, seja qual for o nível cultural ou de instrução, tendo a si mesmo como ponto de referência, assumir o *controle* e despertar nos múltiplos níveis de um Universo que revela, então, seu verdadeiro *sentido*.

O JOGO DO "GAY SÇAVOIR" [GAIA CIÊNCIA]

O Tarô de Marselha é, certamente, multidimensional, e suas aplicações são praticamente ilimitadas. Ele tem em si não apenas o Arcano que reúne o conjunto da ciência tradicional, mas é ainda, sobretudo, um jogo! O Tarô de Marselha, de fato, embora nos esqueçamos disso com frequência, é antes de tudo um jogo de cartas, destinado a ser *jogado*. Se nos afastarmos no tempo, constataremos que ele foi destinado ao uso lúdico e social, em uma atmosfera de alegria e comunicação, quer seja no âmbito da educação, do estudo aplicado ou do jogo social. Por esse último ângulo, as voltas da mesa se tornam então as voltas da roda, da *Rota*, combinando os elementos à própria vida, em que ora se ganha, ora se perde! Como no dia a dia, é preciso saber se adaptar à situação e tirar o melhor partido dos elementos *em jogo*, portanto, *jogar bem*, seja qual for sua *fortuna*, em que a roda do mesmo

Retrato anônimo de FRANÇOIS RABELAIS, 1483-1559

nome é girada pela deusa Fortuna na mitologia romana (Tyché entre os gregos). Substância da deusa mãe, é ela que gera, ensina, conduz à ascensão e à queda, à vida e à morte, para enfim restabelecer o ciclo e dar nascimento a uma vida e a uma evolução novas. Da mesma forma que árabe *hazard*, o termo latino *fortuna* significa "sorte", como riqueza de oportunidades férteis. No Tarô como jogo social, os passos se sucedem e as combinações acontecem, com sequências de cartas muito mais surpreendentes do que costumam ser, diferentes das simples cartas, simbólicas e muito expressivas em seus *significados*. Essa diversão assume, com o Tarô de Marselha, aspectos fascinantes, tornando-se uma expressão da vida em curso, experimentada e apreendida coletivamente por meio do *jogo* de cartas e de suas figuras simbólicas, cada *rodada* se justificando nos diferentes níveis de significado. Quer seja na vida ou no jogo, que é seu reflexo lúdico, para jogar bem é preciso, portanto, aguçar sua inteligência, o que consiste exatamente em saber se adaptar à situação (que constitui sua parte passiva), mas também em saber explorar o que foi *oferecido*, os elementos à disposição (que constituem sua parte ativa), para se permitir obter todas as chances de sucesso ou, em caso de fracasso, escapar rapidamente e se mostrar um *bom jogado*r.

As regras do Tarô como jogo social, que têm uma estrutura idêntica à do Tarô de Marselha (78 cartas repartidas em grupos similares), definição, de fato, das formas de uso do Tarô em sua inteireza, exprimem toda sua estrutura lógica, aquela em que as lâminas do Tarô de Marselha, mais que qualquer outro tipo, traduzem simbolicamente os *arcanos*. Os três "trunfos" não são mais "o Pequeno", "o 21" e "a Desculpa", mas I LE BATELEVR (O MAGO), XXI LE MONDE (O MUNDO) e LE MAT (O LOUCO), o fugitivo inexpugnável... Os quatro naipes franceses, que são Ouros, Copas, Paus e Espadas, correspondem igualmente aos naipes "italianos" do Tarô de Marselha (bem mais antigos). Jogando o Tarô com o Tarô de Marselha, todos os detalhes se tornam significativos. É bem provável que o uso antigo do Tarô simbólico como atividade lúdica em sociedade seguisse outras regras, diferentes das válidas hoje em dia ou mesmo daquela praticada em 1659, a mais antiga regra conhecida do *"prazeroso jogo de cartas dos tarôs"*.

Qualquer que seja a regra, a que se pratica atualmente coloca o Tarô de Marselha em uma perspectiva fascinante, juntando o lúdico ao conhecimento. Portanto, para jogar bem o *jogo de Tarô*, cada jogador deve colocar sua carta depois da anterior, de modo a formar uma sequência simbólica inteligível, para a qual contribui cada jogador. O Tarô como jogo social e o Tarô simbólico são, infelizmente, raras vezes reunidos – um parece desconfiar do outro, o que faz com que pareçam ser irreconciliáveis aos olhos de seus respectivos praticantes. No entanto, em sua origem, eles são apenas um só e uma única coisa, transcendendo a antinomia do sagrado e do profano. Na Antiguidade, particularmente na Idade Média, o jogo e a festa eram totalmente ligados ao sagrado, e as festas populares eram realizadas, em determinado período, dentro das próprias igrejas. No âmbito de uma festa popular, podemos imaginar que era necessário então *introduzir* os personagens e os *jogadores*. As lâminas do Tarô de Marselha apresentam, de fato, as diferentes facetas de nós mesmos e do Mundo, decompostas pelo prisma arquetípico do Grande Arcano, o *Arcanum Mundi*. O objetivo é, portanto, tornar-se, no plano filosófico, o *Magister Ludi* ou Mestre do "jogo do comando do mundo". Como disse William Shakespeare por

Gnômon em honra do momento presente, *Tempus Fugit*!

intermédio de um de seus personagens: "O mundo todo é um palco, e homens e mulheres não passam de simples atores; eles entram e saem de cena. Um homem, no decorrer de sua vida, desempenha diferentes papéis; e os atos da peça são as sete idades." (*Como gostais*, 1598)

A tradição do Tarô de Marselha, aquela do "Gay Sçavoir" [Gaia Ciência], era tão importante a François Rabelais quanto a Friedrich W. Nietzsche, filósofo do Eterno Retorno, que escreveu na Provença seu livro preferido com esse título, como também ao mago Aleister Crowley, que a difundiu, à sua maneira, na Abadia de Thelema.[6] Essa tradição da "Gaia Ciência" ou "Ciência Divina", que é aquela de uma alegre filosofia de vida, traduzia o mundo, por meio das figuras pitorescas do Tarô de Marselha, como um *conjunto* de arquétipos universais que se combinam e recombinam sem parar, se exprimindo em múltiplos níveis de realidade em um contexto de mudanças sem fim, em relação ao qual é preciso ter um *bom controle*. Porém essa tradição é igualmente aquela da *boa compleição*, da convivência e da parceria, de preferência em boa companhia, entre pessoas livres e de bons costumes, *Carpe Diem*!

Como disse Friedrich W. Nietzsche por intermédio de seu Zaratustra, o Diabo e o Mal são ligados ao peso e à *gravidade*. "É preciso sacudir o que pesa sobre nós", escreveu ele. A vida é, na verdade, um *jogo* que não deve ser levado a sério. "Tudo o que é divino corre sobre pés ligeiros", dizia ele ainda, fazendo assim referência a Hermes, o deus mensageiro com "solados de vento", para tomarmos a expressão de Arthur Rimbaud. O Universo se expressa por combinações criativas e férteis, que são reflexos do prisma universal. A Maya dos Hindus, o jogo divino da Ilusão, destaca na verdade um conjunto de *projeções*, de composições de possibilidades criativas praticamente infinitas (cf. Capítulo II, nota 4). Ao mesmo tempo que se pode perder uma experiência de sofrimento e de solidão, uma descida ao labirinto da matéria, pode-se recuperar uma fonte de alegria e de jovialidade, elevando a alma e a consciência à plenitude do *espírito*. A Via vertical e transcendente, de onde procede, precisamente, o simbolismo (por analogia), permite desenvolver uma concepção clara e inteligível das coisas. "Ciência sem consciência nada é senão a ruína da alma", diz-nos François Rabelais na fala de Gargântua a Pantagruel. Reconectando a psique aos arquétipos universais, o Tarô de Marselha, que é um guia, oferece a todas as pessoas os caminhos para escapar das trevas da caverna descrita por Platão,[7] os meios de seguir em direção à luz da inteligibilidade pura e de viver plenamente a beleza do mundo dos fenômenos. Ele apresenta os meios de transcender o mundo das sombras e de renascer na luz de um Universo dinâmico, que se assegura de não ser compreensível senão pelo poder da imaginação criadora, que necessita apenas se libertar de seu jogo secular e ampliar seus limites.

AS BASES ELEMENTARES DA LEITURA DO TARÔ

É fundamental compreender que os simbolismos do Tarô são tão representativos quanto figurativos. No Arcano XVI LA MAISON DIEV (A CASA DE DEUS), também conhecido como A TORRE, por exemplo, muitos veem um forno alquímico. Se essa lâmina *permite* tal percepção, é preciso entender que se trata de uma projeção específica. Ela não se justifica senão na medida em que representa o princípio cosmológico da Obra no forno alquímico, mas é necessário, por outro lado, ter a consciência de que as cartas não *representam* jamais nada de específico, as figurações gráficas do Tarô não são *nada* "realistas", mas *figuradas*. Quem consulta as cartas pode reconhecer nelas pessoas, objetos, situações, entre outros fatores, que se justificam *tendo em conta* o caráter arquetípico das lâminas. Como *desenho*, suas características gráficas específicas permitem infinitas possibilidades de projeção e de interpretação, dando assim a possibilidade de transpor o plano "real" (em que a trama repousa sobre arquétipos precisos) no plano figurativo e simbólico do Tarô de Marselha, que revela os princípios e *a articulação*. De forma geral, o Tarô de Marselha revela pouco a pouco sua natureza puramente óptica, de fato holográfica. É, sim, possível, para um praticante experimentado, perceber as cartas em três dimensões, *animadas*.

Uma combinação similar de lâminas não significará, portanto, a mesma coisa para todos, e será vista de forma diferente por uma mesma pessoa através do tempo, por meio dos fatos, das condições e das perspectivas *necessariamente* diferentes daquelas em que elas são então apreendidas. Sendo assim, é fundamental distinguir essas projeções fugidias das figurações do Tarô, que apresentam sempre um caráter indeterminado (exprimindo um número indefinido de coisas cujo arquétipo é subjacente), e ter consciência de que não passam de um *reflexo projetivo* que percebemos, nos prevenindo, portanto, de cair na armadilha de uma reificação (transposição de uma abstração para objeto concreto, uma coisa) das cartas do Tarô de Marselha. É preciso, também, levar em conta a ambivalência dos símbolos, que englobam sempre um aspecto positivo e um negativo, independentemente da posição frontal ou dorsal da lâmina (veja a seguir). Temos visto que a arte do Tarô de Marselha consiste em padronizar, para um conjunto determinado de cartas, a constituição arquetípica subjacente a todo objeto de investigação e de análise, quer seja ele de ordem individual, coletiva ou puramente racional, como a que estabelece relação entre o Tarô e outro sistema, podendo ser de um tipo e de uma ordem totalmente diferentes.[8] Contudo, em virtude de seu simbolismo referente aos mais profundos aspectos e sentimentos de cada pessoa, e em função de sua própria natureza, que reflete a natureza do ser humano (considerado o epíteto do Universo), o Tarô é *primitivamente* apreendido no plano psicológico e individual, que constitui na verdade a *matéria primordial* de toda análise. Portanto, seguindo uma abordagem antropocêntrica, apresentamos aqui as bases elementares para a leitura do Tarô de Marselha.

Na prática, não é necessário *tirar* as cartas apresentando o dorso ao consulente. Se essa possibilidade existe, e sendo ela privilegiada na maioria dos casos em que o Tarô é utilizado, as cartas podem igualmente ser escolhidas a descoberto, determinando objetivamente por escolhas específicas o que precisa ser revelado. Ao fazer a leitura do Tarô, a pessoa deverá integrar as bases fundamentais de sua prática e ter bem assimilado o significado geral das lâminas, mesmo que o simples fato de efetuar uma etapa de estudo do Tarô e dessas cartas tenha um efeito positivo e profundo sobre a psique do consulente. Na verdade, a simples contemplação das lâminas reorganiza o psiquismo, parcialmente caótico, ligando-o ao plano arquetípico, clareando assim a consciência.

No caso de o consulente ter apenas conhecimento e compreensão limitados do Tarô, e, por isso, não ter controle sobre seu uso, a ajuda de uma pessoa expcriente será necessária para que o consulente se beneficie plenamente dessa vivência. Nesse caso específico, fazendo o papel de um "tarólogo",[9] essa pessoa agirá para propiciar o que é requisitado, atuando com a *"tiragem"* de lâminas voltadas para baixo – deixando assim o Tarô se exprimir pela via do mistério – ou por meio da escolha deliberada de cartas pelo consulente, esclarecido ou não nisso pelo intérprete,[10] caso em que conhecimentos e experiências acumulados permitem compreender a linguagem do Tarô. O conjunto de cartas selecionadas dessa forma pode ser então interpretado, comentado e explicado racionalmente.

A LEITURA LÓGICA E DINÂMICA DO TARÔ DE MARSELHA

Na prática, toda aproximação efetiva do Tarô começa por uma base tripla, a trindade está na raiz de toda multiplicidade e de toda criatividade, no espaço e no tempo. Dessa forma, são representados o passado, o presente e o futuro, com o presente – a carta central – em suspenso entre o que foi e o que tende a ser, de modo sempre condicional, aberto a múltiplas possibilidades. O *jogo* consistirá, então, em determinar o que caracteriza a situação presente, seus antecedentes, assim como o que pode resultar, de um lado por ausência (isto é, deixando *correr* as coisas na ausência de clareza de ordem superior) e de outro na sequência da análise do que realmente está em jogo, revelado pela articulação das lâminas do Tarô de Marselha. A análise esclarecedora da sequência exata de arquétipos assim constituída permite, na verdade, determinar os recursos que viabilizam ao consulente realizar aquilo a que ele aspira *realmente*, e cumprir seu destino na ordem universal das coisas. Desse modo, essa análise permite *apreender* o que é necessário fazer para desnudar os elementos complexos assim apresentados, quer sejam eles de ordem material, afetiva, sexual (criativa) ou psicológica, constituindo, esses quatro componentes, as bases sobre as quais repousa a existência de cada pessoa,[11] e que são muitos dos recursos cuja sinergia conduz ao sucesso. Por essa tomada de consciência, abre-se um campo de possibilidades indefinidas de desenvolvimento, em direção ao que está verdadeiramente sendo *trabalhado* no âmago do ser, além da compreensão pessoal do indivíduo, cerceada pelo ego e truncada por um nível de consciência limitado pelo *condicionamento* de uma vida confrontada apenas com o aspecto exterior e objetivado do mundo, colorido de experiências *acidentais* e de afetos pessoais. Num conjunto de três cartas, o número possível de combinações com 22 lâminas é de 22^3, ou 10.648 possibilidades. Essas resultam da relação do número 22 ao cubo, que constitui, como vimos, a matriz do Cosmos e do Tarô em sua totalidade. O número 22, que é precisamente a expressão numérica do cubo (cf. Capítulo I; também o Capítulo II, nota 12), justifica totalmente uma base de três cartas para que se comece a ler o Tarô. Além do mais, essa soma de 10.648 combinações caracteriza, pela adição de suas cifras constitutivas (soma aritmológica): 1 + 0 + 6 + 4 + 8 = 10 = 1 + 0 = 1, remetendo, assim, à *Rota* e à unidade da Manifestação em sua multiplicidade.[12]

Sequência em que a primeira leitura não precisa de
adição de cartas suplementares

Toda aproximação efetiva do Tarô de Marselha começará, portanto, por uma sequência de três cartas que será desenvolvida em função da *inclinação* dos personagens, que *chama* ou não outras cartas a serem colocadas *ao lado* daquelas, para formar um conjunto finito. Evidentemente, o *jogo* permanece aberto e é, portanto, possível colocar as cartas suplementares ao lado das que estão voltadas para o lado oposto, mas convém sempre desenvolver a sequência progressiva e de modo inteligível, de forma a avançar passo a passo até que todos os elementos necessários para a leitura estejam colocados. Por outro lado, o procedimento da redução aritmológica – em que a soma da combinação dos números associados às cartas, em pares e em seu conjunto – é uma chave primária que permite desenvolver uma sequência determinada, sem escolha de lâminas suplementares. Por exemplo, a soma de XI LA FORCE (A FORÇA), de XXI LE MONDE (O MUNDO) e de I LE BATELEVR (O MAGO) é igual a seis: 11 + 21 + 1 = 33 = 6. Por outro lado, 11 + 21 = 32 = 3 + 2 = 5, 21 + 1 = 22 = 4 e 1 + 11 = 12 = 3.

Essa técnica permite revelar as lâminas presentes praticamente no jogo, que estabelecem os princípios potenciais. O único limite a partir do qual a redução aritmológica pode operar é logicamente fixado em 22, número efetivo dos Arcanos Maiores. Dessa forma, toda soma que ultrapasse 22 será reduzida até que o número da redução esteja compreendido nesse limite. Por outro

Sequência de lâminas cuja leitura pede a adição de um número
indeterminado de cartas complementares

lado, a totalidade dos números indo de 1 a 9 (ou de 2 a 10, sendo a década que representa toda a Criação), todo conjunto de lâminas (e mesmo cada uma delas) cuja soma seja superior a 10 pode ser reduzido a seu valor numérico elementar. Portanto, para XI LA FORCE (A FORÇA), 1 + 1 = 2 ou II LA PAPESSE (A PAPISA), essa segunda lâmina está contida praticamente no coração da primeira, que pode dessa forma ser mais bem apreendida nela mesma e em sua relação com as outras lâminas.

Convém certamente estabelecer o "limite de tolerância" desse procedimento para se concentrar no essencial e não aumentar inutilmente o número de lâminas. A coerência é essencial, e todo desenvolvimento deve resultar inteligível, rigorosamente definido pela lógica, para que o *jogo* não se torne confuso. Embora existam técnicas de "tiragem", o método apresentado aqui e desenvolvido mais adiante resulta da estrutura dinâmica natural do Tarô de Marselha.[13] Esse modo de leitura – vivo e flexível – pode ser desenvolvido como lazer, tendo sempre uma base lógica e racional, permitindo uma decodificação e uma leitura com a máxima eficácia.

AS INVERSÕES NATURAIS

XII LE PENDV (O PENDURADO) constitui uma lâmina à parte, em que um dos aspectos únicos é sua ambivalência de *sentido* – o personagem está de fato "invertido" quando está "direito", e "direito" quando está "invertido". Essa ambivalência é reforçada pela inversão gráfica do número XII na moldura desse Arcano, que nos convida assim a apreender os dois sentidos, nos colocando então, *de fato*, na perspectiva do personagem pendurado pelos pés.

Assim sendo, quando essa lâmina está presente em um conjunto, convém virá-la e desvirá--la sistematicamente, para apoderar-se de todos os aspectos da sequência de cartas, reduzindo as relações simbólicas e os níveis de interpretação possíveis. Logicamente, as lâminas invertidas em

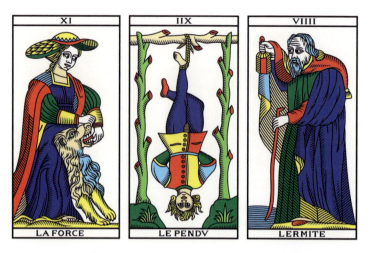

XII LE PENDV (O PENDURADO), "invertido" quando está "direito"

A inversão das lâminas do ponto de vista do personagem de XII LE PENDV (O PENDURADO), "direito" quando está "invertido", com aprofundamento das lâminas invertidas como revelador dos princípios em gestação

uma combinação traduzem os princípios em ação da forma como eles são percebidos a partir da perspectiva única do personagem XII LE PENDV (O PENDURADO), que opera, como pivô central do mundo,[14] um processo de mutação profunda implicando numa *inversão* de valores.

Assim, além de virar e desvirar sistematicamente o XII LE PENDV (O PENDURADO) em uma determinada sequência de lâminas, o contrário pode igualmente ser efetuado, o que significa voltar o conjunto das lâminas de modo a revelá-las na perspectiva invertida do personagem, pelos pés, que ficaria então com a cabeça para cima, com as lâminas sendo vistas segundo sua própria *perspectiva*. A partir daí pode-se realizar plenamente a análise de uma sequência de cartas englobando XII LE PENDV (O PENDURADO). Por essa óptica, a virada de uma carta traduz, portanto, um trabalho se realizando nas profundezas do ser, à maneira de XII LE PENDV (O PENDURADO), que mergulha nele mesmo para encontrar seu centro luminoso, e assim se regenerar como ser universal.

Consequentemente, somos convidados pelo Tarô a considerar todas as cartas em seu aspecto invertido como uma opção de leitura, mesmo se essa prática implicar muita experiência e maestria para decodificar o que a sequência de lâminas significa então. Ao mesmo tempo, a manipulação dessas cartas invertidas deve ser feita com a maior prudência, pois essas inversões refletem os arquétipos da maneira como são na posse de uma parte obscura do inconsciente, isto é, no estado latente ou contrariado em sua realização. Esse enfrentamento pode ser confuso e até doloroso. Essas inversões servirão, portanto, para o tarólogo fazer o consulente tomar consciência, da maneira mais sutil possível, do que realmente está em *jogo* nele mesmo, em suas profundezas, com todos os desdobramentos possíveis a partir desse *estado* e de seus recursos. Na prática, as lâminas dessa forma invertidas recorrem logicamente a outras para revelar o que está sendo gestado nas profundezas. Se as lâminas invertidas estiverem orientadas para baixo, uma lâmina complementar poderá ser então colocada abaixo, estabelecendo um segundo nível de leitura do conjunto, que possui, por si só, muitos níveis de significado. Ou seja, a regra de colocação de uma lâmina suplementar diante de outra orientada manifestamente em sua direção se aplica igualmente, finalizando a combinação do conjunto para constituir um todo definido, completo e, consequentemente, inteligível e totalmente interpretável.

AS INVERSÕES COMBINADAS

Para o Arcano XII LE PENDV (O PENDURADO), a possibilidade de utilizar lâminas invertidas em uma sequência aparece como uma função lógica do Tarô. Se essa manipulação complica consideravelmente a interpretação e exige, portanto, bastante experiência para dominá-la, essa possibilidade existe ao menos implicitamente e deve por isso ser encarada como viável. Da mesma maneira, se utilizarmos, desde o início, cartas no direito ou no inverso (por tiragem circular das lâminas ocultas ou a descoberto), será preciso aplicar o método de aprofundamento apresentado mais adiante, que demanda que uma lâmina seja colocada embaixo de outra que esteja invertida.

Ora, se essa última lâmina estiver invertida, o processo de aprofundamento deverá, em tese, prosseguir até "tocar no fundo", isto é, até que uma lâmina à direita tome seu lugar. No entanto, na prática, convém moderar esse processo de aprofundamento para que fique centrado no essencial e não complicar inutilmente um modo de leitura já complexo.

É então conveniente limitar a três níveis esse aprofundamento, para definir claramente os princípios essenciais cujas *motivações* requerem compreensão. Essa limitação ao terceiro nível reflete sobre o plano vertical o tripé horizontal inicial. Assim, uma lâmina disposta sobre um terceiro nível deve ser sistematicamente colocada à direita para circunscrever a leitura e definir, dessa forma, um conjunto completo. A função de programação do Tarô de Marselha, assegurada por essa relação bem definida, garante a total inteligibilidade das lâminas invertidas, que de outra forma seriam difíceis de interpretar, por seu número. A regra das inclinações naturais dos personagens se aplica da mesma maneira, induzindo a colocação de outras lâminas *ao lado*, se necessário.

Qualquer que seja a forma de aproximação do Tarô de Marselha, a capacidade de interpretar uma lâmina invertida é necessária pelo simples fato de o diálogo entre o consulente e o tarólogo especializado se realizar geralmente face a face, com as lâminas se apresentando invertidas para esse último. Com o uso, a capacidade de interpretar as lâminas invertidas cresce e permite assim penetrar nos níveis mais profundos do *arcano*. Entretanto, como o emprego de lâminas invertidas constitui uma opção, e não uma regra, os aspectos complexos e negativos das lâminas podem ser percebidos em sua posição vertical, em virtude da ambivalência inerente a todo símbolo.

Embora apenas os Arcanos Maiores sejam mostrados aqui como exemplo – essas lâminas podem efetivamente, como costuma acontecer, ser utilizadas sozinhas numa consulta –, é a disposição do jogo completo que permite exprimir todas as facetas do Tarô de Marselha e explorar plenamente os recursos de sua utilização prática. O Tarô constitui de fato um todo em que a organização da *Rota* dá a chave das correspondências. Com a utilização do conjunto, as sequências de lâminas apresentam então não somente os arquétipos-chave da evolução (os Arcanos Maiores), mas também aqueles dos componentes da realidade (as lâminas numerais) e também de seu operacional (as Honras). As regras descritas a seguir se aplicam, portanto, à utilização conjunta de todas as lâminas do Tarô de Marselha.

A CONSULTA AO TARÔ E A DIALÉTICA DE SÓCRATES

Se o Tarô de Marselha se presta a uma utilização pessoal, necessária para certos tipos de busca e análise, ou simplesmente como base de meditação, é na troca com uma ou várias pessoas que a consulta revela todo o seu potencial. A tensão dinâmica que se estabelece então estimula o espírito de análise e a intuição intelectual, forçadas a encontrar interpretações construtivas e a definir tanto quanto possível as saídas concretas e objetivas, qualquer que seja o objeto de estudo e de análise. A leitura do Tarô com o objetivo de exploração psicológica, se for possível ser feita

Combinação das lâminas direitas e invertidas com desenvolvimento em três níveis

por um tarólogo experiente, comporta na verdade limites devidos às inclinações pessoais, que induzem à percepção de certos aspectos e à ignorância de outros.

Como ter certeza de que suas intuições, mesmo sustentadas racionalmente pelo conhecimento do sistema do Tarô, são verdadeiramente certas e, sobretudo, o que é mais importante, úteis? Essas intuições repousam sobre uma análise objetiva ou resultam de nossas projeções

SÓCRATES DIALOGANDO COM SEUS ALUNOS – os motivos de suas vestes
são os mesmos do Arcano: o hexagrama e o cubo cosmológico –,
manuscrito de Al-Mubashshir Ibn Fatik, Síria, século XIII

pessoais, inevitavelmente enviesadas? Se for impossível fazer uma discriminação totalmente objetiva entre essas duas possibilidades, é certo que o estudo e a prática do Tarô ligam sempre mais o plano subjetivo ao do intelecto superior (ao qual se liga tradicionalmente o *daïmôn* caro a Sócrates[15]), por meio do plano objetivo aplicado à prática do Tarô como instrumento filosófico e tradutor universal. Um tarólogo experiente, tendo o distanciamento suficiente e as atitudes necessárias, pode usar o Tarô de Marselha de forma solitária e construtiva, com sua intuição sendo guiada pela integração da linguagem lógica do Tarô e por sua correlação com outros sistemas racionais, como as letras hebraicas, por exemplo. Porém é o diálogo filosófico dinâmico entre duas pessoas que permite, segundo uma forma chamada "dialética", por Sócrates, realizar um trabalho realmente construtivo e enriquecedor, assegurando, por essa troca racional, que a lógica e a objetividade sejam sempre postas em prática.

Considerado o inventor da filosofia (embora a "invenção" do termo seja atribuída a Pitágoras[16]), Sócrates, que se denominava "o parteiro de ideias", é chamado de o "príncipe dos filósofos" por Rabelais, que, no Prólogo de *Gargântua*, brinca comparando Sócrates a Sileno (padrasto e preceptor de Dionísio), uma referência às silenes, como eram chamadas as "caixinhas" dos boticários[17] (isto é, dos médicos assistentes segundo a herança de Esculápio), pintadas com figuras alegres e aparentemente frívolas, mas contendo coisas bastante preciosas. Rabelais fazia assim referência aos *arcanos* protegendo os tesouros da "Gaia Ciência":

"[...] BEBERRÕES ilustres e vós, sifilíticos queridos – porque a vós, e não a outros, são dedicados meus escritos –, *Alcebíades*, no diálogo de Platão intitulado *O banquete*, louvando o seu preceptor Sócrates (sem controvérsia, príncipe dos filósofos), entre outras coisas, disse ser ele semelhante às "silenes". Silenes, para os antigos, eram caixinhas, tais como as que hoje vemos nas boticas, tendo pintadas umas figuras alegres e frívolas, como harpias, sátiros, gansos ajaezados, lebres chifrudas, patos com cangalhas, bodes voadores, veados atrelados e outras figuras semelhantes, nascidas da imaginação, próprias para provocar o riso (como fazia Sileno, mestre do excelente Baco). Dentro delas, porém, guardavam-se drogas valiosas, como o bálsamo, o âmbar-cinzento, o amomo, o almíscar, joias e outras preciosidades. Tal se dizia ser Sócrates porque, quem o visse por fora, e estimando apenas a aparência exterior, não lhe daria o mínimo valor, tanto ele era feio de corpo e ridículo em sua aparência, com nariz pontudo, olhos de boi, cara de bobo, simples em seus modos, rústico em suas vestes, parco de riquezas, infeliz com as mulheres, inapto para todos os ofícios da república, sempre rindo, sempre tomando seus tragos, por causa disso, sempre brincalhão, sempre dissimulando o seu divino saber. Quem abrisse aquela caixa, porém, lá dentro encontraria um bálsamo celeste e incomparável, um entendimento mais que humano, virtudes maravilhosas, coragem invencível, sobriedade sem igual, contentamento certo, segurança perfeita, incrível desprendimento com relação a tudo que os humanos tanto prezam, tudo aquilo que tanto cobiçam e em prol do que correm, trabalham, navegam e batalham."

Sócrates tentava, pela dialética, levar o ser humano a compreender o que estava *em jogo* e o que ele *possuía* nele mesmo, de maneira que, por meio desse conhecimento, ele pudesse parir a si próprio. Como disse Píndaro: "Homem, transforme-se no que tu és." Para Sócrates, o mestre (no caso, o tarólogo experiente) não tem necessariamente mais conhecimento geral que o discípulo (no caso, o consulente); a troca dialética se baseia num esforço comum de busca de verdades em que o que é revelado e a compreensão beneficiam a cada um. Entretanto, por sua aptidão em compreender o código simbólico do Tarô e por sua capacidade de utilizá-lo, ele pode acompanhar e guiar o consulente em sua busca, colocando-o face a face consigo mesmo e com os recursos que esconde e que, sem esse diálogo, serão ignorados. Dessa forma, o tarólogo e o consulente evoluem conjuntamente pela troca privilegiada, livres do grupo social e das máscaras do ego, realizando assim uma troca *verdadeira*.

No diálogo socrático, assim como no Tarô de Marselha, o mestre se caracteriza por uma experiência e uma aptidão "técnica" para os modos de análise e da arte de fazer perguntas. Também, à semelhança do diálogo socrático, a consulta ao Tarô entre duas pessoas procede de uma filosofia em que as *proposições* deixam livre o consulente para que ele decida se tomará ou não as resoluções necessárias que se impõem para que se realizem as mudanças positivas antevistas. Concretamente, a dialética aplicada ao Tarô consiste em um *conjunto* de questões que confrontam a abordagem do consulente, influenciada por seus sentimentos, assim como a do tarólogo, que tem, de seu lado, uma abordagem pragmática e lógica. Por meio de um *conjunto* progressivo de questões, ele retifica gradativamente a óptica desfocada que o consulente tem de si mesmo e de sua situação, em que os princípios atuantes são revelados pelas cartas. Por meio da relação objetiva dos arquétipos com os diferentes aspectos de sua expressão na vida real do consulente (e do tarólogo, de certa forma), essa objetivação tende progressivamente a desenvolver uma visão sinóptica (do grego *synoptica*, "visão de conjunto") da *realidade*, isto é, daquilo que efetivamente está acontecendo no coração da pessoa.

O método dialético de Sócrates, aplicado à consulta do Tarô de Marselha, libera o espírito da ditadura dos sentidos que nos dissipam na multiplicidade de seus objetos ilusórios, que tendem a nos capturar na ilusão de um mundo material percebido como causa. Ele remete, dessa forma, ao espírito relacionado aos arquétipos universais que nos animam, e que *justificam* verdadeiramente todos os aspectos da existência. Essa prática da dialética ajuda, portanto, a consciência a apreender as diferentes ordens de realidade e a lhes apreciar as *qualidades*. A dialética propõe um duplo caminho, um *ir e vir* vertical com a ajuda do raciocínio analógico, que permite, pelo caminho ascendente, chegar à compreensão da *natureza* dos arquétipos e de sua articulação no cerne do ser humano, e, pelo caminho descendente, à reintegração lúcida do plano de realidade, que os exprime no nível concreto, objetivo.

O método dialético compreende, portanto, três fases:[18] a primeira fase, ascendente, deriva da analogia, a qual permite estabelecer as ligações entre os elementos que parecem não ter nada em comum, esclarecendo assim a relação que há entre a parte e o todo. Dessa forma é possível ascender da multiplicidade de aspectos empíricos da vida do consulente à unidade dos arquétipos (princípios orientadores) subjacentes revelados pelas lâminas do Tarô de Marselha. Essa primeira fase deve permitir ao consulente reconhecer seus limites de compreensão relacionados a seu ego, reconhecer sua ignorância, seus erros e suas faltas, de modo a revelar o vazio que precisa ser preenchido, abrindo assim o ser em sua totalidade para novas possibilidades (uma nova "programação"), pelo despertar da consciência e do espírito crítico.

A segunda fase, descendente, estabelece relação entre os princípios revelados e a multiplicidade de seus aspectos na vida do consulente, para verificar e determinar a relação efetiva entre esses dois planos da realidade. Esse detalhamento permite ao consulente constatar os arquétipos que estão em *jogo*, compreender suas motivações e, portanto, conquistar os meios de agir com *bom senso* no dia a dia, que pode então tomar uma dimensão totalmente nova. Por meio dessa análise, a vida do consulente tende a se elevar a um nível de consciência superior e a se integrar ao plano universal, com os múltiplos benefícios que essa harmonização traz para ele mesmo e para os outros.

Os 22 Arcanos Maiores e os Quatro Elementos do Tarô de Marselha Edição Millennium

A terceira fase é a do autoconhecimento, ou do (re)nascimento do consulente por si mesmo, tomando ciência dos limites e das insuficiências do passado, assim como ascendendo a um nível superior de compreensão de si e do mundo. Dessa forma acontece uma catarse e uma reestruturação do ser por meio da compreensão estabelecida, daí para a frente, sobre bases claras, ampliando assim o campo de possibilidades e evolução segundo as aspirações legítimas do consulente, produzindo, portanto, o que Sócrates chamava de *eudaimonia* (eudemonismo = felicidade), isto é, um sentimento interior de serenidade e plenitude.

Atualmente podemos analisar para tentar descobrir a que ponto o pensamento dos mestres da Antiguidade continua pertinente e como a integração dos princípios universais da ciência tradicional, a *sapientia perennis*, que está fora do tempo, constitui a chave de nosso futuro. Assim, vemos que a utilização prática do Tarô de Marselha destaca menos a "predição do futuro" que a compreensão do presente, sua relação com o passado e sua justificação em relação ao futuro, com inúmeras possibilidades. Efetivamente, não se trata de "conhecer o futuro", que permanece sempre relativamente indeterminado, mas de integrar conscientemente os princípios que nos permitem *criá-lo*. Por meio de algumas resoluções construtivas, em conformidade com a própria Vida, assumindo o passado e arregimentando os recursos disponíveis no presente, é então possível promover um futuro *necessário*, de acordo, o mais possível, com o *logos* universal, em fé e harmonia. As lâminas do Tarô de Marselha, construídas na geometria sagrada da matriz cosmológica do Cubo de Metatron, permitem de fato, por simples contemplação, reestruturar nosso ser (*árvore lógica*) com a aplicação ao estudo dos arquétipos da evolução, dos quais o Tarô constitui a soma codificada. Nessa perspectiva, as relações das lâminas entre si, reveladas pela mesa tarológica e a *Rota*, permitem fazer um exame completo do objeto de investigação. É então possível analisar *cientificamente* os fatores essenciais em *jogo*, em um determinado contexto, e a partir daí traduzir o conjunto de aspectos que podem ser *recombinados* para melhor definir o caminho viável a ser trilhado. O Tarô nos proporciona dessa forma as vias (*turuq*) lógicas que devemos *seguir* para que possamos compreender a articulação do Mundo e participar de seu funcionamento do modo ideal.

Por sua estrutura lógica indivisível, que constitui o *fio* que permite não mais avançar às cegas pelos sentidos da existência, o Tarô aparece como o instrumento filosófico por excelência. Enquanto Sócrates reiterava que não se valia de nenhum sistema, o Tarô surge como uma filosofia global, tanto especulativa quanto operacional, constituindo um autêntico compêndio de ciência tradicional sagrada – fruto de séculos de reflexões, de descobertas e de revelações científicas, filosóficas e místicas, que permitem a elaboração desse extraordinário instrumento de autoconhecimento, de conhecimento do mundo e do Universo, que é o Tarô dito "de Marselha".

A ÉTICA DA ADIVINHAÇÃO DESDE A ANTIGUIDADE

A prática do Tarô está ligada a uma tradição cuja origem remonta à alta Antiguidade. A ciência tradicional sagrada e suas aplicações práticas se desenvolveram através de séculos e milênios por todos os continentes e se traduziram em sistemas simbólicos que encontramos em todas as grandes culturas. Cada civilização possui seus próprios ritos, em que as práticas religiosas compreendem a adivinhação. Essa palavra, que vem do latim *divinatio*, significa "arte de adivinhar", "de predizer", mas também de "pressagiar", "prever", no sentido de "ver", "compreender" e "deduzir", implicando, portanto, esclarecer quais são as melhores opções a seguir. A adivinhação, dessa forma, é realizada pelo adivinho (*divinator* em latim), o "vidente" (*seer* em inglês), o qual, desde a origem da Humanidade, desempenha um papel preponderante de intercessor entre os homens e os deuses, o natural e o sobrenatural, o visível e o invisível. O adivinhador é em geral associado à serpente, a Na'hash do Gênesis, que é o arquétipo (cf. Capítulo I, nota 35). Embora na tradição judaico-cristã a serpente e o adivinhador tenham sido "demonizados", esse último cumpre uma função preponderante nas civilizações da Antiguidade. Assim, na cultura assírio-babilônica (do IV ao I milênio a.C.), que descende do antigo Império Sumério, primeira civilização histórica, a adivinhação era considerada uma revelação dos deuses aos homens, como um dom prodigalizado em uma ligação vista como de benevolência. Os adivinhos tinham assim um *status* bastante elevado e seus serviços eram considerados sagrados.

Por volta do I milênio a.C., quando a civilização assírio-babilônica sofria com ataques e dúvidas, eles se tornaram os interlocutores dos reis, e a adivinhação foi instrumento que legitimou (ou não) sua autoridade e suas ações. Os adivinhos eram considerados, pelos babilônios, como descendentes do deus solar Shamash (nome acádio do deus chamado Utu entre os sumérios), associado à Justiça e à luz dissipadora das trevas. Seu complementar era o deus lunar Sîn, igualmente chamado Ea (Enki entre os sumérios), que lhe é anterior. Onisciente, ele é considerado a fonte da sabedoria, da música e das ciências médicas. Ea – relacionado à serpente guardiã da Árvore do Conhecimento – foi um dos criadores da Humanidade com a deusa Damneika (Ninhursag entre os sumérios), a qual, como mais tarde Innana, Ishtar, Astarte e Asherah, é associada à Árvore da Vida.

SHAMASH, palácio de Nimrud 865-860 a.C.

Ea ensina à Humanidade as artes e as ciências, como também as bases da civilização. Essa divindade é, portanto, a origem da linhagem dos mestres instrutores cuja longa cadeia compreende Ningishzida, Thot, Hermes, Prometeu (cujo nome grego, *Promêtheús*, significa "o Previdente", ou seja, "o Adivinho"), Asclépio, Mitra, Krishna, Lugh, Jesus Cristo etc. As duas divindades astrais, Shamash e Sîn, representam o casal formado pelo Sol e pela Lua, tradicionalmente apresentados de um lado e do outro da Árvore da Vida (cf. ex-libris *Hermético* do século XVII, no Capítulo VI). Eles expressam a polaridade universal na origem da Manifestação, de todo discernimento e de toda discriminação, e também de todo conhecimento e toda *adivinhação*. É significativo que, entre os babilônios, os adivinhos fossem chamados *bârû*, palavra bastante parecida com *taru*, que significa "retorno" na Mesopotâmia (palavra suméria) e "árvore" em sânscrito, designando a Árvore do mundo cujo tronco – *axis mundi* – constitui o canal de ida e *volta* entre a Manifestação (a Terra) e o Princípio (o Céu), passagem igualmente representada simbolicamente pelas rotas de navegação entre duas margens.

A navegação sagrada de Ea, III milênio a.C.

Os adivinhos foram conselheiros, guias, barqueiros (*tarika* em sânscrito) e guardiões ("vigias") das vias (*turuq*, plural de *tarika* em árabe) sagradas do Retorno (*taru* em sumério), que ligam os Homens ao plano divino. Entretanto, embora beneficiados por um *status* elevado entre os reis, os adivinhos, cujo papel era considerado como primordial, deviam respeitar códigos de conduta rigorosa. Depositários de uma ciência milenar, legatários de parte do saber divino, eles precisavam se submeter a certas obrigações e atender a alguns critérios bastante restritos, como uma total integridade moral. Após sua iniciação, eles passavam por um aprendizado longo e secreto, que os tornava aptos a receber os ensinamentos da ciência sagrada e a usá-los com discernimento em benefício de todos. Assim, desde a Antiguidade assírio-babilônica, a adivinhação, de acordo com a divindade tutelar Shamash, que libera os humanos do domínio das trevas e os livra do sofrimento, se caracterizava por sua natureza exclusivamente positiva. As predições e os oráculos litigiosos eram então percebidos como resultantes de um descaso, de uma *negligência*. Nenhuma palavra negativa podia refletir a verdade, pois seria, portanto, julgada falsa, nefasta; e a legitimidade do adivinho era posta em dúvida, podendo levar à sua deposição.

Os mesmos códigos e as mesmas regras de conduta se aplicam ao tarólogo em sua prática do Tarô, em que o diálogo com o outro deve sempre ser construtivo, tomando o cuidado de esclarecer tudo por um ângulo positivo, mesmo quando há aspectos negativos a serem mencionados. O diálogo deve sempre tentar esclarecer os recursos que se encontram em estado latente no consulente, e deve produzir resultados benéficos efetivos. "O que é verdadeiro é aquilo que é útil", teria dito Buda, o que significa que toda "verdade" que bloqueia o desenvolvimento do ser humano não pode ser real, seria somente uma projeção infeliz. O que vale como verdade é, portanto, uma proposição que tem saídas honrosas, o "verdadeiro" é o que tem êxito, no sentido do crescimento, da plenitude e da expansão do ser humano em todos os aspectos de sua existência.

Toda a arte da leitura do Tarô consiste em dar indicações pertinentes com objetivos construtivos. Os comentários devem ser totalmente inteligíveis e assimiláveis pelo consulente, que deve sair do encontro fortalecido e tranquilo. A solenidade do encontro e o efeito das figuras simbólicas do Tarô de Marselha sobre o espírito são de fato tais que uma orientação negativa de interpretação pode ter efeitos perversos. Toda "predição"

SHAMASH entrega ao rei os Códigos da Lei, estela do código de Hamurabi, aproximadamente 1750 a.C.

ou síntese negativa é interdita. O tarólogo deve, por sua vez, interpretar positivamente a análise das lâminas, desenvolvendo e recombinando como necessário sua sequência, para traduzir as etapas de evolução e esclarecer os princípios de uma saída honrosa. É necessário, portanto, extrair a solução que está sempre no coração do problema.

A consulta ao Tarô de Marselha permite assim, por intermédio das figuras e dos símbolos que *marcam* a psique do consulente, trabalhar na reestruturação da *árvore* interior e na ligação dos diferentes planos da existência, unindo-os a seus princípios luminosos e criativos, sempre no domínio do âmago do ser, pronto para se expressar. Herdeiro dos adivinhos da alta Antiguidade e de suas divindades tutelares, o intérprete do Tarô digno desse legado iniciático deve, portanto, fazer o papel de *barqueiro* e dar ajuda por um tempo ao consulente em sua "travessia do rio". Ele deve ser capaz de fornecer as chaves da resolução de seus conflitos, de ajudá-lo a atingir seu objetivo e dessa forma realizar seu pleno potencial criativo, para que sua evolução leve sempre ao melhor cumprimento de seu *destino* como ser soberano, livre e cocriador do mundo em harmonia com o *logos* universal.

Notas

Introdução

1. O modelo de referência do Tarô parece, na verdade, descender de um tipo de jogo italiano conhecido como Veneziano ou Piemontês (ou da Lombardia), que tem 22 Triunfos e quatro séries numerais adicionadas de 16 figuras chamadas "Honras", modelo do Tarô dito "de Marselha" – cujas características se tornaram correntes a partir do século XV.

2. Éliphas Lévi (Alphonse-Louis Constant, 1810-1875, Paris), em *Dogme et rituel de la haute magie* [*Dogma e ritual da alta magia*, publicado pela Editora Pensamento, São Paulo, 1924, Terceira Edição], fez em 1854 esta declaração visionária: "É uma obra monumental e singular, simples e forte como a arquitetura das pirâmides, consequentemente durável como elas; livro que resume todas as ciências e cujas combinações infinitas podem resolver todos os problemas; livro que fala fazendo pensar; inspirador e regulador de todas as concepções possíveis: talvez a obra-prima do espírito humano e certamente uma das mais belas coisas que a Antiguidade nos deixou; elo universal, verdadeira máquina filosófica que impede a mente de vaguear, tudo nele valorizando sua iniciativa e liberdade; são as matemáticas aplicadas ao absoluto, é a aliança do positivo com o ideal, é uma loteria de pensamentos rigorosamente tão justos como os números, é enfim, talvez, o que o gênio humano concebeu de mais simples e grandioso."

Éliphas Lévi (1810-1875)

Papus (1865-1916)

Éliphas Lévi, imagem do "Grande Arcano"
Dogma e ritual da alta magia, 1854

Em uma carta a Papus, Gérard Encausse (1865-1916, Paris), autor de *Tarot des Bohémiens* [Tarô dos Boêmios], editado em 1889, declara: "[...] O livro sagrado primitivo (o Tarô), o livro que Postel considera a gênese de Enoque (patriarca ligado ao Metatron, N.A.), e a fonte primeira da Cabala ou tradição ao mesmo tempo divina e humana, como também religiosa. Nela nos aparece, em toda a sua simplicidade, a revelação da inteligência suprema da razão e do amor do homem, a lei eterna que rege a expansão infinita, os números na expansão infinita, os números na imensidão e a imensidão nos números, a poesia nas matemáticas e as matemáticas na poesia.[...] O alfabeto e os dez signos dos números, eis, sem dúvida, o que há de mais elementar nas ciências. Junte a eles os signos dos quatro pontos cardeais do céu e das quatro estações, e você terá o livro de Enoque (o Tarô) inteiro. Porém cada signo representa uma ideia absoluta ou, se preferir, essencial. A forma de cada cifra e de cada letra tem sua justificativa matemática e seu significado hierográfico. As ideias, inseparáveis dos números, seguem, somando-se ou dividindo-se ou multiplicando-se etc. o movimento dos números e ganhando exatidão. O livro de Enoque (o Tarô) é enfim a aritmética do pensamento."

Tchalaï Unger (1934-2005, a cuja memória este livro é dedicado) escreveu em 1981 o extraordinário livro *Le Tarot, pourquoi, comment, jusqu'où* [O Tarô, por que, como, até onde], sobre o Tarô de Marselha, pelas Éditions Grimaud. Embora nesse livro Tchalaï declare, equivocadamente, que Nicolas Conver é o autor do modelo original desse Tarô, ele é um texto visionário que apresenta a descoberta da sequência arquetípica dos Quatro Elementos do Tarô (o ciclo Paus-Espadas-Ouros-Copas, que me permite encontrar a organização integral da *Rota*, cf. Capítulo VI), e afirma a dimensão cosmológica do Tarô de Marselha. Esse livreto não foi, infelizmente, reeditado depois do início da década de 1990. Musicista, jornalista, crítica musical e cinematográfica, Tchalaï fez, paralelamente, estudos em diversas escolas de psicologia ou em grupos filosóficos, na confluência de movimentos eriksonianos (relativos ao psicanalista americano Erik Erikson, 1902-1994) e transpessoais (movimento de psicologia criado nos Estados Unidos em 1969). Publicou diversas obras sobre os códigos da memória. Tradutora, foi levada ao encontro de cientistas de alto nível, como Stanislav Grof (psiquiatra tcheco, pioneiro na pesquisa dos estados codificados de consciência), Rupert Sheldrake (biólogo e autor inglês que desenvolveu os conceitos de "ressonância mórfica" e de "campo morfogenético") e David Bohm (físico americano, 1917-1992), que efetuou importantes contribuições em física quântica, em física teórica, em filosofia e em neuropsicologia. Bohm participou do Projeto Manhattan e conduziu célebres entrevistas filmadas com o filósofo indiano Krishnamurti. Ele é o autor da teoria da "ordem implicada" (*implicate order*), segundo a qual as partículas são determinadas a cada instante por variáveis ocultas. David Bohm usa justamente o holograma para ilustrar sua teoria unificadora do Universo. Tchalaï traduziu com ele *La plénitude de l'Univers* [A plenitude do universo], para as Éditions Le Rocher, em 1987. Agradeço a Laurent Édouard por essas informações sobre a vida bastante discreta dessa mulher excepcional que ele teve a chance de conhecer pessoalmente.

3. Na classificação histórica das cartas para *jogar*, o Tarô de Marselha tipo II (TDM II) é uma categoria em que os mais antigos modelos de jogos conhecidos, aos quais ela corresponde, datam do século XVII, enquanto os mais antigos modelos conhecidos próximos ao tipo I (TDM I) datam do século XV. É preciso dizer que esses fatos não nos autorizam a tirar conclusões sobre a anterioridade de um modelo em relação ao outro. O modelo tipo I corresponde, entre outros, ao Tarô de Jean Dodal (1701, em Lion, França) e ao menos conhecido Jean Payen (1713, em Avignon, França). O Tarô de Jean Noblet (1650, em Paris, França), que ainda é de outro tipo, é igualmente classificado nessa categoria, sem dúvida arbitrária, como mostra o conjunto de cartas abaixo. O modelo tipo II, objeto de estudo deste livro, corresponde, por outro lado, ao modelo de Tarô mais conhecido no mundo (pelo fato de ser o mais arquetípico), cujos exemplares mais famosos (mesmo considerando suas múltiplas alterações) são o Nicolas Conver, desenvolvido em Marselha em 1760, e "o Antigo Tarô de Marselha", produzido por Paul Marteau, da Maison Grimaud, em 1930, em Paris, frequentemente tomado como referência. Para saber mais sobre esse jogo, o leitor deve verificar as notas 1 e 2 do Capítulo III.

Jean NOBLET 1650
(Tarô de Marselha Tipo I)

Jean DODAL 1701
(Tarô de Marselha Tipo I)

Pierre MADENIÉ 1709
(Tarô de Marselha Tipo II)

Nicolas CONVER 1760
(Tarô de Marselha Tipo II)

Os principais Tarôs "de Marselha" (TDM II) considerados como base do Tarô de Marselha Edição Millennium são: o Pierre MADENIÉ, Dijon, 1709; o Jean-Baptiste MADENIÉ, Dijon, 1739; o François HÉRI, Solothurn (Suíça), 1718; o François CHOSSON, Marselha, 1736 (há uma controvérsia em relação a 1672, que estaria inscrito sobre o II de Ouros, data que não corresponde nem às referências históricas desse mestre impressor nem ao cânone desse Tarô, característico do século XVIII); o François TOURCATY Fils, Marselha, aproximadamente 1745; o ARNOULT, Paris, 1748 (a referência oficial para os moldes na base do jogo realizado por Paul Marteau em 1930, cf. Capítulo III, notas 1 e 2); o Rochus SCHAR, Mümliswil (Suíça), 1750; o Claude BURDEL, Friburgo (Suíça), 1751; o François BOURLION, Marselha, 1760; o Jean-Pierre LAURENT, Belfort, aproximadamente 1760 (Tarô dito "de Besançon", mas num modelo bem próximo do TDM II); o Joseph FAUTRIER, Marselha, aproximadamente 1760; o Nicolas CONVER, Marselha, 1760; o Antoine BOURLION, Marselha, 1768; o ARNOUX AMPHOUX, Marselha, 1801. Outros jogos (TDM II), de menos importância, foram igualmente consultados; entre eles estão: o Jacques ROCHIAS, Neuchatel (Suíça), 1782; o Suzanne BERNARDIN, Marselha, 1839; o François CARRAJAT, Chambéry, 1794; o André ARNOUX, Marselha, aproximadamente 1800. Com certeza, outros modelos de Tarô e de documentos foram examinados como complemento de estudo indispensável. Para saber mais sobre os Tarôs de Marselha históricos de referência, o leitor está convidado a visitar o site oficial desta obra e do Tarô de Marselha Edição Millennium: www.tarot-de-marseille-millennium.com.

Capítulo I: O Tarô, sua origem e seu significado

1. Antoine Court de Gébelin (1719-1784), que foi um eminente protestante, pastor, encarregado de missão diplomática, autor célebre de sua época, erudito prestigiado, membro influente de diversas academias, franco-maçom notável, censor real etc., empreendeu longos trabalhos de erudição, entre os quais o estudo de antigas mitologias. Após vinte anos de pesquisas, ele começou a publicar *O mundo primitivo analisado e comparado com o mundo moderno*, obra que foi dada a conhecer em nove volumes *in-quarto* em Paris, de 1775 a 1784, e devia ser completada por seis ou sete outros volumes adicionais. É no oitavo volume de sua enciclopédia que ele apresenta o Tarô, que é, para ele, de origem egípcia e constitui o *Livro de Thot*, preservado do desaparecimento dessa civilização. Quase um século antes de Paul Christian (nascido Jean-Baptiste Pitois, 1811-1877) e Éliphas Lévi (1810-1875), Court de Gébelin teve a intuição essencial de que o Tarô engloba "de alguma forma o Universo inteiro e os estados diversos em que a vida do Homem é suscetível. Este povo era tão único e profundo (os Egípcios, N.A.) que imprimia à menor de suas obras o selo da imortalidade, e os outros parecem de alguma maneira mal arrastar-se no seu encalço". Mais adiante ele diz: "Compreende-se assim que todas essas cartas são quadros alegóricos relativos ao conjunto da vida, suscetíveis a uma infinidade de combinações." Ver *Du jeu des Tarots* [Sobre os Tarôs], oitavo volume de *Monde Primitif* [Mundo primitivo], apresentado e comentado por Jean-Marie Lhôte, Éd. Berg International, 1983.

2. Do *Grand livre de la cartomancie* [Grande livro da cartomancia], de Alessandro Bellenghi, Éd. Solar 1987.

3. Ver Jean-Alexandre Vaillant: *Les Rômes. Histoire vraie des vrais bohémiens* [Os ciganos. história verdadeira dos verdadeiros boêmios], Paris, 1857. Ashtaroth é o plural de Ashtoreth. Essa divindade é uma imagem da *Magna Mater*, genitora dos seres e das coisas, associada à Árvore da Vida e à fertilidade, que preside os nascimentos, o crescimento e a regeneração. Veremos mais adiante, no capítulo, que a associação do Tarô à deusa mãe se justifica em certa medida.

4. O Tao – "Via, Caminho" ou "Caminho do meio" (o canal universal) – é a força fundamental que flui em todas as coisas do Universo, vivas ou inertes. Essa essência da realidade, que é, por natureza, inefável e indescritível, é representada pelo *tàijítú* (yin-yang), símbolo da unidade e da dualidade. Essa unidade – como veremos mais adiante neste capítulo – corresponde ao mundo enquanto arborescência hierárquica da árvore universal. Segundo os preceitos dessa filosofia, convém deixar o mundo se organizar segundo estrutura e arborescência próprias, pela prática do "não agir", que não significa indiferença, mas submissão à ordem e à harmonia universais. O Tao pode ser considerado como a matriz no seio do Universo, instrumentando a circulação do *Qi* (palavra chinesa que significa "vapor", "exalação", "fluido", "influxo" ou "os suspiros", o termo mais adequado), designando a energia além de toda diferenciação. O Tao está no coração das concepções éticas chinesas, geralmente consideradas como uma definição pragmática do meio justo ou da escolha propícia. As artes marciais chinesas são um dos meios de chegar a essa unidade entre os dois princípios antagônicos e avançar sobre o Tao. Por metonímia, *tao* é um encadeamento de movimentos, o caminho que leva à maestria da arte e, portanto, à unidade. O termo *tao* pode também designar o caminho dos mercenários ou do guerreiro, o *wushutao*, mais conhecido no Ocidente por seu nome japonês: *bushido*.

Caligrafia do TAO, por Shi Bo

TÀIJÍTÚ OU YIN-YANG

5. Por exemplo, ATOR se aproxima da deusa egípcia Hathor, mas também de *satori*, nome dado ao alerta espiritual no Japão, e ao palíndromo do quadrado mágico SATOR, em que as palavras – podendo ser lidas em todos os sentidos, representam assim a *reversibilidade* universal – compreendem nelas mesmas ATOR e ROTA. Em hebreu, encontramos o termo *rotas*, que significa rua, assim como Sator, que é um personagem bíblico citado nos Números 13:13: "da tribo de Aser, Satur, filho de Micael". As seguintes interpretações são propostas para o quadrado: o salvador (SATOR: o semeador) sobre sua cruz (AREPO: o arado, por vezes, símbolo de cruz) é mestre (TENET) por sacrifício (OPERA) do destino (ROTAS) • O Trabalhador em seu arado ou no campo dirige os trabalhos • O semeador (Cristo) em seu arado (cruz) detém por sua obra (sacrifício) as rodas (destino) • O semeador (sator) Arepo (este é seu nome) faz girar (tenet) a roda (rotas) com destreza (opera) • Deus (sator) dirige (tenet) a criação (rotas), o trabalho do homem (opera) e o produto da terra (arepo) • O trabalhador com seu arado faz girar etc. Destacamos que o Šator faz parte de uma cadeia montanhosa do oeste da Bósnia Herzegovina, ao norte do Dinara, nos Alpes dinários, onde o nome Šator significa "tenda", remetendo assim igualmente ao simbolismo polar e da cobertura celeste. Essas acepções dos termos do quadrado SATOR exprimem o simbolismo

Quadrado SATOR, Oppède-le-Vieux, França

antigo dos ritos agrários (cf. Pierre Gordon, *La magie dans l'agriculture, origine et sens des rites agraires* [A magia na agricultura, origem e significado dos ritos agrários], Éd. Signatura. 2009) e da tradição primordial; o arado é um dos nomes atribuídos à Ursa Menor, que trabalha sua revolução em torno da Estrela Polar, elaborando assim a Manifestação e traçando com as outras estrelas sulcos semeados pelo Espírito Universal (ou divindade), que habita o Centro imutável. Inúmeras outras traduções complementares foram propostas, com interpretações religiosas, alquímicas ou numerológicas. Por exemplo, se atribuirmos um número a cada letra do alfabeto (A = 1, B = 2, ..., Z = 26), as palavras do quadrado têm por valor SATOR = 73, AREPO = 55, TENET = 64, OPERA = 55 e ROTAS = 73. Esses valores podem ser reduzidos aritmologicamente: todos eles são 10, depois 1.

Por outro lado, somados, esses resultados são iguais a 247, ou 2 + 4 + 7 = 13, número de círculos do Cubo de Metatron. Destacamos que o número da palavra central é igual a 64 (4^3), número de casas em um tabuleiro de xadrez (permitindo traçar o mais precisamente possível a quadratura do círculo apenas com a régua e o compasso), número de hexagramas no I Ching, de códons do DNA etc. Pode-se igualmente escrever *Pater Noster* ("Pai Nosso", em latim) com as letras do quadrado SATOR, produzindo com essa configuração a cruz quadrada que é o símbolo do Centro (*axis mundi*) e do Homem universal. Quando se tira as letras que formam os dois *Pater Noster*, sobram dois alfa e ômega (A e O) – primeira e última letras do alfabeto grego, que simbolizam a eternidade do Cristo na tradição cristã. O conjunto contém um quadrado constituído de 11 quadrados de lado, ou 121 quadrados ao todo, ou 1 + 2 + 1 = 2 x 2 = 4, o quadrado. Deve-se destacar que a letra central, o N, é a 14ª do alfabeto, cujo valor corresponde à elevação ao cubo (cf. Capítulo I), e representa a serpente, assim como o S. Há, com certeza, outras expressões desse quadrado SATOR no simbolismo cosmológico cuja origem é misteriosa. Em 1925, um "quadrado" parcialmente quebrado foi descoberto durante escavações em Pompeia. Ele seria, portanto, anterior ao ano 79, já que foi pego pela erupção do Vesúvio. Em 1936, outro quadrado foi descoberto. Em 1868, em Cirencester, na Inglaterra, um "quadrado" SATOR foi encontrado em um pedaço de parede de gesso datado do século IV. Ele é visto também em amuletos, pentagramas, breviários, dobraduras, afrescos, pinturas, paredes, pedras tumulares, no chão… Atualmente ele é encontrado em lugares menos antigos, como em lajes de igrejas perto de Crémone, nos conventos de Verona, no Castelo de Bonaguil, Loches, Tarascon, na corte do "quadrado mágico" da igreja Saint Clair de Le Puy-en-Velay etc.

6. *Dictionnaire historique de la langue française* [Dicionário histórico da língua francesa], coordenado por Alain Rey, Éd. Le Robert, 2006.

7. A definição oficial de *tara* como "dedução" frustra a aproximação entre ela e a "lógica", que permite realmente, por assimilação entre *tara* e rede, justificar a associação do termo *tara* com Tarô, como vemos em detalhe no Capítulo III.

8. O termo *tarîqa* se aplica geralmente à designação de ordens místicas no islã ou de confrarias sufis. Os diferentes tratados sufis simbolizam a *tarîqa* pelo raio de um disco em que o contorno externo será a lei religiosa exotérica, ou *Shari'a*, cujo centro será a realidade divina, ou *haqiqa*.

9. O Tarô parece, de fato, vir do Oriente. Supõe-se ter sido introduzido na Europa pelos sarracenos (sem os Arcanos Maiores) a partir da invasão da Itália no século X. Na verdade, desde 922, os fatímidas lançaram uma operação naval contra a Itália. A frota, comandada por Obeid Allah El Mahdi, se apodera da Lombardia e de Uria, fazendo mais de 10 mil prisioneiros. Ela prossegue suas conquistas na Calábria, depois ocupa Tarento e Otrante. Em 1375-1378, o jogo de cartas foi introduzido na Europa pela invasão islâmica do Norte da África, da Espanha e da Sicília, durante o sultanato Mamluk do Egito, que se estendeu até 1517. O Tarô e seus Quatro Elementos – Paus, Espadas, Ouros e Copas – seriam uma adaptação das cartas islâmicas mamelucas, compostas das mesmas estampas (Paus estavam nos jogos dos clubes de polo), sendo provavelmente originários da Pérsia. Temos um traço histórico da atribuição ao mundo islâmico da origem dos jogos de cartas na Europa pelo testemunho do cronista italiano Giovanni di Juzzo di Covelluzzo, que afirmou que os jogos de cartas que vieram de terras sarracenas "e que eram chamados *naibi* por essas pessoas" foram introduzidos na cidade de Viterbo em 1379 (arquivos de Viterbo, Chronaca, p. 28). Entretanto a origem dos símbolos do Tarô é certamente mais antiga, remontando provavelmente à Ásia central e à Índia.

Bhagavad Gita escrito em sânscrito, século XIX

10. O sânscrito pertence à família indo-europeia de línguas, no ramo indo-iraniano, tempos atrás falado no subcontinente indiano. Certas palavras ainda são usadas por centenas de famílias de brâmanes e algumas escolas espiritualistas. É preciso considerar o sânscrito não como a língua de um povo, mas como uma língua de cultura que teve sempre o apanágio de uma elite social, ao menos desde a Antiguidade. Ela se destaca nos textos religiosos hindus e, como tal, continua a ser usada, da mesma forma que o latim nos séculos passados no Ocidente, como língua cultural e veicular.

O sânscrito é também uma das línguas oficiais da Índia. A gramática do sânscrito é a de uma linguagem altamente flexionada e bastante arcaizante, cujo estudo é fundamental no âmbito da linguística comparada. Em sua primeira acepção, o sânscrito vem do "indo-ariano antigo", a língua mãe que gerou uma multidão de dialetos. Ela é similar à língua irmã do iraniano antigo (sub-ramo atestado por duas línguas, o avéstico e o persa antigo), da qual se separa. Depois que foram encontrados documentos no país hitita redigidos em outra língua indo-europeia, contendo algumas palavras indo-arianas, é possível determinar que um tipo de indo-ariano era falado, no século XIV a.C., na Ásia ocidental. A mais antiga forma de sânscrito registrada de maneira mais tangível é chamada "védica": é a língua na qual são escritos os Vedas ("conhecimento", "o que foi visto"), livros sagrados do hinduísmo. O sânscrito védico é a forma arcaica de sânscrito da qual os quatro Vedas (o Rigveda, o Ayurveda, o Samaveda e o Atarvaveda) foram compostos, a maior parte, de acordo com a linguística, tendo sido redigida em "védico médio" e "védico recente". O sânscrito védico difere do sânscrito clássico em uma extensão comparável à diferença entre o grego homérico e o grego clássico. O sânscrito clássico possui 48 fonemas. Sobre Tradição védica e Tradição primordial, ver René Guénon, *Symboles de la science sacrée* [Símbolos da ciência sagrada], Éd. Gallimard, 1962; *Le roi du monde* [O rei do mundo], Éd. Ch. Bosse, Paris, 1927; e *L'homme et son devenir selon le Védanta* [O homem e seu futuro segundo o Vedanta], Éd. Bossard, Paris, 1925. Fonte de consulta de palavras do sânscrito: http://spokenSanskrit.de/ e *Le dictionnaire sanskrit-français* [Dicionário sânscrito-francês], de Gérard Huet, Éd. Inria, 2007.

11. A Trácia é uma região da península balcânica dividida entre a Grécia, a Bulgária e a Turquia. Ela deve seu nome aos Trácios, a tribo que ocupava a região na Antiguidade. Segundo a mitologia grega, o deus Dionísio e o herói Orfeu são originários de lá. Os Trácios constituíam um povo indo-europeu (trácio-ilíria) cujos membros

partilhavam um conjunto de crenças, um modo de vida e falavam a mesma língua com variações e dialetos. Sua civilização, ainda pouco conhecida, se estendeu do século V a.C. ao século III a.C. Sua cultura, oral, feita de lendas e de mitos, se diferencia da dos outros povos daqueles tempos pela crença na imortalidade na forma do "orfismo", traço relatado por Heródoto. Os Trácios viveram sobre um vasto território europeu, entre o Mar Negro (ponto Euxino) a leste, o rio Struma (Strymon) a oeste, os Cárpatos setentrionais ao norte (Dácia), o mar Egeu ao sul, como também no sudoeste da Ásia menor (Frígia). Tudo o que conhecemos deste povo vem de autores gregos.

12. A lança, que tem uma relação analógica com a árvore como *axis mundi*, é complementar do Graal na lenda arturiana. Ela corresponde ao eixo vertical ativo, emissor e masculino, enquanto o Graal corresponde ao eixo horizontal, passivo, receptivo e feminino. Eles constituem, juntos, uma complementaridade para ligar com o Yoni (fonte, origem) e o Lingam (de *linga*, signo) do hinduísmo, o qual, segundo a fisiologia do tantrismo, nos dá o verdadeiro significado desses símbolos confundidos com as representações apenas de macho e fêmea. Se esses últimos estão, de fato, em relação analógica com o Yoni e o Lingam (o Graal e a lança), a lança representa o canal espinhal do ser humano, em que a assimilação ao *axis mundi* constitui a base dos ritos tântricos. As gotas de sangue que pingam do ferro dessa lança (o sangue do Cristo derramado pelo legionário Longin, que o transpassa com a lança) correspondem assim às substâncias bioquímicas produzidas pela glândula pineal (assim como a glândula pituitária e o tálamo), que descem ao longo do canal da medula a centros inferiores onde são recolhidas e produzem, por sua vez, substâncias energéticas para todo o organismo. Esse símbolo corresponde igualmente à inseminação, pelos fluidos superiores assim destilados, da matriz instrumental da concepção da Criança filosofal, ou futuro "rei do mundo", como atuam os altos sacerdotes e os reis sacerdotes da alta Antiguidade durante as hierogamias (ver Nicholas de Vere, *The Dragon Legacy* [O legado do dragão], Ed. The Book Tree, 2004). Na Índia, igualmente, encontramos um simbolismo do ato sexual tântrico com "o arani", instrumento que servia para gerar fogo a partir de um cubo de madeira de "Sâmi" (*prosopis spicigera*), no qual é feito um orifício para inserir uma vara de figueira (associada a Buda), que gera o fogo pela rápida rotação. Ver Boulnois, *De l'arbre, de la pierre, du serpent et de la déesse-mère* [Da árvore, da pedra, da serpente e da deusa mãe], Éd. Adrien Maisonneuve, 1989.

13. Em sânscrito, *tara*, que significa "que faz atravessar", "barqueiro", "que salva" (faz superar um obstáculo, um infortúnio, atravessar são e salvo o rio da vida, ligado diretamente aos termos sânscritos *tari*, significando "barco", "navio", "balsa", "bote", e *tarika*, significando precisamente "o barqueiro"), quer dizer igualmente "estrela" e "planeta", que cruza o oceano cósmico em seu curso pelo céu. A relação analógica entre *taru*, "árvore", e *tara*, "barco", mostra uma relação com a antiga noção do navegador (*cyber* entre os romanos) e a capacidade de comandar e de dirigir o navio com a ajuda de mapas (do céu) para alcançar a outra margem. Essa faculdade do cibernauta de se guiar e de comandar logicamente, em relação às possibilidades existentes, é a origem do termo cibernética, definido atualmente como "a ciência constituída pelo conjunto de teorias dos processos de comando e de comunicação e seu controle de seres vivos, máquinas e sistemas sociológicos e econômicos". Ela tem como principal objetivo o estudo das interações entre "sistemas governantes" (ou sistemas de controle) e "sistemas governados" (ou sistemas operacionais), regidos por processos de retroalimentação ou *feedback*. Daí o termo *cibernética*, proveniente da palavra grega *kubernesis*, que designa, em sentido figurado, o ato de dirigir, de *governar*, de gerar um sistema e assegurar sua *sobrevivência* e seu bom desenvolvimento em função da hierarquia de uma árvore lógica (do grego *logos*, que significa "linguagem" no sentido de "sistema", *ratio* em grego). É fundamental compreender que o termo *kubernesis* tem como raiz *kube*, remetendo ao cubo cosmológico: o Cubo de Metatron. Considerados no plano metafísico, esses princípios caracterizam a consciência superior, capaz de se governar sobre as ondas contínuas da existência, sabendo fazer a *ligação* entre a Manifestação e o Princípio original,

Thangka tibetano A TARA VERDE (*Arya Tara*), Tibete, século XIII

regenerador, ao qual se incorpora o eu, centro superior de *comando* do ser ligado ao logos universal e a seus arquétipos; a palavra grega *arkhè* significa "original" e "comando". Assim se esclarece a assimilação da "dedução" (no sentido de análise lógica) do termo *tara* no provençal antigo, no italiano e no árabe *tarha*, que perderam seu significado original para designar apenas embalagens, ou estruturas de diferentes *tamanhos* para *acondicionar* (ver Capítulo III sobre "Tarotagem"). Por outro lado, Tara é o nome de um bodhisatva feminino no budismo *Mahayana* (Grande Veículo), que aparece como uma manifestação feminina de Buda no *Vajrayana* (veículo de diamante). Ela é conhecida como "Mãe da Libertação" e representa as virtudes do sucesso no trabalho e realização. Ela é, entre suas 21 formas (número de Arcanos Maiores do Tarô, O LOUCO, 22º Arcano, interligando, mantendo-se à parte), às vezes, representada com a pele verde, sublinhando sua relação com as plantas (*taru*) e com a regeneração. É bom destacar que os budistas dizem que as mulheres, geralmente mais centradas e mais receptivas e ligadas à terra, são, como a deusa Tara, mais bem dispostas na base para receber a iluminação. Sobre o simbolismo da ponte, ver René Guénon, *Symboles de la science sacrée* [Símbolos da ciência sagrada], *op. cit.*, capítulo LXIII. Da mesma forma *Tari*, que significa também "barco", "navio", "balsa" ou "bote", está mais próxima da deusa hindu Tari Pennu. Nas tribos das colinas de Andra Pradesh, segundo a mitologia Khond, o deus sol Boora Pennu criou para ele mesmo uma esposa que vem a ser Tari Pennu, a deusa (representada tradicionalmente pela pedra cúbica e pela árvore) da Terra e da vegetação. Por outro lado, é interessante que entre os estonianos, portanto um povo não indo-europeu, Taara seja o nome do deus do trovão (*vajra*) associado ao carvalho, afirmando a ligação com a árvore e o relâmpago e, portanto, com o vórtice toroidal (veja adiante a nota 35).

14. O termo *taram*, ligado à travessia do rio e à barca ou ao bote do barqueiro, significa igualmente o "nome de um capítulo", remetendo assim ao *sûtra*, que significa "fio" e que designa o que chamamos, no Ocidente, um "clássico", um "cânone", ou simplesmente um "livro". O termo se aplica geralmente a escritos especulativos ou filosóficos redigidos na forma de aforismos. Quer a denominação seja metafórica – os "fios do pensamento", a "trama das ideias" –, quer seja metonímica – "o fio que servia para costurar as páginas". Tradicionalmente, esse "fio" constitui e liga de uma só vez o conjunto da Manifestação (ver sobre a fita de Moebius, no Capítulo VI). Esse fio é aquele do Livro da Vida, ou *Liber Mundi*. Esse significado do termo *taram*, barco, faz referência ao simbolismo da tecelagem, pela relação analógica com a lançadeira, instrumento da tecedeira que faz movimentos de ida e volta sobre a trama, perpendicularmente à teia a ser tecida, constituída aqui simbolicamente pelo "fio" de água do rio da Manifestação, e portanto ao simbolismo da Cruz (René Guénon, *Le symbolisme de la Croix* [O simbolismo da cruz], Éd. Véga, 1931).

15. É René Guénon quem diz, bem a propósito, que realmente não se dá resposta a um sistema tradicional (ou não) sem haver elucidado e explicitado a *razão de ser*. De fato, é bem o tipo de justificação de um sistema que determina seu *valor*. Ver *Aperçus sur l'ésotérisme islamique et le Taoïsme* [Percepções sobre o esoterismo islâmico e o taoismo], Éd. nrf Gallimard 1973.

16. *Tarun*, que em sânscrito significa "apenas começou", deriva, portanto, do termo *taru*, e se liga a todas as palavras associadas. Ora, no Japão, *Taro* é um prenome (um pouco fora de moda, parece) tradicionalmente atribuído ao filho primogênito, fazendo assim, provavelmente, uma referência ao Homem primordial, ou regenerado em seu estado original.

17. *Vajrayaanaa* se liga ao *Mahayana*, ou "Grande Veículo" do budismo, em que *Vajrayana* é a forma tântrica que aparece na Índia antes do século IV, entra no Tibete entre os séculos VII e VIII, depois na Mongólia e na China, onde tem pouca influência, depois na Coreia e no Japão, a partir do século VIII. É por outro lado destacável que Platão, em *A República* (livro X), descreva o eixo do mundo como um eixo luminoso de diamante, rodeado de inúmeros revestimentos concêntricos, de dimensões e cores diversas, correspondendo às diversas esferas planetárias se movimentando em torno dele.

TETRAMORFOS, mosteiros de Meteoros
Tessália, século XVI

18. Ezequiel é um profeta do Tanach e do Antigo Testamento (aproximadamente século VI a.C.). Atribui-se a ele o livro do mesmo nome, o terceiro na ordem canônica dos "Grandes Profetas" (Isaías, Jeremias, Ezequiel), por oposição aos "Pequenos Profetas" (Amos, Joel, Naum, Habacuc, Sofonias, Jonas, Miqueias, Oseias etc.). Desde as primeiras linhas de sua profecia, Ezequiel descreve uma visão da carruagem divina: "Olhei, e eis que um vento tempestuoso vinha do norte, uma grande nuvem, com um fogo revolvendo-se nela, e um resplendor ao redor, e no meio dela havia uma coisa, como de cor de âmbar, que saía do meio do fogo." (Ez. 1: 4). "No centro, novamente, apareceram quatro animais, cuja aparência tinha uma semelhança humana." (Ez. 1: 5). "Cada um deles tinha quatro faces, e cada um tinha quatro asas" (Ez. 1: 6). "Suas pernas eram retas (simbólico do Pilar, N.A.); e as plantas dos seus pés eram como a planta do pé dum bezerro; e luziam como o brilho de bronze polido" (Ez. 1: 7). "E tinham mãos de homem debaixo das suas asas, aos quatro lados; e todos quatro tinham seus rostos e suas asas assim" (Ez.. 1: 8). "Uniam-se as suas asas uma à outra; eles não se viravam quando andavam; cada qual andava para adiante de si" (Ez. 1: 9). "E a semelhança dos seus rostos era como o rosto de homem; e à mão direita todos os quatro tinham o rosto de leão, e à mão esquerda todos os quatro tinham o rosto de boi; e também tinham todos os quatro o rosto de águia" (Ez. 1: 10).

Eram quatro criaturas idênticas dotadas cada uma de quatro patas de touro, quatro asas de águia, de quatro mãos humanas e de quatro faces diferentes de homem, de leão, de touro e de águia. Esses quatro animais têm seu lugar ao pé do trono da glória de Deus. No Novo Testamento, o apóstolo João tem uma visão que relata no livro do Apocalipse (4: 7-8). O parentesco com a de Ezequiel é evidente. Os "Viventes" estão no meio do Trono e em torno dele, mas eles não são mais idênticos e são bem menos híbridos: esses são, na ordem, um leão, um touro, um homem e uma águia. Cada um deles tem seis asas e é coberto de uma porção de olhos, e não para de repetir, noite e dia: "Santo, Santo, Santo, Senhor, Deus de Todos, que era que é e que virá." Ora, o nome do Tetragrama IHWH **יהוה** significa "ele foi, ele é, ele será".

Notamos que, na visão de Ezequiel, o carro divino representa abertamente o aspecto fractal do *Arcano*, da mesma forma que, na visão de São João, os Viventes estão cobertos de olhos, representando a consciência divina e seus atributos (representados pelo tetramorfo) presentes em cada um dos componentes do Universo, ilustrando que tudo está no Todo. O tetramorfo de Ezequiel provém da Babilônia, na Mesopotâmia (embora esse simbolismo seja provavelmente mais antigo), onde Ezequiel esteve, onde nós o encontramos precisamente na forma da Esfinge tetramorfo, com os posteriores do touro, os quartos dianteiros do leão, a espinha dorsal da águia e o busto do homem. Esses quatro aspectos são, sem dúvida, relacionados aos Quatro Elementos, que exprimem, por sua unidade, a divindade no próprio seio da matéria (representada pelo número quatro) e da animalidade, simbolizada pelos quatro "Viventes" (h'ayouth **חיות**) da visão de Ezequiel.

É essencial destacar que, tradicionalmente, a fonte das forças vitais desses "Viventes" é Eva (H'avah **חוה**), Gênesis 3:20: "E Adão deu a sua mulher o nome de H'avah [Eva], porque ela era a mãe de todos os *b'ayoth*" [de todos os seres humanos], sublinhando a primazia do feminino na base da manifestação, cuja noção encontramos no judaísmo com a *Shekhinah* **שכינה**, "esposa divina" (ver próxima nota sobre a divindade pré-judaica Ashera). Mais tarde, os padres da Igreja fizeram do tetramorfo o emblema dos quatro Evangelistas: o leão para Marcos, o touro para Lucas, o homem para Mateus e a águia para João, acompanhando frequentemente as representações da Glória de Cristo. O homem é Mateus: seu Evangelho começa pela genealogia humana de Jesus. O leão é Marcos: nas primeiras linhas de seu Evangelho, João Batista grita no deserto ("um grito surgiu no deserto"). O boi é Lucas: nos primeiros versos de seu Evangelho, ele faz alusão a Zacarias, que oferece um sacrifício a Deus. Ora, no bestiário tradicional, o boi é signo de sacrifício. A águia é João: seu Evangelho começa pelo mistério celeste, em que o pássaro é o mensageiro.

Encontramos esse tetramorfo no Tarô com o Arcano XXI LE MONDE (O MUNDO), que representa o Homem universal no próprio coração da Criação. Assim a divindade é assimilada no centro quintessencial da Manifestação (*arcanum mundi*), onde se erige o trono divino que pode circular na infinidade dos Mundos, viajando sem se deslocar em função da hiperdimensionalidade do *logos* universal e em virtude de seu caráter transcendental, expresso precisamente por essas visões bíblicas.

19. Tarhu/Tarhunt era o deus do tempo (clima, ou seja, ventos e tempestades), dos hurritas e hititas na Ásia Menor (ver *Ancient religions* [Antigas religiões], de Vergilius Ture Anselm Ferm, 1886, e *Revue hittite et asianique*

[Revista hitita e asiática], volumes 13-6, da Société des études hittites et asianiques, Centro Nacional de Pesquisa Científica, França, 1938). A palavra Tarô tinha sido atribuída ao anjo do Tempo na Nazaré primitiva. Por outro lado, Namtaru era o deus da peste entre os assírios (ver *Immortality and the Unseen World – A Study in Old Testament Religion*, de W. O. E. Oesterley, Ed. Macmillan Co, 1921). Ora, as doenças mortais eram geralmente associadas aos ventos gerados pelos deuses tumultuosos (tempestades e turbilhões, associados à carruagem divina), particularmente na Mesopotâmia e na Ásia Menor, com o deus Baal. Temos um exemplo disso com uma das dez pragas infligidas por IHWH יהוה ao Egito (a morte dos rebanhos: "[...] todos os rebanhos egípcios morrerão [...]", Êxodus 9:1-7). Da mesma forma, Ashtoreth (Astarte), Ashtaroth no plural, é uma deusa da vegetação (da fertilidade e da sexualidade), de origem fenícia, impetuosa, implantada na mitologia egípcia junto aos Raméssidas. Essa divindade aparece em vários documentos acadianos com o nome de Ashratu (o fim desse nome é um anagrama de *taru*). Incluindo a divindade mesopotâmica Ishtar, todas essas divindades são associadas à serpente, à árvore e à *pedra*. Como Asherah אשרה, ela foi a consorte ou mesmo esposa de IHWH יהוה na tradição pré-judaica. Ela é tradicionalmente representada pela tamareira, a Árvore da Vida no Oriente Próximo, pelo cipreste piramidal (*ashour* em semítico, *ashar* significando "ser desenhado") ou simplesmente pelo polo, flanqueado de duas criaturas, animais ou gênios, representando os polos dinâmicos da Manifestação em torno do *axis mundi*, do qual são os guardiões. Eles afirmam assim a relação da deusa da *taru* (árvore) original e a alta Antiguidade em seu culto ao caráter feminino. O Livro dos Reis relata que suas representações, instaladas no Templo de Jerusalém, assim como nos outros santuários da Judeia em momentos diferentes, foram destruídas quando das reformas que instauraram o monoteísmo absoluto no século VIII a.C. Asherah parece, na verdade, ter sido objeto de culto com caráter matriarcal na Mesopotâmia, antes de ser convertida pelo poder patriarcal de IHWH יהוה, que a condena como "ídolo". Todas as antigas divindades adoradas por esses povos (como Baal, associado mais tarde à Asherah), antes iguais a יהוה, foram diabolizadas e associadas aos "anjos decaídos". Na Bíblia, Asherah é um termo genérico para designar um poste-ídolo, ou, mais precisamente, um símbolo, o que é revelador da natureza do culto à rainha Natureza, ou *Magna Mater*, anterior ao judaísmo patriarcal.

ASHERAH, Ugarit, 1200 a.C.

O nome de Asherah é mencionado algumas vezes na Bíblia, sempre para proibir que ela seja colocada nos templos e para que seja destruída; por exemplo, em II Reis 23:4-7 e seguintes, o rei Josias (cerca de 630 a.C.) "ordena [...] retirar do templo do Senhor todos os utensílios que se tinham feito para Baal, e para o poste-ídolo e para todo o exército do céu [...] Também destituiu os sacerdotes que os reis de Judá estabeleceram para incensarem sobre os altos nas cidades de Judá [...] a Baal, ao sol, e à lua, e aos mais planetas, e a todo o exército dos céus. [...]. Também derribou as casas da prostituição cultural que estavam na Casa do Senhor [...]", e, ainda, Deuteronômio 16: 21: "Não estabelecerás poste-ídolo, plantando qualquer árvore junto ao altar do Senhor, teu Deus, que fizeres para ti." Deve-se destacar que Asherah [poste-ídolo] é aqui implicitamente associada à Árvore.

O fato de Asherah ser efetivamente uma divindade do judaísmo primitivo se encontra igualmente afirmado em II Reis 21: 3: "Pois tornou a edificar os altos que Ezequias, seu pai, havia destruído, e levantou os altares a Baal, e fez um poste-ídolo [Asherah], como o que fizera Acabe, rei de Israel, e se prostrou diante de todo o exército dos céus e o serviu." É importante observar que, a despeito da sua demonização, o termo *asherah* אשרה pode significar "ser feliz". Para os fenícios, na verdade, Asherah era a "deusa risonha". Desse ponto de vista, é bastante interessante comparar o nome ao de Eva, *H'avah* חוה de *h'ayah* חיה, que significa "viva", pois os dois nomes se diferenciam por apenas uma letra, e o plural *h'ayouth* חיות designa as quatro criaturas da carruagem divina da visão de Ezequiel. O versículo do Gênesis 3: 20 nos diz: "E deu o homem o nome de Eva [H'avah] a sua mulher, por ser a mãe de todos os seres humanos [*h'ayoth*]", ou seja, de todas as criaturas vivas, afirmando assim seu caráter primordial.

ASHERAH na forma da Árvore da Vida, fonte de todas as criaturas vivas,
baixo-relevo do Batistério de Calisto, século VIII, Cividale, Itália

A relação direta entre o feminino (Eva, e por extensão Asherah, Eva tendo provado do fruto da Árvore do Conhecimento) e o masculino (IHWH), e seu equilíbrio na carruagem divina, está implícita nas duas últimas letras de *h'ayah* e nas duas últimas de *H'avah*, que constitui o tetragrama IHWH יהוה. Dessa forma, encontramos o arquétipo cosmológico universal com a Árvore do mundo (ao qual está relacionada Asherah) e as quatro vitalidades (outra acepção de *h'ayouth*) associadas aos quatro rios (relacionados aos Quatro Elementos do jardim do Éden) que brotam das raízes da Árvore da Vida, nos quais se banham todas as criaturas vivas (os *h'ayouth* חיות). Encontramos essa noção no judaísmo com a *Shekhinah* שכינה, "a esposa divina", que preservou os princípios da deusa mãe, embora de forma mais abstrata, ficando reduzida à noção de Morada (ou *Caça*) ou Presença da divindade no Templo de Jerusalém. Agradeço a Georges Lahy pelos esclarecimentos proporcionados por sua extraordinária erudição e sua relação com textos sagrados do judaísmo, interpretados aqui livremente pelo autor.

20. O vórtice toroidal ou *tube torus*, que pode assumir formas múltiplas em função de diferentes vetores e intensidades de irradiação, é um aspecto particular da hiperesfera que engloba a Criação em sua totalidade. O *torus* é produzido, teoricamente, pela rotação virtual de dois tetraedros da Estrela octângula girando no sentido inverso, um em relação ao outro, segundo sua relação positiva/negativa, com as relações de tensão polarizadas gerando o diferencial que produz efetivamente o "campo de torção" do vórtice toroidal. Ele é igualmente produzido pela revolução do hipercubo, o cubo interior que se torna exterior alternativamente. Esse é o fenômeno dinâmico que está no centro de toda manifestação micro e macrocósmica (células, planetas, pulsares, buracos negros etc.), do processo de troca vital e de toda transmutação. Assim, o gerador de fusão nuclear Tore Supra, ou ITER

(International Thermonuclear Experimental Reactor), pesquisado desde 1988 pelo Comissariado de Energia Atômica (CEA) em Caradache, é um quarto de confinamento magnético de forma toroidal destinado a controlar um plasma para estudar a possibilidade da produção de energia por fusão nuclear. Esse gerador, que é a tecnologia sobre a qual repousam as esperanças atuais em matéria de pesquisa energética própria e durável, permitiria efetuar desde operações de fissão (quebra de um núcleo pesado para produzir outros mais leves, liberando assim energia térmica) até as de fusão de núcleos atômicos (fusão a frio), operando a transmutação de um elemento em outro (princípio da alquimia). É o vórtice toroidal, como manifestação da potência cósmica criativa, que é subjacente aos turbilhões, aos ventos e às tempestades associados à manifestação da divindade, como na visão da carruagem divina do profeta Ezequiel (Ez. 1: 1-14, cf. nota anterior). No Tarô, encontramos esse vórtice no Arcano chamado XVI LA MAISON DIEV (A CASA DE DEUS), em que a torre representa o canal central e "o olho do ciclone" do vórtice.

21. Ver *Religion Science Maya*, de Hunbatz Men, xamã maia, professor do Instituto Politécnico do México e antigo porta-voz internacional da cultura tradicional maia, Éd. du F, 1998.

22. O raio é um atributo divino que encontramos principalmente na forma de uma arma com Zeus na Grécia, Indra na Índia (*vajra*), Vajrapani no Vietnã, Marduk na Mesopotâmia etc. O raio é igualmente associado ao xamã, da mesma forma que a Árvore e o polo. *Vajra* é o termo sânscrito que significa "raio" e "diamante", da mesma forma que energia pura canalizada pelo polo universal. Os significados de *vajra* ficam mais claros ainda pelo fato de o coração da *Stella Octangula* (expressão arquetípica do Cubo de Metatron), que é o coração dinâmico do Touro, ser um octaedro, forma natural do diamante (cf. Capítulo II, seção sobre as cores). O Vajra é um símbolo importante no hinduísmo e a ele está ligada a *vajrayana*, ou "Via/Veículo de Diamante", que não é outro senão o veículo da ascensão e o vaso (receptáculo matriz) regenerador. Vajra designa também um instrumento ritual chamado *dorje* em tibetano, *yungdrung* no linguajar bön, *kongo* em japonês e *jingang* em chinês. Ele constitui o espectro do poder divino, a indestrutibilidade e a eficácia que vêm ao fim de todos os obstáculos. O Vajra, associado à energia masculina, segurado pela mão direita, tem como complementar feminino o *gantha* (o sino), sempre levado na mão esquerda. Com o *Mala* (a palavra *mala* significa em sânscrito "colar de flores" ou "guirlanda de pérolas"), ou rosário, composto tradicionalmente de 108 grãos (utilizado, entre outras funções, para a recitação de mantras, 108 sendo um dos ângulos-chave do pentagrama), eles se constituem em três instrumentos fundamentais do budismo. Na forma dupla, o Visvavajra constitui a *chave-arcana* do portal da transfiguração.

VISVAVAJRA ou "Eixo de diamante"

23. Ver a obra de René Guénon, entre outras, *Le roi du monde* [O rei do mundo], op. cit., e *L'homme et son devenir selon le Védanta* [O homem e seu futuro segundo o Vedanta], op. cit.

24. Ver *La tradition hermétique* [A tradição hermética], de Julius Evola, Éd. Traditionnelles, 1983.

25. A *kundalini* é um conceito ligado ao tantrismo. Ela designa a energia cósmica universal que se encontra alojada no sacro. Ela é representada como uma serpente enrolada sobre ela mesma três vezes e meia, com o rabo

na boca (Ouroboros). As práticas da *kundalini-yoga* consistem em estimular a ativação dessa energia para canalizar sua subida ao longo do eixo (*axis mundi*) que constitui nossa coluna vertebral (*merudanda*), assim assimilada à Árvore universal. Ora, o termo *kundalini* tem como raiz *kundal*, que significa "laço", afirmando assim sua ligação com a Árvore sagrada pela relação com o termo *taru*, que em sânscrito significa "árvore", e em sumério, "retorno", em referência ao laço do Vórtice toroidal (cf. ilustração da p. 32). Essa noção do laço associado à árvore se encontra com o termo *ruh* (sufixo de *ta-ru*), que significa igualmente "laço".

De maneira semelhante, essa, colocada no topo da cruz grega *tau*, forma a Ankh (Cruz da Vida), que pode ser *entendida* como *tau-ruh*: o *taru*, a Árvore que é a Via (Tao) do Eterno Retorno e da Regeneração (portanto, da vida eterna). No hinduísmo, o termo *tantra* designa o tecer e as Escrituras sagradas do hinduísmo (ligado a *sutra* "o fio", à vinculação e ao tecido universal), apresentadas como um diálogo entre Shiva e sua Shakti (consorte e poder de manifestação e de ação do divino, representado como uma deusa associada à *kundalini*). O tantrismo designa as disciplinas espirituais repousando sobre o poder-consciência (*Shakti*), concebido como a Mãe divina, cuja energia serpenteia ativamente e sintoniza o conjunto de *chakras* da *árvore* da vida (*sakti* é a "lança" em sânscrito) até encontrar Shiva, situado no nível dos centros cerebrais superiores, sua reunião produzindo o despertar e a iluminação para a abertura do Terceiro Olho e do canal no topo do crânio (fontanela). Então brota o campo energético (vórtice toroidal), que é sempre o "veículo" e a "Via" (formando um laço) da ascensão espiritual. É essa união sagrada que constitui o "casamento hermético" da alquimia espiritual, que pode efetivamente acontecer por acoplamento sexual ritualizado, a hierogamia. O termo *tantra* é composto de duas palavras sânscritas, *tanoti* (expansão) e *trayati* (liberação). É, portanto, "a ciência da expansão da consciência e da liberação da energia", segundo Swâmî Satyananda. Em suas diversas acepções, *tantra* significa "fábrica", "tecido", "doutrina", "método", "técnica", "teoria", "sistema", "acorde musical"..., confirmando o caráter lógico e técnico do tantrismo e de todas as ciências tradicionais sagradas que codificam o *logos* universal.

ARDHANARISHVARA, ou Shiva-Shakti
Índia do Sul, 850-1150 d.C.

26. O Cristo é a imagem do Salvador, como Krishna (± 1200 a.C.), Sakya (Sakyamuni ou Buda, ± 600 a.C.) e Indra na Índia (± 725 a.C.), Thamuz na Síria e na Fenícia (1160 d.C.), Adônis, Dionísio ou, ainda, Prometeu entre os gregos (547 a.C.), Quetzalcoatl na América pré-colombiana (587 a.C.), Mitra na Pérsia (600 a.C.) etc. Jesus Cristo é frequentemente representado associado à Árvore, como com a Árvore de Jessé (a árvore genealógica de Jesus de Nazaré a partir de Jessé, pai do rei Davi), ou com a vinha em que o suco é comparado a seu sangue. O cubo desdobrado é composto de 14 pontas, mas igualmente de 19 segmentos, sendo 33 partes ao todo, correspondendo, entre outras, à idade do Cristo morto na cruz. O número 14 corresponde à figura do Cristo imolado no 14º dia da Lua, assim como às 14 estações de sua via-sacra. Além do mais, o Cristo é frequentemente representado com o Sol e a Lua de cada lado da cruz de sua crucificação. Ora, 19 corresponde ao ciclo de Méton, que define a sincronização dos dois astros, as mesmas datas de ano correspondendo às mesmas fases da Lua, que é cheia no final do 14º dia do mês lunar. A relação do simbolismo do Cristo com o do cubo cosmológico é, portanto, total. Em relação aos rituais de morte e de ressurreição, o leitor está convidado a consultar a obra de Pierre Gordon.

27. Yggdrasil, por exemplo, o freixo sagrado dos nórdicos, considerado como o pilar do Universo, dá origem ao casal original cujos descendentes povoaram toda a Terra. Hesíodo, em *Les Travaux et les Jours* [Os trabalhos e os dias], diz que a raça humana da Idade do Bronze, "raça terrível e poderosa" (raça raivosa-*vajra*), era "filha dos freixos". Quanto aos antigos helenos, eles afirmavam que os carvalhos eram sua primeira Mãe. Virgílio, na *Eneida*, nos fala de ninfas, de faunos e de homens primitivos, que nascem do tronco de árvores ou da estirpe dos carvalhos. Juvenal (VII, 12) fala de homens nascidos do carvalho rachado, e Stace, em *Thébaïde*, escreve que "o freixo espinhoso criou os povos, saíram do olmo crianças verdejantes". Na mitologia grega, Adônis (*adon* = "senhor", chamado Thamuz na Síria e na Fenícia), deus que simboliza a morte e a renovação da Natureza, nasceu de uma árvore de mirra. Um mito boliviano afirma que todas as tribos se originam do tronco de uma árvore aberta pelo deus Tori, divindade que encontramos na África Negra (cf. *Textes sacrés d'Afrique Noire* [Textos sagrados da África Negra], de Germaine Dieterlen, Éd. Gallimard, 2005). Entre os Sioux do Alto Missouri, o pai e a mãe da Humanidade eram duas árvores presas à Terra, imóveis e separadas. Uma serpente, rodeando as raízes, permite a aproximação das árvores, que se unem. Segundo o Edda, Odin, para criar os homens, metamorfoseou em homem e em mulher duas árvores, que se uniram. Na Austrália, os homens teriam nascido de uma mimosa etc. Todas as divindades associadas ao verde e à regeneração, como Astarte, Dumuzi (o Homem verde), Adônis, Osíris, Dionísio etc., são figuras iniciáticas.

28. No *Popol Vuh*, por exemplo, o livro sagrado dos índios quiché, uma das raças que precedeu a nossa é vegetal. Os homens foram talhados em madeira de "Pito", e as mulheres, esculpidas em madeira de Sassafrás: "[...] esculpidos na madeira, eles se pareciam ao Homem, e como ele falavam. Povoaram a superfície da Terra e se multiplicaram, tendo filhos e filhas" (*Popol Vuh*, II). Ao mesmo tempo, a pesquisadora Laurette Séjourné (arqueóloga e etnóloga, 1911-2003) registra que os nahuas se dizem descendentes das árvores e representam sua origem com um homem saindo de um tronco partido. Em um antigo livro japonês, o *Hitachi-Fudoki*, uma passagem evoca "o tempo em que as árvores e as plantas falavam". Essa memória ancestral e aparentemente comum a toda a humanidade se encontra na figura do "Homem verde", que vemos esculpida em numerosas igrejas, catedrais e abadias cristãs, bem como nos templos mais antigos do Oriente.

YGGDRASIL, Islândia, século XVII

Símbolo de TAMOANCHAN, terra de origem da Humanidade,
Codex Vendobonensis, século XII

29. Entre os Maias, o TE é a figura no Tau da Árvore sagrada, o *Uahomche*, que significa, em maia, "a Árvore que nos desperta" ou "nós despertamos graças à Árvore". Ele está associado ao eixo vital do homem e ao canal central do Universo (*axis mundi*), e, assim, à faculdade de despertar a consciência, à qual está associado o OL, representado por dois ou vários círculos concêntricos. Dessa forma, o termo TEOL, outro nome da Árvore sagrada, significa Árvore-Espírito. Com a espiral em forma de G – que simboliza o germe e a semente, o ovo criador, assim como a matriz galática no centro da qual se aloja a divindade Hunab Ku, "aquela que dá o movimento e a medida" (nos enviando ao Metatron) e que criou todos os seres vivos –, esses símbolos formam uma trindade fundamental, que encontramos em toda a arte sacra maia. Ver Hunbatz Men, *Religion Science Maya*, op. cit.

30. O *Dictionnaire historique de la langue française* [Dicionário histórico da língua francesa], *op.cit.*, nos ensina que o termo *livre* era usado (em 1080) no latim *liber*, termo cuja origem é desconhecida. Ele designa originalmente a película situada entre a madeira e a casca (conhecida como córtex, implicitamente ligada ao intelecto) exterior da árvore. Por metonímia, ele designou o livro, sentido que permaneceu depois do abandono do *liber* em favor do papel com as tiras cortadas da haste do papiro. O sentido primeiro é encontrado em 1755 no uso erudito *liber*, compreensão de livro como "canal condutor da seiva", que pode ser entendido, como vimos mais adiante, como a consciência e a sabedoria bebendo na fonte das Águas primordiais.

31. Segundo as tradições, em meio à multiplicidade de árvores sagradas se encontra o carvalho para os celtas, o freixo (*Yggdrasil*) para os povos nórdicos, a figueira dos Pagodes (*ficus religiosa*) para os hindus e os budistas (*Bodhitaru*). Na China, a Árvore da Vida é o *Gingko Biloba*, "a árvore dos mil escudos", "que preserva a juventude (*tarun*) por suas propriedades antioxidantes e que estimula a circulação cerebral, favorecendo assim a manifestação e a aplicação consciente do *logos*. Na Índia, o Cânhamo indiano, que é, por sua vez, uma erva, uma planta e uma árvore, correspondendo às três definições do termo *taru*, é uma Árvore sagrada (adulta, ela atinge muitos metros de altura), fornecendo o alimento de Shiva (o *bhang*, bebida tradicional desde aproximadamente o II milênio a.C.), um dos três deuses da Trimurti, em que um dos atributos, o tridente (*Triçula*), remete ao Vajra e ao *fogo secreto*. Consumido ritualmente (pelos *Saddhus* na Índia e os xamãs da China – terra original do Cânhamo indiano – e da Sibéria), a substância contida em suas folhas e sua resina abrem os canais das ramificações do espírito, abrindo também as vias do barqueiro (*tara*), que é o xamã (cf. Richard Evans Schultes e Albert Hofmann: *Les plantes des dieux* [As plantas dos deuses], Éd. du Lézard, 1993). Além do mais, o Cânhamo indiano permite a fabricação do papel, tornando possível, assim, a preservação e a difusão do conhecimento. Pode-se também fabricar óleos e unguentos protetores para o corpo e a pele, permitindo dessa forma preservar a juventude (*tarun*). Seus grãos, ricos em proteínas, garantem aos adeptos, como Buda, sobreviver aos jejuns. Buda teria, de fato, sobrevivido a seu longo jejum comendo um grão de Cânhamo indiano por dia. Da mesma forma, o cânhamo têxtil (uma das três variedades da planta) fornece fibras para a fabricação de cordas e de velas de barcos, permitindo assim à embarcação (*tari*, o barco, a nau) navegar (*cyber*) e alcançar outras margens, sendo essas cordas e velas costuradas pelo fio que prende os livros (*sutra*), e fazendo o trabalho de tecer com a ajuda de uma lançadeira (*tari*), subindo e descendo ao longo da corrente em um Eterno *retorno* (*taru*).

No Oriente, a figueira e a tamareira são a Árvore sagrada, e elas são árvores que habitam os oásis de frescor no deserto. Elas dão generosamente seus frutos, que se preservam alguns meses para os viajantes. Por outro lado, o *taro* é um tubérculo alimentar das regiões tropicais. Todas essas árvores são, entretanto, secundárias; o verdadeiro significado do símbolo da Árvore sagrada é de ordem universal. Também nas antigas civilizações orientais, a árvore sagrada é chamada de "Hôm", nome profeticamente idêntico ao mantra hindu "Om", sílaba composta de sete notas da gama musical (oitava) considerada como o som original, primordial, a partir do qual o Universo se manifestou e ordenou *em harmonia*.

"O HOMEM VERDE", de uma coluna da igreja Notre-Dame-la-Grande, Poitiers, século XIII

32. Em todas as criaturas vertebradas, e, portanto, no ser humano, que é o único entre essas criaturas capaz de se manter perfeitamente ereto, ou seja, no eixo, e a pensar de forma operacional e lógica, encontramos a mesma natureza ramificada da árvore no sistema nervoso e circulatório, percorrendo o corpo de forma estruturada e inteligente. É dessa forma que o Homem, por sua constituição específica, se caracteriza como o epíteto do Universo. "Como uma árvore rainha das florestas, como um homem sem erro. Seus cabelos são suas folhas; sua pele, sua casca exterior; o sangue que destila de sua pele é a resina da pele: do homem atingido ele corre, como a seiva da árvore ferida." (Upanishâd d'Aranyaka, Índia, século VIII a.C.)

33. O termo *dhâtu* exprime, portanto, a *raiz verbal* da linguagem e sua *arborescente* sintaxe. No Evangelho segundo São Mateus (13: 31-32) está escrito: "O Reino dos Céus é semelhante a um grão de mostarda que o homem, o apanhando, semeou no seu campo; esse grão é a menor de todas as sementes, mas, quando cresce, é maior que todos os outros vegetais e se transforma em uma árvore, de sorte que os pássaros do céu vêm se abrigar em seus ramos."

34. Em sumério, *sadu*, *shadu* ou *kur* significam "montanha", remetendo assim à montanha santa, centro universal ao qual se liga analogicamente a Árvore do mundo. Esse pico é igualmente chamado montanha branca, ilha santa, ilha de Thulé, ilha de Ogígia, ilha dos Felizes, ilha dos Quatro Mestres etc. Por outro lado, a raiz sânscrita *sadh* significa "atingir seu objetivo", "dar certo" (ou retidão), assim como "dominar" (superar).

35. O termo sânscrito *taru* pode ser decomposto em *ta*, que significa "cobre", e *ru*, que significa "gritar, urrar", implicando portanto a noção de voz, mais precisamente, de linguagem (*logos* e *oratio*, Ciência e Verbo), deixando para trás a associação ao cobre. Ora, o cobre é tradicionalmente ligado a Vênus (Ishtar-Ashtoreth), que corresponde, na astrologia, ao órgão da voz e do verbo. Vênus é, por outro lado, comparado a Lúcifer como Portador de Luz, como o planeta-estrela, seu arquétipo. Será que esses dois termos nos indicariam que o Tarô provém de grandes instrutores da Humanidade, aos quais se atribui uma origem celeste e que associamos precisamente a Vênus? De outro lado, o *ruh* egípcio, que significa "laço", sugere que pode se tratar, implicitamente, de um ciclo de Manifestação, expresso e ordenado pelo Verbo (*oratio*) e a Ciência (*logos*). Por outro lado, ainda, a acepção do termo árabe *ar-rûh*, que significa "Espírito universal" (*rûh* significa "espírito puro" em árabe), termo muito próximo de *taru*, vai nesse mesmo *sentido*. É fascinante constatar que encontramos a noção do *logos* associada à Árvore universal (em que Ashtoreth, Asherah, Astarte, Afrodite/Vênus, etc., exprimem diferentes *qualidades*) com a 17ª letra do alfabeto hebraico פ *Pé*, à qual a boca, assim como o planeta Vênus é tradicionalmente associada. Fulcanelli, em *Les Demeures Philosophales* [As mansões filosofais], nos diz que: "Cavaleiros da ordem e cavaleiros errantes, poetas, trovadores, menestréis, estudantes-turistas da famosa escola de magia de Salamanca, que chamamos de *venusbergs*, porque dizem vir da montanha de Vênus, discutiam entre eles a língua dos deuses, dita ainda gaia ciência ou razão alegre, nossa cabala hermética.

No Tarô de Marselha, XV LE DIABLE (O DIABO) representa a Árvore do Conhecimento (pés semelhantes a raízes, a ligação das asas ao tronco formando o Tau etc.). O número 15 – que lhe é associado – é a redução aritmológica do número 78, correspondendo à totalidade das cartas do Tarô, em que essa lâmina é o polo central, como os Ashtaroth. O domínio colorido do verde e do azul-claro, todos os dois associados a Vênus e ao cobre (os óxidos e silicatos de couro servem de base aos pigmentos da cor azul, e o carbonato de cobre aos da cor verde), nos confirmariam essa acepção profunda dos termos *ta-ru*, o personagem tendo a boca aberta como se quisesse gritar? Por outro lado, a acepção sumeriana do termo *taru*, que significa, portanto, *retorno* (à fonte), tem seu equivalente em hebreu com o termo *teshouvah* תשובה, significando igualmente *retorno*, mas que é utilizado geralmente no sentido de *resposta*. Essa última acepção compreende, implicitamente, o discurso (*oratio*) e, portanto, a linguagem (*logos*) ligada à fonte original da Manifestação. *Teshouvah* inclui, na verdade, os princípios da redenção (de onde deriva a noção do *salvador, tara, soter* etc.) pelo *retorno* à integridade original do Mundo.

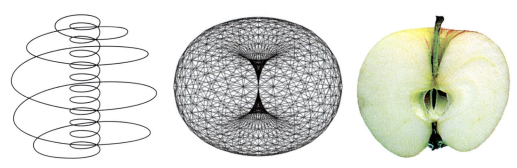

A ESPIRAL DINÂMICA, O VÓRTICE TOROIDAL E A MAÇÃ
Imagens da Deusa, da árvore do mundo, da regeneração e do eterno retorno

No judaísmo, trata-se, portanto, da reestruturação do mundo em sua *arborescência* original, compreendendo a noção de juntar o que está disperso por intermédio do *fio* da Tradição. Sobre a *teshouvah*, está dito no Zohar III 122 a: "Aqui temos o comando da Teshuvá que nos vem da Sephira chamada Binah" (terceira das dez esferas da Árvore da Vida das Sephiroth) e "Aquela que faz Teshuvá trazer de volta o Hé ao Vav e o Nome de Deus se tornar completo. Por isso Teshuvá significa o 'retorno do Hé', símbolo do arrependimento". Por outro lado, está dito, em Péroush Aggadoth – Ézra: "Aprendi, em nome de nosso mestre, que a morada das almas é na Sephira Binah, chamada Teshuvá." Ora, a Sephira Binah é de princípio feminino, como atesta Zohar, que a chama Imma, a Mãe, complementando Abba, o grande Pai, que é Chockmah, nos remetendo novamente à Árvore como Matriz do mundo, noção que encontramos no Zohar com a Matronita, nome bem próximo de Metatron (cf. Capítulo II, nota 1). Assim, IHWH יהוה, que é ele próprio, tradicionalmente, assimilado ao tronco da Árvore universal, representa o aspecto inseminador e transcendente do Mundo, e Asherah אשרה representa seu aspecto gerador e imanente. A serpente Na'hash נחש, por outro lado, representa o mediador dinâmico subindo e descendo pela Árvore do Mundo, ligando os polos da Manifestação à qual ele dá seu impulso vital. No plano cosmológico, a Serpente corresponde à espiral interna do vórtice toroidal. Adão e Eva (*Ev* אב em hebraico designa o vegetal, a erva e uma planta jovem) representam assim a polarização dinâmica masculina/feminina, positivo/negativo da Manifestação universal, transportada para o plano da vida animal – nomeadamente humano – a partir da via vegetal, a da Árvore da Vida. Todos esses termos e essas noções assim ligados por analogia revelam a extraordinária unidade das grandes correntes tradicionais que é o verdadeiro *fio* que liga (a religião como *re-ligare*) todas as coisas e todos os seres à Fonte primordial. Para informações mais completas referentes à relação entre a Árvore, o Toro, a geometria sagrada e as três religiões do Livro (judaísmo, cristianismo e islã), o leitor anglófono está convidado a buscar os trabalhos de Stan Tenen sobre a cosmologia do Gênesis e das letras hebraicas: www.meru.org.

36. Ver a obra de René Guénon, *Symboles de la science sacrée* [Os símbolos da ciência sagrada], *op.cit.*, e a de Pierre Ponsoye, *L'Islam et le Graal* [O Islã e o Graal], Éd. Archè, 1991.

37. Ver *Dictionnaire historique de la langue française* [Dicionário histórico da língua francesa], coordenado por Alain Rey, *op. cit.* Além disso, em francês antigo (século XII), o termo *lame* se aplicava à lápide de pedra que cobria um túmulo, imagem tradicional do *arcano* como matriz da deusa no ritual iniciático de morte e ressurreição,

Adão, Eva, a serpente e a Árvore do Conhecimento
nave da basílica de Vezelay, século XII

cujo simbolismo encontramos no Tarô de Marselha. Mais ainda, o século XIII destaca esse termo no domínio da tecelagem, no antigo sentido de "trama", que é aquela, no simbolismo tradicional, da Manifestação universal, cf. nota 14.

38. Dessa forma, os *arcanos* se mostram como o espaço sagrado da transfiguração e da apoteose, em que o Homem pode se transformar em super-homem e se juntar ao divino. Os antigos lugares sagrados que tinham essas propriedades eram guardados por altos sacerdotes responsáveis por proteger esses lugares de poder (como o templo de Jerusalém, os templos do Egito, Stonehenge etc.) e proteger o acesso a eles. Eles eram, portanto, os "zeladores" e os barqueiros (*tara, tarika*) que iam e vinham entre os Mundos, guiando o Homem pelas vias do *retorno*.

Capítulo II: A estrutura cosmológica do Tarô de Marselha

1. Metatron, ou Atmon, Atropatos, Lad, Sar ha-Kodesh, Sar ha-Olam, Yefehfiah etc., aparece nos textos místicos judaicos, como o Zohar e o Talmude (seções Sanhédrin e Baba Qama). Segundo o livro de Enoque, que tem relação com o Metatron, ele é o mais elevado dos anjos e serve de escriba celeste, portando a voz de Deus e transmitindo sua Luz (*logos*) aos homens. O valor cabalístico (a *gematria*, do grego *grammateia*, *grammata*, "cartas", e *geometria*, "geometria") de Metatron מטטרון é igual ao de *Shaddaï* שדי: 314, um dos Nomes do Divino evocando *Pi* π 3,14 e, por redução aritmológica, 3 + 1 + 4 = 8, VIII IVSTICE (A JUSTIÇA) no Tarô, lâmina que representa o pensamento e a medida, princípios precisamente atribuídos a Metatron – chamado "Senhor da Essência" –, assim como o arcanjo Miguel, ao qual é associado, cujo nome significa "Que é semelhante a Deus". Na Torá, Metatron é chamado "Nâar" נער, termo que significa "homem jovem", ou "adolescente", remetendo assim ao *taru* (raiz sânscrita do termo Tarô), via *tarun*, que significa "permanecer jovem", noção que encontramos com o Protogonos e a representação clássica da divindade como eterno adolescente (cf. fim do Capítulo I e Capítulo VI, nota 5), ou seja, perpetuamente regenerado.

Por outro lado, a cabala hebraica se refere à rosa ou ao lírio de treze pétalas *shoshana* שושנה, cujo valor na gematria é 661, ou 6 + 6 + 1 = 13. Ela se refere igualmente aos treze atributos divinos, aos treze poderes fundamentais que organizam o mundo, às treze qualidades etc. que correspondem geometricamente ao número de círculos que constituem o Cubo de Metatron, a matriz cosmológica universal. Ora, uma *Mitsvá* manda os homens judeus carregarem todos os dias (menos no Shabat e nos dias de festa) os Tefilines, duas caixinhas cujo nome significa "filactera", com os trechos de pergaminho que contêm. Cada uma delas é significativamente constituída de um cubo negro (uma caixa, portanto um "arcano") com a letra ש, inicial de *Shaddaï* שדי, que tem o mesmo valor numérico de Metatron. Elas são carregadas por judeus a partir dos 13 anos, e nos remetem igualmente ao Cubo de Metatron (constituído de dois cubos), cujas correspondências com o judaísmo e a cabala são bastante numerosas.

Assim, por exemplo, no Livro do Gênesis, treze palavras separam as duas primeiras ocorrências do termo *Élohim* אלהים, um dos nomes que designam a divindade; a terceira ocorrência é separada por cinco outros termos. Essas diferenças correspondem ao cálice místico (o lírio ou a rosa de 13 pétalas) e suas cinco sépalas, simbolizando a quintessência universal que ele contém, assimilado ao orvalho, *tal* תל, que tem por valor 39, correspondendo ao número de linhas que ligam os 13 círculos do Cubo de Metatron. As diferentes acepções do termo Metatron comportam as noções de guardião, de senhor, de enviado, de mediador e de príncipe do mundo, autor das Teofanias e das manifestações divinas no mundo sensível. "Tu ordenaste todas as coisas com medida, número e cadência" (Sabedoria 11:20). Estabelece-se uma ligação, portanto, de Thoth, igualmente escriba da divindade e "mestre do Tempo", com a divindade maia Hunab Ku, situada no centro da galáxia, cujo nome significa "doadora do movimento e da medida". Ora, na alta Antiguidade, o nome da mais antiga unidade de medida

TÉFINILE, caixa (arcano) ritual do judaísmo

conhecida é o cúbito, utilizado principalmente pelos egípcios (o famoso Cúbito Real, cf. Capítulo VI, nota 6) e pelos sumérios. Assim, Metatron, que tem como um de seus qualificativos "Senhor da Essência", foi naturalmente associado ao Cubo como unidade de medida universal, sabendo que o hipercubo, do qual o Cubo de Metatron é o diagrama isométrico, é igualmente chamado "politopo de medida".

A etimologia grega nos fornece os termos para uma interpretação complementar do nome Metatron. Na verdade, em grego, *meta* significa "depois", "além", e *tron* significa "instrumental". Dessa forma, o nome Metatron pode ser interpretado como "instrumentalidade dos múltiplos planos da realidade", tanto físicos quanto metafísicos, os quais não procedem de um mesmo *Princípio*. A pertinência dessa acepção do nome Metatron é reforçada pelo termo grego *metron*, que lhe é próximo e significa "medida".

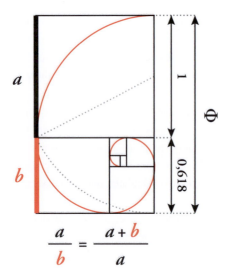

Selo comemorativo do 500º aniversário do livro do frade Luca Bartolomes Pacioli, publicado em Veneza em 1494

2. O Número de Ouro designa o valor da proporção definida em geometria como a razão única entre dois comprimentos, da mesma forma que a relação da soma de dois comprimentos sobre o maior é igual àquela do maior sobre o menor, ou 1 sobre 1,618. O Número de Ouro é frequentemente designado pela letra *phi* Φ, atribuída a ele por Mark Barr (matemático americano) por volta de 1909, em homenagem ao arquiteto Fídias (Phidias – Grécia 490-430 a.C.), que o utilizou para conceber suas obras, como o Partenon. A história dessa proporção começa em um período isolado da Antiguidade grega, com Euclides de Alexandria (325-265 a.C.), que a descreveu no quinto capítulo de seus *Elementos* como "partilha entre razão média e extrema" e a associou à construção do pentagrama.

Na Renascença, Luca Bartolomes Pacioli, um frade franciscano italiano, lhe fez as honras em *Summa de arithmetica, geometria, de proportioni et de proportionalita*, publicado em Veneza em 1494, em que a chamou de "divina proporção" e "Número de Ouro", associando-o a um ideal enviado do Céu. Leonardo da Vinci realizou sessenta desenhos para essa obra, entre os quais aqueles dos cinco sólidos "de Platão", que englobam implicitamente essa "divina proporção" que Leonardo chamou de *sectio aurea* ou "seção áurea". Essa visão inspirada se desenvolve e se enriquece de uma dimensão estética, principalmente a partir do século XVIII, com os matemáticos alemães Martin Ohm (1792-1872) e Adolf Zeising (1810-1876). A denominação "Número de Ouro" será popularizada por Matila Ghyka (1881-1965), em seu livro de mesmo nome, publicado em 1935. Para saber mais sobre o Número de Ouro, veja também *Géométrie du Nombre d'or* [Geometria do Número de Ouro], de Robert Vincent, Éd. Chalagam, 2001; e *Le Code Secret* [O código secreto], de Priya Hemenway, Ed. Evergreen, 2005.

3. Em geometria, o tesserato, igualmente chamado de 8-células ou octácoro, é o análogo quadridimensional do cubo tridimensional. O movimento ao longo da quarta dimensão é uma representação das transformações ligadas ao cubo através dos tempos (notadamente em sua revolução, em que o cubo interno se torna externo ou vice-versa). Pode-se considerar que o tesserato é para o cubo o que este é para o quadrado. Uma generalização do cubo em dimensões maiores que três é chamada "Hipercubo", "*n*-Cubo" ou "politopo de medida". Na geometria, muitas vezes, *politopo* é entendido como a generalização para todas as dimensões da noção de polígono bidimensional e para poliedro de três dimensões. Outros chamaram a mesma figura de "tetracubo". O tesserato é o hipercubo quadridimensional ou 4-cubo. Ao todo, ele é formado de oito cubos, 24 quadrados, 32 lados e 16 vértices.

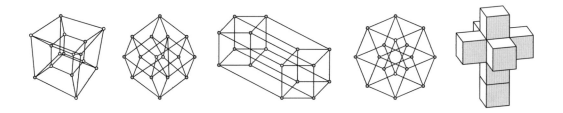

PROJEÇÕES DO TESSERATO E SEU PADRÃO TRIDIMENSIONAL

4. *Stella Octangula* é o nome dado por Johannes Kepler em 1609 à estrela formada pela junção dos vértices de dois tetraedros (de *tetra*, "quatro", e *hedra*, "base") aninhados numa simetria compartilhada pelo cubo (hexaedro). Descrita em *De Divina Proportione*, de Luca Pacioli, ela é constituída da duplicação espelhada do tetraedro, que corresponde ao Fogo criador na simbologia tradicional. O tetraedro é chamado *puramis* pelos gregos, termo do qual deriva "pirâmide", e que tem como raiz *pura*, o "fogo". A estrela do *octagon*, que é o equivalente tridimensional do Selo de Salomão, simboliza a união criativa e fecunda do Céu e da Terra, do Sol e da Lua, do masculino e do feminino (o número seis, que a representa, está na origem da palavra *sexo*), do *Fogo negro* sobre o *Fogo branco*, que define a escritura sagrada para os judeus e os árabes. Essa estrela representa assim a polaridade instrumental (*tron*, em grego) do dinamismo gerador da Vida universal. Constituindo o coração do Cubo de Metatron, como matriz cosmológica, esse princípio é apresentado no centro de toda Manifestação. O tetraedro, primeiro dos cinco volumes platônicos, compreende, em virtude de seus quatro vértices, os Quatro Elementos. Ele confirma, dessa forma, que o conjunto da Manifestação procede do Fogo divino, o qual deve se polarizar para gerar o Universo.

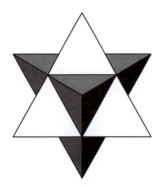 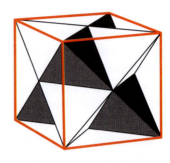

STELLA OCTANGULA, estrela do *octagon* ou estrela tetraédrica,
em perspectiva isométrica e evasiva

5. Isometria vem do grego *iso*, que significa "igual", e de *metron*, que significa "medida". Esse termo designa uma transformação geométrica que conserva as distâncias, sem ilusão de perspectiva. A simetria (do grego *summetria*, "com medida") axial, central, a translação e a rotação são isometrias. É a linguagem (*logos*) universal, cujos arquétipos geométricos se expressam em toda a Criação, do microcosmo ao macrocosmo. Encontramos sua marca em toda a natureza, com o cristal, os alvéolos das colmeias das abelhas, as estruturas moleculares etc., ilustrando assim o caráter ilusório da espacialidade tridimensional, associada com Maya pelos hindus. Maya é a divindade principal que cria, perpetua e rege a ilusão da dualidade no Universo fenomenal para permitir infinitas possibilidades de criação, atuando por *projeção* do dinamismo da polarização universal, em um jogo de pura luz. Para os místicos indianos, a manifestação é real, mas insaciável, toda "objetivação" do mundo resulta de uma ilusão que será errado considerar como uma verdade ou uma realidade fundamental, possuindo em si um caráter próprio e "material". Todo o Universo sensível resulta de múltiplas combinações de reflexos indefinidos de facetas arquetípicas do *Arcanum Mundi*.

O Universo, sendo luz, é vacuidade no sentido definido pelo tao (os fótons não têm massa) e produto da holografia. O objetivo do despertar espiritual é experimentar esse dinamismo criativo todo em sombras e luzes, *se apoderar* da dicotomia ilusória entre o eu e o Universo e transcender a Ilusão de criar, não cometendo o erro (que pode ser fatal) de se apegar aos objetos dos sentidos como *coisas em si* e de não se *identificar* com sua experiência. No hinduísmo, Maya, entre outras acepções, designa a geometria, a faculdade de medir, o poder cósmico graças ao qual o Universo se manifesta, se organiza e se regenera, remetendo assim aos *princípios* da matriz do Cubo de Metatron. O Tarô de Marselha nos mostra com I LE BATELEVR (O MAGO), a primeira de suas lâminas, que esse princípio dinâmico criativo tem possibilidades infinitas, afirmando o caráter ilusório da Manifestação, expresso nessa lâmina pela postura prestidigitadora de sua personagem, assim como pelo jogo gráfico entre as exibições planas e volumosas, as falsas perspectivas, a ambiguidade dos cheios e dos vazios etc.

6. A teoria dos Cinco Elementos e sua cosmologia, que remonta à alta Antiguidade, foram registradas, entre outros autores, por Ferécides, Pitágoras, Filolau de Crotona e Platão, e explicam a gênese física do *cosmos* (ordem em grego) a partir de considerações geométricas, aritméticas e metafísicas. Os pitagóricos descobriram que cinco poliedros regulares somente podiam ser construídos no espaço, enquanto há uma infinidade de polígonos regulares. Diz-se que Empédocles foi o primeiro a aventar a possibilidade de existência dos Quatro Elementos, embora seja acusado de roubar a obra de Pitágoras, a quem é atribuída a descoberta dos sólidos regulares.

O Pseudo-Jâmblico (pseudepígrafo pitagórico do século IV d.C.), em *Theologoumena arithmeticae*, "Teologia aritmética", atribui a Filolau de Crotona (485-385 a.C., filósofo e matemático grego que teve Pitágoras como mestre) a demonstração de que os cinco poliedros regulares associados aos elementos cósmicos são inscritos na esfera. Aécio de Constantinopla (doxógrafo, isto é, que recolhe opiniões de filósofos, por volta de 100 d.C.), por outro lado, atribui a Pitágoras "cinco figuras de volumes que ele denomina ainda matemáticas: o cubo (o hexaedro) que, segundo ele, produziu a Terra, a pirâmide (o tetraedro), que produziu o Fogo, o octaedro, que produziu o Ar, o icosaedro, que produziu a Água, e o dodecaedro, que produziu a esfera do Universo" (*Aëtisus, Opinions*, II, 6, 5). Proclus (412-485 d.C.) nos diz o contrário (em um comentário escrito no primeiro livro de Euclides), que aos Quatro Elementos estão associados os deuses Ares (Fogo/tetraedro), Cronos (Ar/octaedro), Dionísio (Terra/cubo) e Hades (Água/icosaedro). Timeu, que Platão põe em cena em seu diálogo de mesmo nome, afirmava que Pitágoras fora o primeiro a empregar o termo *cosmos* "Ordem e Beleza", ao mundo. É nesse diálogo que encontramos: "O demiurgo colocou o ar e a água entre o Fogo e a Terra. Esses elementos em número de quatro formaram o corpo do Cosmos. Harmonizado proporcionalmente, temos a Amizade." Depois, após haver detalhado os quatro sólidos e lhes haver atribuído os Quatro Elementos, Timeu declara enigmaticamente: "Há uma quinta construção que Deus utilizou para bordar as constelações no Céu todo." Timeu não atribui, de fato, o quinto poliedro a um corpo físico, mas ao Universo inteiro, e não distingue o Éter do Ar. Ora, no Tarô de Marselha, a Quintessência corresponde aos Arcanos Maiores e, mais particularmente, ao XXI LE MONDE (O MUNDO), ao qual está associado o símbolo Espadas (cf. Capítulo VI), que corresponde precisamente ao Ar nos Quatro Elementos.

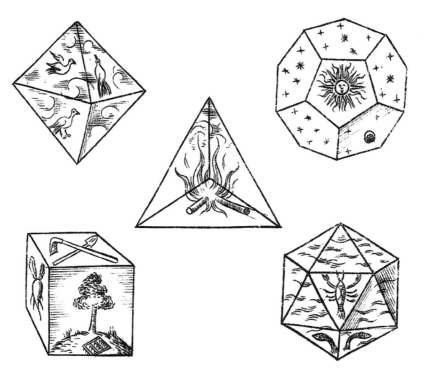

OS VOLUMES PLATÔNICOS e seus respectivos elementos,
por Johannes Kepler, *Mysterium Cosmographicum*, 1596

Para Platão, a identificação do dodecaedro e do cosmos é primordial (*arkhè*) e *comanda* a identificação dos Elementos e dos poliedros seguintes. Quatro cores são tradicionalmente atribuídas aos Quatro Elementos: o vermelho para o Fogo, o azul para o Ar, o verde para a Água, e o preto para a Terra, e, com certeza, o branco para a Quintessência (ver *Pythagore et les pythagoriciens* [Pitágoras e os pitagóricos], de Jean-François Mattéi, Éd. puf, 2001). Ora, neste início do III milênio, a ciência parece dar razão a Pitágoras. Na verdade, Jean-Pierre Luminet (astrofísico, conferencista, escritor e poeta francês nascido em 1951, especialista de renome mundial em buracos negros e cosmologia, diretor de pesquisas do CNRS [Centro Nacional de Pesquisas Científicas – França]), declarou, na revista *Nature* de 9 de outubro de 2003, que: "O modelo topológico que melhor corresponde às últimas observações por satélite – o Wilkinson Anisotropy Microwave Probe (WMAP) da Nasa – da radiação cósmica de fundo, emitida pelo Universo 400 mil anos após o Big Bang, é um espaço dodecaédrico de Poincaré." Esse último corresponde a um dodecaedro esferizado comparável a uma bola de futebol clássica.

Vamos à pergunta: "O Universo seria um 'espaço dodecaédrico de Poincaré', você consegue explicar essa expressão?". Jean-Pierre Luminet responde: "A natureza usa a imagem de uma bola de futebol. Como se vivêssemos no interior de um tipo de esfera formada de 12 pentágonos ligeiramente curvados. Porém há uma enorme diferença de uma bola, pois, quando se chega a uma face pentagonal, volta-se na bola pela face oposta. Esse espaço termina, mas sem bordas e sem limites, pode-se portanto aí viajar indefinidamente. De imediato, tem-se a impressão de viver em um espaço mais vasto, pavimentado de dodecaedros que se duplicam como num palácio de espelhos. E o retorno dos raios luminosos que atravessam as paredes produz imagens ópticas: um mesmo objeto tem múltiplas imagens. Esse modelo não é uma alternativa ao Big Bang, mas uma versão descartando a ideia de um espaço infinito, em benefício de um espaço físico – cujo volume não ultrapassa 80% do que é observado – contendo um número finito de galáxias. Além disso, opõe-se à visão até então dominante de um universo 'geometricamente plano', em que as paralelas não se encontrariam jamais, em benefício de um espaço 'abaulado', como uma esfera, em que as paralelas se cruzam a uma grande distância [...]"

O futuro confirmará ou negará essa teoria, que poderia, segundo o cosmologista Georges Ellis, marcar "uma descoberta maior sobre a natureza do Universo". Parece, portanto, que não passa, de fato, de uma descoberta essa concepção *luminar* do Universo se juntando com aquela da Maya dos hindus.

Os Filósofos da Antiguidade Associados à teoria dos Cinco Elementos

• **PITÁGORAS** (em grego antigo Πυθαγόρας /Pythagóras, Samos 580, Metaponte 497 a.C.), cujo nome significa etimologicamente "aquele que foi anunciado por Pítia", resultado do anúncio de seu nascimento feito a seu pai pela célebre profetisa durante uma viagem a Delfos. A vida enigmática de Pitágoras torna difícil esclarecer a história desse reformador religioso, matemático, filósofo e visionário, que Diógenes Laércio (poeta e doxógrafo grego do início do século III d.C.), em *Vies, doctrines et sentences des philosophes illustres* [Vidas, doutrinas e frases de filósofos ilustres], registra como sendo considerado filho de Hermes, que deu a Pitágoras o que ele queria, exceto a imortalidade. Ele escolheu que, vivo ou morto, se lembraria de tudo, inclusive de suas vidas anteriores. Pitágoras exerceu uma grande influência, fazendo a Grécia antiga mudar de um modo de pensar religioso para um modo de pensar racional, aliado a uma mística dos números e da geometria. Heródoto evoca "um dos maiores espíritos da Grécia, o sábio Pitágoras" (ver *Hérodote, l'Enquête* [Heródoto, a pesquisa], de Andrée Barguet, Éd. Gallimard, 1990). Hegel dizia que Pitágoras era "o primeiro mestre universal" (*La philosophie de l'histoire* [A filosofia da história], tomo I, Éd. LGF, 2009). Segundo Eliano (em latim, Claudius Ælianus, apelidado como

"Eliano, o Sofista", historiador e orador romano de língua grega, nascido por volta de 175 em Palestrina e morto por volta de 235 em Roma), Pitágoras resumia em duas palavras seu programa: *illuminare et sanare*, "iluminar e curar".

Pitágoras teria vivido durante 22 anos no Egito, onde teria adquirido conhecimentos ancestrais e se iniciado nos mistérios da Antiguidade clássica, durante suas viagens. Ele fundou em Crotona, em 532, sua escola, que era uma comunidade, praticamente uma seita, ao mesmo tempo filosófica, científica, política, religiosa e iniciática. Ele fundou outras comunidades em cidades da Itália e da Grécia: Tarento, Metaponto, Síbaris, Caulonia, Locri, e, na Sicília, Régio, Tauromenium, Catânia, Siracusa. Foi em Crotona que conheceu Ábaris, o Cita, ou o Hiperbóreo, grande feiticeiro e xamã. Por outro lado, segundo Jâmblico (nascido por volta de 242 na Cálcia, Síria, e morto em 325), a iniciação de Pitágoras foi feita pelos druidas, que eram tidos como os mais sábios dos homens (o que é justificado pela filiação dos druidas aos ancestrais dos *denyen*, que foram portadores da civilização). Santo Hipólito, em sua *Philosouphomena*, indica que os druidas praticavam a adivinhação utilizando figuras e cifras pitagóricas (J.-L. Brunaux, *Les religions gauloises, rituels celtiques de la Gaule indépendante* [As religiões gaulesas, rituais célticos da Gália independente], Éd. Errance, 1996). Segundo Valère Maxime (Valerius Maximus, historiador e moralista romano do século I d.C.), sabemos que o ensinamento pitagórico era, se não idêntico, ao menos bastante próximo do ensinamento dos druidas, tanto no que diz respeito aos astros e seus movimentos, à grandeza do mundo e da Terra, à natureza das coisas, como em relação ao poder e à autoridade dos deuses imortais. Ele disse sobre os druidas: "Eu os chamaria de tolos se a opinião desses bárbaros vestidos de calções não se encontrasse sob a toga de Pitágoras."

A ESCOLA DE ATENAS, *Scuola di Atene*, afresco de Rafael Sanzio, 1511, Roma, Vaticano, com Platão, Aristóteles, Euclides, Pitágoras e outros grandes filósofos da Antiguidade grega

De acordo com um registro de Heráclides do Ponto (fragmento 88), Pitágoras seria o primeiro pensador grego a ser qualificado como "filósofo". Cícero menciona a célebre história da criação do termo φιλόσοφος – "amante da sabedoria" – por Pitágoras: "A filosofia [...] era o conhecimento das coisas divinas e humanas, dos princípios e das causas de cada uma delas. [...] Esse termo foi bastante usado até a época de Pitágoras; derivou, diz-se, de Fliunte, onde teve discussões sábias com Leon, o soberano de Fliunte. E como Leon admirasse sua sabedoria e sua eloquência, perguntou-lhe sobre qual arte ele se apoiava; Pitágoras respondeu que conhecia apenas uma arte, mas que ele era filósofo; Leon se surpreendeu com a nova palavra e lhe perguntou quem eram os filósofos" (*Tusculanes*, V, 3, par. 8). Segundo o célebre aforismo (sentença memorável) de Pitágoras, "Tudo é número", e para Hipaso de Metaponto, que foi seu discípulo (ele dirigia o grupo de físicos que estudam a acústica enquanto Pitágoras se ocupava dos matemáticos), o número é "o órgão de decisão do deus artesão da ordem do mundo" (de Jâmblico, citado por Joannes Stobaeus, *Extratos* I, 49, 32) e "o primeiro modelo da criação do mundo" (segundo Nicômaco de Gerasa, *Introduction arithmétique* [Introdução aritmética], 10, 20). Ele se assemelha, portanto, a *arkhè*. A grande contribuição de Pitágoras é a importância da noção de número e de geometria, que dá origem a uma matemática demonstrativa e aplicada, e, ao mesmo tempo, mística, metafísica e metarreligiosa.

• **EMPÉDOCLES** (490-435 a.C.) é um filósofo grego que foi ao mesmo tempo engenheiro, visionário e poeta. Sua vida é pouco conhecida e envolta em certa lenda, claramente devido à sua personalidade um pouco excêntrica. Ele foi uma figura importante em Agrigento, e um defensor da democracia, ao contrário de Pitágoras, que defendia a aristocracia. Foi banido e terminou sua vida no Peloponeso. Empédocles foi, sem dúvida, o mais estranho e o mais excêntrico dos pré-socráticos. Era um personagem sério, melancólico e original; vestia-se de púrpura, portando uma coroa délfica sobre a cabeça, os cabelos longos, o rosto taciturno. Ele queria ser visto como um profeta e declarou em seus poemas ser honrado como um deus. Visionário, atribuem-se a ele alguns prodígios. Seu pensamento é influenciado pelo Oriente, o orfismo e o pitagorismo, do qual é acusado de plágio. Sua doutrina física fez dos Quatro Elementos (o Fogo, o Ar, a Terra e a Água) os princípios formadores de todas as coisas. Para Empédocles, a combinação e as propriedades dos Quatro Elementos determinam a saúde assim como os temperamentos e os caracteres. Seu ensinamento religioso deu grande destaque à necessidade da purificação. Ele acreditava na transmigração das almas e concebia o ciclo das existências como uma expiação: "Se alguma vez uma alma sujou as mãos em sangue criminoso, ou abrigou o ódio e o perjúrio, ela deve vagar três vezes 10 mil anos longe da morada dos bem-aventurados, nascendo ao longo do tempo sob toda sorte de formas mortais e trocando um caminho doloroso de vida por outro." A esses elementos se juntam as forças do amor e do ódio – o amor aproxima o que é diferente, o ódio separa o que é unido: "Em determinado momento, o Um se forma do Múltiplo, em outro momento, ele se divide, e do Um sai o Múltiplo: Fogo, Água e Terra e a poderosa elevação do Ar." A dualidade e a oposição das forças de amor e ódio se aplicam sobre os Quatro Elementos, sofrendo outra alternância: a um estado em que reina somente o amor, onde tudo é unido (o *sphaeros*, lembrando a esfera de Parmênides); sucede a progressiva introdução do ódio, até a completa separação dos Elementos, o amor reaparece então, conduzindo as coisas à unidade para um novo ciclo: "Porque eles prevalecem alternativamente na revolução do ciclo, e passam uns pelos outros e se tornam grandes segundo a volta que lhes foi desenhada." Por outro lado, Empédocles propôs uma explicação correta dos eclipses do Sol.

• **FILOLAU DE CROTONA** (em grego Φιλόλαος /Philólaos, por volta de 485-385 a.C. em Crotona, Tarento ou Heracleia) é um filósofo e matemático que teve por mestre Pitágoras (ele era seu aluno e transcritor) e por alunos Demócrito, Arquitas de Tarento, Xenófilo de Calcis, na Trácia, Fanton de Fliunte, Equécrates, Diocle e Polymanstos de Fliunte. Ele teria sido um dos únicos sobreviventes do incêndio da Escola de Crotona, com Lise e Arquippe de Tarento, em 440 a.C. Forçado a fugir, Filolau se refugiou por um tempo com Lise na Lucânia, em Tebas. Por volta de 400 a.C., ele escreve seu livro: pela primeira vez, o pitagorismo deixou de ser oral. São considerações metafísicas e não científicas que levaram Filolau a aprofundar-se na teoria dos números de

Pitágoras, interessando-se particularmente pelas propriedades inerentes ao número 10, a soma dos quatro primeiros números e o quarto número triangular. Esse corresponde ao Tetraktys, que Filolau qualificava como grande, todo-poderoso e que produziu Tudo, e sobre o qual foi feito o grande juramento pitagórico. Para Filolau, a alma (a Quintessência) é uma harmonia das partes do corpo (os Quatro Elementos), e os números são a chave do Conhecimento: "Todo ser cognoscível tem um número, sem o qual não se saberia nada conceber nem nada conhecer. O número tem duas formas próprias, o ímpar e o par, mais uma terceira produzida pela mistura das duas" (fragmentos 4, 5, trad. por Dumont).

O 1 procede tanto do par quanto do ímpar, pois, adicionado a um número ímpar, resulta um número par, e vice-versa. Ele é assim o Princípio por excelência, o Concluído. O número par, o Inacabado, formava o mundo organizado e comportava o supérfluo. Essa dissimetria se justifica teoricamente pelo conceito de Filolau sobre a harmonia, seguindo assim as ideias de Parmênides. "A harmonia provém sempre dos contrários; ela é de fato a união de uma mistura de muitos e o pensamento único de pensadores isolados." Lise de Tarento tinha se refugiado em Tebas e, aí morrendo, Filolau foi homenagear sua tumba. É durante essa viagem que ele se encontra, em 399 a.C., com Cebes de Tebas, que conta seu encontro com Platão e se apressa então a seguir o ensinamento de Filolau, e esse, o de Eurytus, na Itália, em 389-388 (Platão, *Fédon*, 61). Filolau foi, por outro lado, o primeiro pensador a afirmar que a Terra não era o centro do Universo, mas que girava em torno de um "Fogo central", morada de Zeus e Mãe dos deuses, diferente do Sol e colocado no centro do Universo. Ele chamou esse centro de *Estia*, em homenagem à deusa grega do fogo e do lar.

• **PLATÃO** (em grego antigo Πλάτων /Plátôn, Atenas, 428/427 a.C.–347/346 a.C.) é um filósofo grego, "discípulo" de Sócrates, cujo pensamento se inspira tanto nesse último como em Heráclito e no Pitagorismo. Ele é, em geral, considerado um dos primeiros e maiores filósofos ocidentais, se não como o inventor da filosofia (a verdade voltando de fato a Sócrates). Platão expôs em seus diálogos as problemáticas fundamentais da filosofia política, da filosofia moral, da teoria do conhecimento, da cosmologia ou, ainda, da estética. Seu pensamento é uma busca sem fim de realidades imutáveis (o Bem, a Verdade, o Belo) *comandando* o mundo (os

Pedestais de mármore provenientes da fachada norte do registro inferior do campanário de Florença, Luca della Robbia, Itália, por volta de 1335, da esquerda para a direita: ARISTÓTELES, PLATÃO, PITÁGORAS E EUCLIDES

arquétipos), que se opõem ao que resulta de prejulgamentos e de opiniões dos homens por seus apetites ilimitados. Consciente de sua alma que aspira naturalmente a essas únicas realidades verdadeiras, o filósofo tenta conquistar um saber real, que deve tornar possível uma ética e uma política excelentes, condição de uma realização – sempre imperfeita e ameaçada de decadência – da justiça e de uma restauração perpétua da harmonia neste mundo: *order ab chaos e post tenebræ lux*. Segundo Aristóteles (*Métaphysique*, I, 6, 987), a doutrina de Platão coincide em muitos pontos com a de Pitágoras. É pela boca de Timeu que Platão apresenta os cinco sólidos arquetípicos, assim como suas relações com os Quatro Elementos e a esfera celeste. Como resultado, os cinco volumes arquetípicos foram considerados como os sólidos "de Platão". É em Timeu (assim como em Crítias) que Platão evoca a Atlântida, onde ele situa o fim trágico por volta de 9500 a.C. Platão funda a Academia de Atenas por volta de 388 a.C., escola filosófica em cuja entrada se encontrava a célebre advertência: "Que aqui não entre quem não for geômetra." A Academia ganhou esse nome por causa do lugar onde estava localizada – um conjunto de jardins e pórticos próximo ao túmulo do herói Academos. Todos os usos modernos do termo academia têm como origem o nome da instituição platônica, onde deram aulas Platão, Aristóteles, Heráclides do Ponto, Xenócrates, Teeteto... Ela perdurou até 86 a.C.

• **ARISTÓTELES** (em grego antigo Ἀριστοτέλης /Aristotélês, Estagira 384, Cálcis, Eubea, 322 a.C.) é um filósofo cuja concepção do ser como "substância" (ou ontologia) e da metafísica como "ciência do ser enquanto ser" influencia o conjunto da tradição filosófica ocidental. Verdadeiro enciclopedista, ele é muito interessado nas artes e nas ciências de sua época. Ele teoriza sobre os princípios e recolhe fatos empiricamente para fundamentá-los. Sua teoria sobre a arte poética teve peso na estética clássica. Ele é igualmente inventor da lógica: sistematiza o uso dos silogismos e descreve o funcionamento dos sofismas. Por suas concepções de caráter materialista, Aristóteles é considerado um dos pais do racionalismo. É em *Épinomis* e em *Péri philosophias* de Aristóteles que o Éter aparece como um quinto corpo completo; o quinto elemento era para ele o princípio do movimento circular dos astros (segundo Cícero, o da alma humana): a Quintessência (Cícero, Tusculanes I, 10, 22 – Aristóteles, Sobre o céu I, 2-4). O liceu (em grego antigo Λύκειον/Lúkeion) é a escola filosófica – a escola peripatética – fundada por Aristóteles em 335 a.C., que acaba com Andrônico de Rodes em 47 a.C. Os discípulos diretos de Aristóteles que o frequentaram foram, notadamente, Héraclides do Ponto (que é muito ligado à Academia de Platão), Teofrasto, Aristoxeno de Tarento (que tem muitas afinidades com o Pitagorismo), Eudemos de Rodes, Dicearco de Messina, Fania, Clearco de Soles, Calístenes, Leon de Bizâncio, Clito, Menon. Depois vieram Estratão de Lampsaco, Critolao, Diodore de Tiro (diretor em 118 a.C.), Ariston, Cratippe, Arístocles, Andrônico de Rodes e Alexandre de Afrodísias, chamado de "o segundo Aristóteles" (por volta de 200 a.C.).

• **EUCLIDES** (em grego antigo Εὐκλείδης /Eukleidês, Alexandria, por volta de 325-265 a.C.) é um matemático da Grécia antiga, autor de *Elementos de Geometria*, obra considerada um dos textos precursores das matemáticas modernas. Se Euclides não foi um metafísico que discorria sobre os Cinco Elementos, seus "Elementos" constituem uma compilação do saber geométrico que foi o cerne do ensinamento matemático durante quase 2 mil anos. É provável que nenhum dos resultados contidos nos *Elementos* seja atribuído a Euclides, mas a organização da matéria e sua exposição são associadas a ele. Sabe-se pouquíssimo a respeito de sua vida; talvez ele tenha nascido em Atenas ou na África. Foi para o Egito para ensinar matemática durante o reinado de Ptolomeu I, trabalhou no museu de Alexandria e na escola de matemática. Rodeado de discípulos, ele conduziu inúmeros trabalhos de pesquisa. Os *Elementos* são divididos em treze livros. Os livros 1 a 6 tratam da geometria plana, os 7 a 9, da teoria das relações, o livro 10, da teoria dos números irracionais de Eudoxo, e, por fim, os livros 11 a 13, da geometria espacial. A obra termina com o estudo das propriedades dos cinco poliedros regulares e uma demonstração de sua existência. Os *Elementos* se destacam pela clareza com a qual os teoremas são enunciados e demonstrados. As últimas pesquisas empreendidas na história da matemática tendem a provar que Euclides não foi o único autor dos *Elementos*. Ele vivia rodeado de um grupo de discípulos, tendo todos participado de sua elaboração. A geometria tal como é definida por Euclides nesse texto foi considerada durante séculos como "A" geometria e foi difícil lhe negar essa supremacia. Nicolaï Ivanovitch Lobatchevsky foi o primeiro a tentar isso oficialmente a partir de 1826, seguido de János Bolyai, mas a lenda quis que ele não fosse levado a sério até a morte de Gauss, quando se descobriu entre os seus rascunhos que ele também havia imaginado geometrias não euclidianas, como a geometria elíptica e hiperbólica ou toroidal. Deve-se destacar que apenas o quinto postulado de Euclides foi levantado. As geometrias não euclidianas respeitam, por outro lado, todas as outras definições de Euclides. Em particular, a reta é sempre definida como o menor caminho entre dois pontos sobre uma superfície. Há muitos modelos de geometria hiperbólica de duas dimensões: o disco de Poincaré, o meio plano de Poincaré etc. "O espaço motor teria tantas dimensões quantos os músculos que nós temos." Essa afirmação visionária de Henri Poincaré em *La science et l'hypothèse* [A ciência e a hipótese] é a marca de distinção mais clara entre os dois tipos de espaço que ele enxergava, o espaço geométrico (podendo ser elíptico ou hiperbólico) e o espaço representativo do plano bidimensional.

Disco hiperbólico de Poincaré

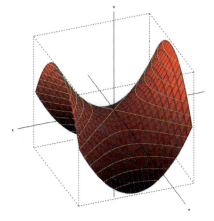
Paraboloide hiperbólico

7. Se o Cubo de Metatron é a matriz dos cinco volumes arquetípicos (os sólidos de "Platão") que engendram por outro lado o conjunto do Universo, os treze círculos que o constituem, enquanto esferas, contêm os treze volumes "de Arquimedes". Esses são poliedros convexos semirregulares, distintos dos sólidos de "Platão" na medida em que são compostos de dois tipos de polígonos regulares que se encontram em vértices idênticos, enquanto os volumes platônicos são compostos de um único tipo de polígono que se encontra em vértices idênticos.

Os sólidos de Arquimedes são obtidos por truncagem, chanfragem e *reflexão* geométrica dos cinco volumes platônicos. Esses sólidos herdaram seu nome do matemático grego Arquimedes, que os estudou em sua obra atualmente perdida. Durante a Renascença, os artistas e matemáticos (como Luca Pacioli) avaliaram as formas puras e descobriram todas essas formas. Essas pesquisas foram completadas no início do século XVII pelo astrônomo Johannes Kepler, que definiu os prismas, os antiprismas e os sólidos regulares não convexos conhecidos pelo nome de "sólidos de Kepler-Poinsot": o pequeno dodecaedro estrela, o grande dodecaedro estrela, o grande dodecaedro e o grande icosaedro.

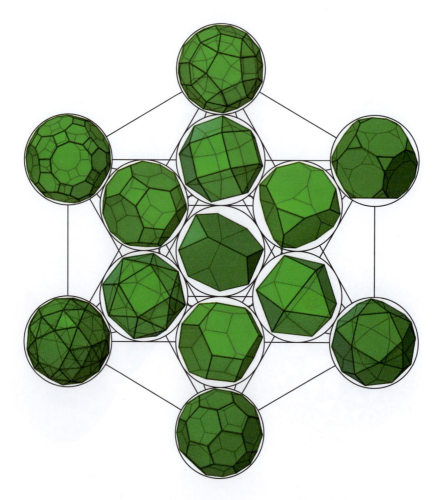

A mesa dos treze volumes de Arquimedes no Cubo de Metatron

Esses treze sólidos que podem ser vistos precisamente dispostos na ilustração acima têm os seguintes nomes: o tetraedro truncado (centro), o octaedro truncado, o cuboctaedro, o hexaedro truncado, o rombicuboctaedro, o cuboctaedro truncado ou grande rombicuboctaedro, o cubo suavizado (os seis últimos localizados no hexágono interior da ilustração, começando de baixo e depois voltando pela direita), o icosaedro truncado (ou *Buckyball*, em homenagem a Richard Buckminster "Bucky" Fuller, 1895-1983, arquiteto, designer, inventor e escritor americano que usa esse volume para a criação do domo geodésico nos anos 1940-1950), o icosidodecaedro, o dodecaedro truncado, o rombicosidodecaedro, o icosidodecaedro truncado ou grande rombicosidodecaedro e o dodecaedro suavizado (os últimos seis sólidos no hexágono se encontram fora da ilustração, começando de baixo e depois voltando pela direita). Destaque-se que esses sólidos, dispostos em sua ordem natural (de desenvolvimento do simples ao complexo), dividem-se em três grupos perfeitamente localizados no Cubo de Metraton: o tetraedro (truncado), ao centro, representa o Fogo criador e purificador (*puramis, pura*), os sólidos de estrutura cúbica e quadrada, representando a manifestação material, estão no círculo interior. Aqueles de estrutura pentagonal, representando o plano espiritual, estão no círculo exterior, de acordo com a concepção pitagórica e o invólucro sutil do Universo, dodecaedral, inflado do fôlego do Pneuma, o princípio de natureza espiritual considerado como um quinto elemento e como princípio de vida entre os gregos estoicos. Os quatro poliedros regulares não convexos, ditos de Kepler e Poinsot, o dodecaedro estrela, o icosaedro estrela, o grande dodecaedro e o grande icosaedro, reunidos aos treze sólidos de Arquimedes e aos cinco sólidos de Platão, constituem a soma cosmológica dos 22 poliedros arquetípicos regendo todos os aspectos do Universo, físicos e metafísicos.

Os quatro poliedros regulares não convexos de Kepler-Poinsot

8. Os gregos tinham herdado sua filosofia dos números geométricos egípcios, sendo que não faziam distinção entre eles e as figuras geométricas. Para Pitágoras, esse liame indiviso era profundo e misterioso, cada número tinha um significado oculto, e os mais belos eram sagrados. Para os pitagóricos, os números pares são femininos, ilimitados, infinitos e indeterminados, e os números ímpares são masculinos, limitados, finitos e determinados. O número ímpar não pode ser dividido por 2 (portanto seu produto não é inteiro), mas pode se decompor em dois números pares em torno de uma unidade central: $5 = 2 + 1 + 2$; $7 = 3 + 1 + 3$ etc. O número ímpar compreende o princípio da totalidade, pois comporta "início, fim e meio", a unidade se mantendo sempre no centro (Joannes Stobaeus – doxógrafo e compilador bizantino do século V de nossa era – *Extratos*, I, 6). Filolau de Crotona propôs dois grandes princípios na forma de uma oposição entre as "coisas ilimitadas" (*apeira*) – como o mar, o fogo, o ar – e as "coisas limitadas" (*perainonta*) – como a igualdade de uma superfície, o repouso –, e, sendo o termo "ilimitado" pejorativo para um grego, a ordem (*cosmos*) resulta de uma *elaboração*, portanto, de delimitações. "São os ilimitados e os limitantes que têm, ao se harmonizar, constituído o seio do mundo da natureza, assim como a totalidade do mundo e tudo o que a contém. É necessário que todos os seres sejam ou limitantes ou limitados, ou ao mesmo tempo limitantes e limitados" (fragmentos 1 e 2, trad. Dumont). Platão vai se lembrar disso no *Filebo* (16c). Ver *Pythagore et les pythagoriciens* [Pitágoras e os pitagóricos], de Jean-François Mattéi, *op. cit.*

9. Convém notar que o número de combinações possíveis com dois dados (cubos) é 21, e com três dados, 56, sendo 77 ao todo, soma à qual convém o 22º Arcano Maior, LE MAT (O LOUCO), que corresponde ao centro e, no Cubo de Metatron, à tensa relação entre a periferia mutável, portanto submetida à mudança, e o centro, independente do Espaço e do Tempo.

10. *Rûkn*, plural de *Arkbân*, significa "ângulos", cf. Capítulo I sobre a etimologia do arcano. Ver *L'Islam et le Graal* [O Islã e o Graal], de Pierre Ponsoye, *op. cit.*, assim como *Symboles de la science sacrée* [Os símbolos da ciência sagrada], de René Guénon, *op. cit.*

11. Ver *Symboles de la science sacrée* [Os símbolos da ciência sagrada], de René Guénon, *op. cit.*

12. As equações apresentadas neste subcapítulo são retiradas do livro de Alain-Jacques Bougearel, *Origine et histoire du Tarot* [Origem e história do Tarô], Éd. Envol, 1997.

13. π ou *pi* é a relação constante entre a circunferência de um círculo e seu diâmetro. É chamada também de "constante de Arquimedes". Um círculo de diâmetro 1 tem uma circunferência de aproximadamente 3,1416. O número π une os números 22 e 56 a 1/1000: 22 = 56 x (π / 8) e seu reflexo os une a aproximadamente 2/1000: 56 = 22 x (8/π). O número 8, em conjunto com 22 e 56 por π corresponde à oitava, à perfeição, ao infinito (lemniscata), cujo símbolo, o oito deitado, repousa no quadrado duplo ou "Quadrado da Gênese", e mostra por essa representação (re)cursiva o dinamismo universal expresso pelo número 22. De fato:

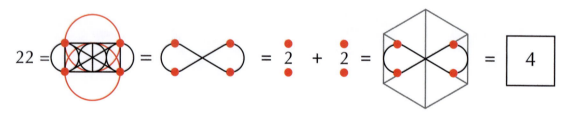

Fórmula gráfica do número 22 como representação do cosmos dinâmico

Por essa figura, o quadrado e o cubo são reunidos pela tangente de dois círculos opostos, que é precisamente de 60°, ângulo mestre do hexágono que representa o cubo em isometria espacial e que contém o número 22, como vimos no início do Capítulo. A equação 22 = 56 x (π/8) é, por outro lado, incluída arquetipicamente nessa estrutura. Como podemos observar na ilustração acima, o Infinito ∞ (ou lemniscata) se origina necessariamente de dois grupos polarizados de dois pontos, unidos por um fio que se cruza em um centro mediano unificador por uma meia-volta. Caso contrário, a figura seria unidimensional (horizontal e plana) e, portanto, estéril, enquanto a manifestação está baseada, como vimos na nota concernente à isometria, sobre duas dimensões (e não sobre três, essa última dimensão é *projetiva*), a vertical e a horizontal, união dinâmica do princípio passivo e do princípio ativo, constituindo o eixo da Manifestação tradicionalmente simbolizada pela cruz.

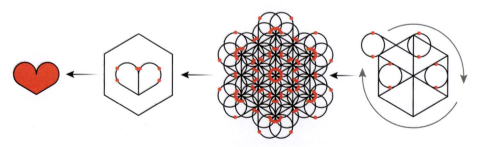

Duplicações simétricas gerando a flor da vida, que contém o coração do mundo (*mundus*) em seu seio

Essa polaridade do signo ∞, figurativo da fita de Moebius (cf. Capítulo VI), que representa a expressão dinâmica da unidade, procede de um cruzamento que acontece pela atração de um centro invisível, insaciável, de onde tudo emana e para onde tudo *retorna*, em um *ciclo* eterno. Todo o princípio gerador universal está, portanto, compreendido no número cosmogônico 22, em que os *aspectos* e as *fases* do ciclo dinâmico são representados simbolicamente pelos Arcanos Maiores do Tarô, que podem assim se dividir ao infinito:

O laço infinito dos 22 Arcanos Maiores

Essa relação entre o infinito do quadrado duplo e o cubo, que podemos constatar na primeira das duas equações gráficas na página ao lado, mostra que a duplicação simétrica desse infinito sobre todas as arestas do cubo revela a "Flor da Vida", completa, com seus estames compostos de quatro pontos do lemniscata. Essa flor comporta em seu centro a imagem clássica do coração, tal como a vemos na natureza com o acoplamento de borboletas (símbolos da libertação da alma), que desenham esse motivo com suas asas no momento em que se unem. A geometria sagrada revela assim o Amor divino no centro da Criação, e de sua animação dinâmica simbolizada pelo lemniscata. Na Torá, livro sagrado da religião judaica, encontramos uma referência explícita da presença do Amor divino no coração do mundo (*mundus* em latim significa "cofre", "caixinha", mas também "puro"), ou seja, do Arcano (*arcanum* em latim significa "cofrezinho"). De fato, a primeira letra da Torá é o beith ב, e a última é o lamed ל, que juntas formam a palavra LéV, לב, significando "coração". As relações entre a Torá, o hexagrama (o Selo de Salomão) e o cubo (o Téfiline) parecem afirmar que a Torá exprime efetivamente o Cubo universal, ou *Arcanum Mundi*. No Zohar, os comentários do "Cântico dos cânticos" (74d) registram que a Torá é constituída de 600 mil letras ao todo. Se 6 não é um número cúbico (sua raiz cúbica não resulta em um número inteiro), ele exprime o hexágono que tem seis lados e o cubo que tem seis faces, sendo 100 mil letras por face. Na *verdade*, de qualquer forma, a Torá é composta de 304.805 letras "visíveis" (a diferença com o registro do Zohar pode ser atribuída a letras *invisíveis*), número cuja redução aritmológica dá 20, ou 2, expressão da polaridade universal, de que o lemniscata é a expressão elementar.

Destacamos que a figura geométrica do lemniscata no quadrado duplo (à esquerda na primeira equação gráfica do número 22, na página ao lado) comporta três círculos tangentes. Esses manifestam a trindade criadora, comportando ao centro a figura da pequena roda ou *Rota*, imagem do mundo e do *logos* em todas as tradições que encontramos na crisma, sinal de reconhecimento dos primeiros cristãos. Seu significado é rico de todos os símbolos geralmente representados: as iniciais de *Christos* em grego (X, o Chris, e P, o rhô), o alfa e o ômega (o fim se unindo ao começo, cf. Ouroboros, Capítulo VI), as seis direções do espaço, os dois guardiões, a serpente, a balança como signo do polo... René Guénon (em *Symboles de la science sacrée* [Os símbolos da ciência sagrada] *op. cit.*) ressalta que a laçada superior do "P" (o rhô) simboliza o sol elevado ao pico do eixo do mundo, o Cristo *sol invicto*, o sol invencível, o Homem transcendente. A laçada do rhô representa igualmente o furo da agulha no qual passa o *fio* da vida, assim como o iniciado que é identificado totalmente pela supressão de seu ego. Esse *laço* representa assim a porta estreita da redenção, o olho do domo celeste por onde o iniciado "sai" do Cosmos para se juntar ao Princípio.

Os três círculos do quadrado duplo, a crisma estando ao centro, exprimem assim os dois polos dinâmicos da Criação no centro das tensões em que se situa a Quintessência, representada pelo Salvador que se assemelha inteiramente ao polo e ao *logos* universal. Não surpreende encontrar a crisma sobre sarcófagos, que constituem uma imagem do *arcano* em cujo coração se realiza a transmutação e a regeneração integral do Ser, após o ritual de morte e ressurreição, do qual Jesus Cristo é o exemplo para nossa era (a do Peixe, símbolo do Cristo), iniciada

A crisma da igreja Saint-Christophe-des-Templiers, de Montsaunès, século XII

há mais de 2 mil anos. Deve-se destacar que a representação do ovo filosofal (de que a crisma é uma imagem) flanqueado por dois anjos guardiões se encontra ao pé da base do II de Copas do Tarô de Marselha, a escultura da igreja de Saint-Christophe-des-Templiers, de Montsaunès, é muito semelhante à carta do Tarô de François Tourcaty, Marselha ±1745, ou de Arnoux-Amphoux, Marselha ±1800, a Fênix (símbolo de ressurreição) substituindo então a crisma. Registre-se, no entanto, que são grifos (representação antiga de anjos, como na Suméria) que guardam a Fênix (a pedra filosofal) em muitos exemplos mais antigos do Tarô de Marselha. Nós os encontramos assim no invólucro do Tarô de François Tourcaty (infelizmente desaparecido) e no de François Chosson, Marselha, 1736. Nesse último, é o Sol – imagem do ouro filosofal, como o são, de certa maneira, a Fênix e o Cristo – que é a figura central.

Invólucro do Tarô de François Chosson, Marselha, 1736

Quanto ao número 56, outro termo das equações $22 = 56 \times (\pi/8)$ e $56 = 22 \times (8/\pi)$, corresponde, como vimos, a 4 x 14, ou quatro (a base quadrada) cubos feitos, mas é igualmente um número tetraédrico, isto é, correspondente à soma constitutiva de um tetraedro de seis esferas do lado à base, contendo assim em seu volume 56 esferas ao todo. Ora, o tetraedro, primeiro dos cinco volumes de Platão, associado ao Fogo (*puramis*), é composto de quatro faces constituídas de triângulos equiláteros, compreendendo, portanto, cada um virtualmente uma Tetraktys, ou (4 x 10, as 40 lâminas numerais) + (4 pontos na base de cada uma das quatro Tetraktys, ou 4 x 4, as 16 Honras). As 56 lâminas dos Quatro Elementos do Tarô são, portanto, a expressão do Fogo, criador divino. Quanto ao número 6, ele nos remete ao hexágono e às seis faces do cubo que compreende virtualmente, como vimos, o número 22. Por outro lado, é interessante destacar que o número que separa 78 de 100, correspondente à unidade cíclica (como o 10, o 1000 etc.), é precisamente o 22, que se confirma sempre como expressão arquetípica do princípio gerador universal.

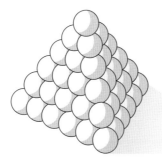

Pirâmide (tetraedro) de 56 esferas

Capítulo III: A concepção gráfica do Tarô de Marselha

1. O Tarô de Marselha dito "de Arnoult" é provavelmente o mais misterioso da história, conhecido tanto por sua extraordinária precisão geométrica quanto por sua origem incerta e seu percurso complexo através dos três últimos séculos. A primeira edição conhecida desse Tarô foi realizada por Lequart em 1890, que comprou os direitos do mestre-impressor de cartas Alphonse Arnoult nesse mesmo ano (direitos que foram transferidos para Charles Maurin de 1864 a 1872), incluindo, entre outros moldes, aqueles do Tarô misterioso o qual certamente não foi produzido pela Maison Arnoult, que ficou em atividade (no que diz respeito à fabricação de cartas de jogos) apenas de 1824 a 1864. O II de Ouros desse Tarô arbóreo, conhecido desde sua primeira edição, em 1890, por Lequart, tem o nome de Arnoult e a data de 1748 (essa única data está presente nessa carta na edição produzida por Paul Marteau em 1930, comercializada até hoje), mas a história nos revela que essa datação é de fato arbitrária. *Le nouveau bazar parisien* [O novo bazar parisiense], de M.-A. Deflandre (1839), registra: "Como fábrica de papelão, o estabelecimento de M. Arnoult data de cem anos (desde 1739, N.A.). [...] M. Challamel aí introduziu, há 25 anos (portanto, em 1814, N.A.), a fabricação de cartolinas e de cartas de jogos franceses e estrangeiros; foi dele o primeiro estabelecimento desse tipo em Paris." Os arquivos revelam que Alphonse Arnoult sucedeu a M. Challamel na direção dessa Maison, que acabou se juntando à Maison René-Janet, em funcionamento de 1818 a 1831. Janet foi sucessor da viúva Lefer e depois comprou a fábrica de Houbignant (1819-1821) em 1822. Ora, a Maison Lefer, fundada por Antoine Lefer em 1778, ano em que ele se tornou mestre, comercializava as produções originais. É, portanto, bem provável que esse Tarô dito "de Arnoult", de 1748, tenha sido na realidade produzido nos ateliês

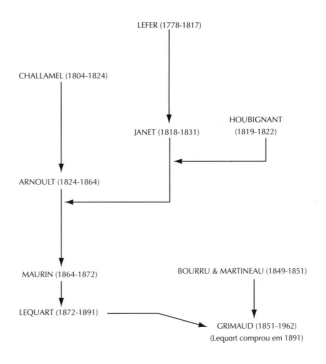

OS PREDECESSORES DE GRIMAUD

desse mestre-impressor. Esse Tarô apresenta, com efeito, todas as características de uma produção realizada entre 1750 e 1800. Sua semelhança (ainda que parcial) com o Tarô de Nicolas Conver, 1760, e seu tipo de gravura característica demonstram isso. Foi, enfim, a Maison Grimaud que, em 1891, recuperou todo esse conjunto e o incorporou ao de Bourru & Martineau, que Grimaud comprou em 1851. Ver *Cartiers parisiens du XIXe siècle* [Impressores de cartas parisienses do século XIX], de Thierry Depaulis, Éd. Cymbalum Mundi, 1998, assim como os artigos escritos por esse mesmo autor em *As de Trèfle* nº 39 (dezembro de 1989) e nº 40 (março de 1990), boletins da Associação dos Colecionadores de Cartas e Tarôs.

2. Foi de fato Paul Marteau que, em 1930, restituiu as lâminas II LA PAPESSE (A PAPISA) e V LE PAPE (O PAPA) a esse Tarô, conservando o emprego de boas gravuras de lâminas numerais e das Honras, restaurando sua integridade original. Na verdade, as duas edições anteriores registradas, aquelas de Lequart em 1890 e de Grimaud em 1891, incluem, no lugar desses dois Arcanos Maiores, as cartas "Juno" e "Júpiter", como era costume do final do século XVIII ao final do século XIX. Essas duas cartas caracterizam, de fato, o modelo Tarô dito "de Besançon", que foi bastante popular no período. Foi ressaltado que Paul Marteau é que teria desenhado as lâminas II LA PAPESSE (A PAPISA) e V LE PAPE (O PAPA) para fazer desse Tarô "de Besançon" um Tarô "de Marselha", copiando, para isso, o Tarô de Nicolas Conver. Alguns afirmam até mesmo que Paul Marteau teria desenhado inteiramente esse Tarô aproveitando a fusão, em 1888, de Grimaud e de A. Camoin & Cie, herdeira, por outro lado, dos moldes da Maison Levenq-Conver (1858), que sucedera à Maison Conver (1760). Ora, toda a primeira edição desse Tarô produzido por Lequart, estranhamente não registrada ou não levada em conta historicamente, prova que esses dois Arcanos Maiores faziam parte dos moldes provavelmente herdados da Maison Lefer, ativa de 1778 a 1817.

Cartas da primeira edição Lequart, 1890, e da primeira edição Grimaud, 1891, do Tarô dito "de Arnoult", 1748

O estilo gráfico das cartas Juno e Júpiter, mais "modernas" que as outras lâminas, demonstra que esse Tarô é efetivamente mais antigo, remontando com certeza ao fim do século XVIII. Pela verossimilhança, as gravuras de Juno e Júpiter foram impressas depois (após a Revolução Francesa), para permitir que os fabricantes desenvolvessem seu catálogo em resposta à demanda popular. Ver Thierry Depaulis, *op. cit.*, e *Cartes à jouer & Tarots de*

Marseille: la donation Camoin [Cartas de jogos & Tarôs de Marselha: a doação Camoin], Éd. Alors Hors du Temps/ Musée du Vieux-Marseille, 2004.

3. O Tarô de Marselha, ao longo de sua história conhecida, é apresentado em certas edições, quando comparadas com outras, com as cartas invertidas como em um espelho. Essa inversão foi tanto atribuída ao decalque dos moldes e às cópias invertidas como à fantasia dos gravadores que não eram, necessariamente, iniciados na ciência do Tarô, quando a produção se tornou puramente comercial. Por vezes, não passa de algumas cartas, como no Tarô de Jacques Rochias, 1760, mas outras vezes é o jogo inteiro, como o Tarô de Jacques Viéville, 1643, por exemplo. Ora, se as cartas dos mais belos exemplares do Tarô de Marselha (pouco numerosos), como o de Pierre Madenié, 1709, o de François Chosson, 1736, ou ainda o de François Tourcaty, ±1745, apresentam orientações idênticas, o estudo iconográfico e o simbolismo do Tarô de Marselha, aprofundado pela descoberta do código estrutural das lâminas na geometria sagrada e pela organização arquetípica na *Rota* (cf. Capítulo VI), revelam que três lâminas foram fixadas invertidas no Tarô dito "de Marselha" de tipo II (cf. Introdução, nota 3). Trata-se de VI LA MOVREVX (O ENAMORADO), do Arcano XIII (que tinha perdido seu cartucho vazio) e do II de OUROS. Essas três lâminas se apresentam, por outro lado, todas no sentido correto nos Tarôs de Tipo I, notadamente italianos, e no Tarô dito "de Besançon". VI LAMOVREVX (O ENAMORADO) foi, entretanto, exceção, estando estranhamente com metade impressa no sentido correto e outra metade no sentido invertido em muitos desses Tarôs históricos. A demonstração de que essas três lâminas estão efetivamente invertidas na maior parte dos Tarôs de Marselha tipo II conhecidos será apresentada em uma obra a ser lançada, por este autor, inteiramente dedicada à simbologia tradicional dos 22 Arcanos Maiores.

4. O Tarô de Marselha Edição Millennium, inteiramente realizado em Marselha pelo autor, está desenhado em pura geometria vectorial com o Adobe Illustrator combinado com Adobe Photoshop para o tratamento dos modelos. Para saber mais sobre esse Tarô e sua realização, visite www.tarot-de-marseille-millennium.com.

5. *Troa*, que significa "porta" em grego, é o anagrama de *taro*, um dos oito nomes da Cruz formada pelas quatro letras da palavra Tarô (cf. Capítulo III). A palavra TROA traça sobre este tetragrama um "4" ("Quatre de chiffre", marca corporativa hermética) que, simbolicamente, representa a *Chave dos Arcanos*. Destacamos que, na "linguagem dos Pássaros", a palavra *troa* pode ser *entendida* como *trois* (em francês, "três", que se pronuncia "troá"), que exprime assim, por essa figura 4, a trindade no coração da quaternidade, constituindo o selo da unidade indivisa da Matéria e do Espírito. Como vimos no Capítulo I, a díade, primeiro estado de desenvolvimento cosmológico, gera o quadrado duplo, "tábua" e "porta" da Criação, constituindo a passagem entre a Manifestação e o Princípio, irradiando a partir do coração

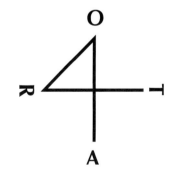

do Universo. Esse quadrado duplo, como uma tábua, pode ser comparado à "Tábua preservada" do Alcorão, na qual está gravado o protótipo eterno do Livro sagrado, que se estende dos Céus à Terra como a escada de Jacó (cf. *Les symboles fondamentaux de la science sacrée* [Os símbolos fundamentais da ciência sagrada], de René Guénon, *op. cit.*, Capítulo VII, "A Linguagem dos Pássaros"). Dessa forma, a Mesa do Tarô (cf. Capítulo VI) contém a chave, e as molduras das cartas revelam ser as portas ou janelas através das quais podemos contemplar as facetas do "Grande Arcano" ou *Arcanum Mundi*. Como disse, magnificamente, René Falconnier (sócio da Comédie-Française que publicou, em 1896, *Les XXII lames hermétiques du Tarot Divinatoire* [As XXII lâminas herméticas do Tarô adivinhatório], Éd. Belisane) em uma dedicatória: "O Tarô é um prisma que decompõe o mistério." O código sagrado do

Dedicatória de René Falconnier, por volta de 1896, para uma obra que pertenceu a André Breton

Tarô torna assim inteligível, por meio de suas figuras arquetípicas, o *logos* universal, e nos oferece, dessa forma, pela via analógica, a possibilidade de compreender o Universo e de dele coparticipar criativamente. "Há coisas conhecidas e coisas desconhecidas; entre elas há as Portas", dizia James Douglas Morrison (1943-1971), cantor do grupo The Doors. Como resume A. K. Coomaraswamy em *La philosophie chrétienne et orientale de l'art* [A filosofia cristã e oriental da Arte], Éd. Pardès, 1996: "Nós justaporemos uma representação egípcia da Porta do Sol guardada pelo próprio Sol e a figura do Pantocrator no óculo de uma cúpula bizantina e explicaremos que estas portas pelas quais se escapa do Universo têm a mesma função que o buraco no teto pelo qual o índio americano entra ou sai de sua cabana, que o buraco no meio do disco *pi* chinês, que o orifício da chaminé na tenda de um xamã siberiano e que o buraco no teto sobre o altar de Júpiter Terminus; explicaremos que todas essas construções são avatares do Deus-Porta, aquele que podia dizer 'eu sou a porta'." A respeito do simbolismo da "figura 4", ver *Études sur les marques au quatre de chiffre* [Estudos sobre os sinais da figura 4], Éd. La Nef de Salomon, 1994, *Les symboles fondamentaux de la science sacrée* [Os símbolos fundamentais da ciência sagrada], Éd.Gallimard, *op. cit.*, *Écrits pour REGNABIT* [Escritos de REGNABIT], de René Guénon, Éd. Archè, 1999, e *Genèse de la cryptographie apostolique et de l'architecture rituelle* [Gênese da criptografia apostólica e da arquitetura ritual], de Théophile Beaudoire, Éd. Arma Artis, 2002. Sobre os matemáticos do quadrado duplo, ou "Retângulo da Gênese", ver *Symbolisme et Nombre d'or* [Simbolismo e Número de Ouro], de Théo Kœlliker, Éd. Champs Elysées, 1957, e *Nombres & Géométrie* [Números e Geometria], de Léonard Ribordy, Éd. Maison de Vie, 2007.

6. O *passo* em metrologia (ciência da medição, no sentido mais amplo) é o comprimento entre dois pontos fixos de uma grade ou de uma graduação normal.

7. Os cartuchos (espaço que contém os nomes e números das cartas) são definidos pela rede matricial, e não pelas razões do quadrado duplo como alguns pesquisadores acreditavam (a moldura das cartas, sendo um quadrado duplo, sugeria erroneamente que isso seria óbvio). Esses cartuchos, como as letras do alfabeto, têm altura fixa, independentemente da dimensão relativa do quadro, porque, contrariamente às cartas físicas, no plano matricial, as cartas do Tarô de Marselha não têm todas o mesmo tamanho, algumas possuem molduras maiores ou menores que as outras. No Tarô de Marselha, a moldura é, portanto, "secundária" e vem "por último", se é que se pode assim dizer, estabelecendo, portanto, a relação entre o espaço de cada carta, não constituindo em nenhum caso o ponto de partida da criação. No estágio final da produção das lâminas, isso é "normalizado" para produzir o jogo de cartas do Tarô propriamente dito, composto necessariamente de cartas de tamanhos idênticos.

8. A partir da segunda metade do século XVIII, uma reforma ampliou o alfabeto de 24 para 26 letras, com o acréscimo do U e do J, substituindo por sua sonoridade o V e o I, respectivamente. Assim, a ortografia tradicional das lâminas do Tarô foi mudada, e seus nomes foram igualmente "normalizados". Essas modificações, acrescentadas àquelas que alteraram o cânone gráfico das lâminas, repercutiram em certos Tarôs editados

    Pierre Madenié 1709   Nicolas Conver 1760   André Arnoux 1800   Suzanne Bernardin 1839

subsequentemente, incluindo o Tarô de Nicolas Conver, assim como o editado hoje em dia por Grimaud (cf. notas 1 e 2). Assim, o Tarô de Nicolas Conver, editado em Marselha em 1760, o mais conhecido de todos os Tarôs de Marselha, tomado quase sempre como o original (ou como Tarô de referência), na realidade, não está mais de acordo com a Tradição. Na verdade, a partir da edição desse Tarô, ou um pouco antes disso, o padrão tradicional é cada vez mais alterado, tanto em relação ao desenho (basta comparar as lâminas XI LA FORCE (A FORÇA) ou XVIII LA LVNE (A LUA) do Tarô de Nicolas Conver com aquelas de Tarôs como o de Pierre Madenié, Dijon, 1709, e de François Chosson, Marselha, 1736, por exemplo) quanto em relação às cores, por inversões, supressões e desequilíbrio das proporções, como, por exemplo, com a distribuição excessiva de azul no caso do Tarô de Conver. Essas reformas afetaram igualmente os nomes das cartas. De fato, enquanto em alguns Tarôs históricos mais antigos não havia o apóstrofe (as palavras se apresentavam como VIIII LERMITE (O EREMITA) – em vez de L'ERMITE), certos nomes foram totalmente alterados pela "simples" modificação do alfabeto, alterando assim as denominações tradicionais que encontramos nos Tarôs históricos ditos "de Marselha" (tipo II) de referência (cf. Introdução, nota 3 e pela lista dos jogos mais importantes). Na verdade, aparentemente, é com o Tarô de Nicolas Conver, Marselha, 1760 (e o Tarô dito "de Arnoult", datando igualmente da segunda metade do século XVIII, cf. notas 1 e 2), que se operam essas modificações, e os jogos do fim da primeira metade do século XVIII não foram de nenhuma maneira afetados. Da mesma forma, outros Tarôs do final do século XVIII, como o de François Bourlion, Marselha, 1760, o de Arnoux-Amphoux, Marselha, 1793, ou mesmo o de Suzanne Bernardin, Marselha, 1839, não foram modificados, ao menos no que diz respeito aos nomes, e as cartas sofreram alterações cada vez mais importantes ao longo do século XVIII. Há também casos "híbridos", como o do Tarô de André Arnoux, Marselha ±1800, que é alterado pela entrada do U em lugar do V em algumas cartas apenas, e pelo acréscimo de apóstrofes; os nomes tradicionais permaneceram sem modificações. Eis a lista das modificações: I LE BATELEVR vira I LE BATELEUR (O MAGO), III LIMPERATRISE vira III L'IMPERATRICE (A IMPERATRIZ), IIII LEMPEREVR vira IIII L'EMPEREUR (O IMPERADOR), VII LE CHARIOR vira VII LE CHARIOT (O CARRO), VIII IVSTICE vira VIII LA JUSTICE (A JUSTIÇA), VIIII LERMITE vira VIIII L'HERMITE (O EREMITA), XII LE PENDV vira XII LE PENDU (O PENDURADO), XIIII TENPE-

RANCE vira XIIII TEMPERANCE (A TEMPERANÇA), XVII LESTOILLE vira XVII LE TOILLE (e não LE TOULE) e depois XVII L'ETOILE (A ESTRELA), XVIII LA LVNE vira XVIII LA LUNE (A LUA), XX LE IVGEMENT vira XX LE JUGEMENT (O JULGAMENTO).

Apenas VI LAMOVREVX (O ENAMORADO) e XVI LA MAISON DIEV (A CASA DE DEUS) preservaram, por uma obscura razão, sua denominação exata, o que leva alguns pesquisadores (praticamente todos os tarólogos) a concluir que havia um código numérico específico com base em algarismos romanos apenas para essas duas lâminas, conduzindo, portanto, a diversas especulações, construídas sobre bases equivocadas. O Tarô de Marselha Edição Millennium, por outro lado, restitui integralmente os nomes tradicionais das lâminas. Assim, a exploração criativa das combinações múltiplas de letras, de sinais e de algarismos é novamente possível, abrindo infinitas possibilidades de interpretação. Para mais informação sobre o Tarô de Marselha Edição Millennium e sobre os Tarôs de Marselha históricos de referência, o leitor está convidado a visitar o site oficial deste livro: www.tarot--de-marseille-millennium.com.

9. Ver Manly P. Hall (1901-1990), *Tarot an Essay* [Tarô, um ensaio], Ed. The Philosophical Research Society, 1978.

10. A "linguagem dos Pássaros", também chamada "linguagem verde" ou "linguagem dos Deuses", é uma linguagem poética iniciática da criptografia, que consiste em dar outro sentido às palavras ou a uma frase, seja por meio de um jogo de sonoridades, seja por meio de um jogo de palavras. Nos mais diferentes modos de apreensão dos termos e das sonoridades, a grafia, fundada sobre a mística simbólica das letras das palavras, pode remeter a um código icônico que reforce o sentido das palavras, como nos hieróglifos. Fulcanelli nos diz em *Les Demeures Philosophales* [As mansões filosofais]: "[...] a cabala hermética é uma chave preciosa, que permite a quem a tenha abrir as portas dos santuários, desses *livros fechados* que são as obras de ciência tradicional, de lhes extrair o espírito, de lhes compreender o significado secreto. [...] a cabala era usada na Idade Média pelos filósofos, os sábios, os escritores, os diplomatas. Cavaleiros da ordem e cavaleiros errantes, menestréis, trovadores, estudantes bolsistas da famosa escola de magia de Salamanca, que chamamos de *'venusbergs'*, porque diziam vir da montanha de Vênus, discutiam entre eles a *linguagem dos deuses*, dita ainda *gaia-ciência* ou *gay-sçavoir*, nossa cabala hermética. [...] Linguagem misteriosa dos filósofos e discípulos de Hermes, a cabala domina toda a Didática da *Ars Magna*, como o simbolismo engloba toda a iconografia. Arte e literatura oferecem, portanto, à ciência oculta o restante de seus próprios recursos e de sua capacidade de expressão. [...] São as duas colunas mestras, erigidas sobre as pedras angulares dos fundamentos filosóficos que sustentam o frontão alquímico do templo da sabedoria."

O Tarô de Marselha utiliza assim, em suas denominações, o homônimo (pela linguística, palavra que tem uma pronúncia e/ou uma grafia idêntica à de outra palavra, mas um significado diferente), o parônimo (pela linguística, palavra que tem certa analogia fonética, mas sem ter o mesmo sentido) e a paronomásia, ou trocadilho (pela retórica, aproximar palavras com som semelhante e sentido diferente). Essa última, pela relação combinatória das cartas entre si, produz relações fonéticas de múltiplas interpretações. Os nomes das cartas ganham dessa forma diferentes níveis de sentido, fazendo uso de heteroglossia (pela linguística, a pluralidade de significados que pode ter um único enunciado) e autorizando a leitura das palavras usando transposições fonéticas de um idioma a outro. LE MAT (O LOUCO), por exemplo, é característico disso, o termo *mat* significa "morte" em persa, "trama", "trança", "tapete" em inglês, "sem brilho" em francês etc. Uma única palavra pode assim abarcar diversas acepções, multiplicando os níveis de significado que se definem em função do ângulo de análise e do relacionamento das cartas entre si. A ausência de apóstrofes e, por vezes, a separação entre o artigo e o nome (LIMPERATRISE, LECHARIOR, LESTOILLE...) encontra assim toda a sua justificação. No século XVIII, a modificação sutil do nome das cartas do Tarô caracterizou, pela normalização alfabética e pela modificação das denominações tradicionais, a adaptação a um contexto humanista e racionalista, marcando o fim de uma tradição secular e a ruptura da relação mística do Homem na Natureza, codificada por uma simbologia e uma palavra viva, que se transformou então em letra morta. Compreende-se, portanto, que a tradução em idioma estrangeiro dos nomes das cartas constitui um erro que suprime completamente esses múltiplos níveis de significação possíveis. Em seu significado tradicional, a linguagem dos Pássaros traduz e exprime o *logos* universal. Ela dá ritmo à comunhão do Homem e da Natureza, celebrando por sua poesia a unidade divina da Criação. Ela é a atualização do Espírito e da Palavra criadora, livres e férteis, em comunhão com a Natureza que liga todas as coisas. Na Antiguidade grega, as artes divinatórias compreendiam os auspícios (do latim *aves spicere*, "observar os pássaros"), presságios tirados do voo e do canto dos pássaros, que permitiam por seus movimentos e seus gritos compreender as intenções divinas. Certos autores atestam, desde a Antiguidade, a existência de uma linguagem secreta reservada aos *divium* (adivinhos), iniciados nas mensagens divinas. Deodoro da Sicília, em sua Biblioteca histórica (livro V, 31), explica que existe uma linguagem dos deuses: "Eles dizem, com efeito, que [...] estes homens (os druidas, N.A.) [...]

A árvore mágica Peridan,
seus pássaros e seus guardiões
bestiário de Aberdeen, século XII, Escócia

conhecem a natureza divina e falam, por assim dizer, a mesma linguagem que os deuses..." Virgílio, na *Eneida* (livro III, 370/375), nos ensina que a "linguagem dos pássaros" é um dos conhecimentos do adivinho: "Filho de Troia, intérprete dos deuses, tu que conheces os influxos do Clário Febo, as trípodas, que compreendes os astros e a linguagem dos pássaros e os presságios que seu voo rápido anuncia, vamos, fale." Assim os Anjos (do grego *angelos*, "mensageiro"), intermediários entre Deus e os Homens, foram comparados aos pássaros ao lhes emprestar, em primeiro lugar, o busto (grifos entre os sumérios), e depois, mais tardiamente, unicamente as asas. A "linguagem dos pássaros" remonta à mais alta Antiguidade, como o atesta esta citação do Alcorão: "E Salomão foi o herdeiro de Davi e disse: Oh! Homens! Fomos instruídos na linguagem dos pássaros (*ullimna mantiqat-tayri*) e preenchidos de todas as coisas..." (XXVII, 15). E o registro de François Rabelais em *Pantagruel*: "Só aquele que conhece a linguagem dos Pássaros poderá compreender meus livros e, como o cão, tu roerás o osso para nele encontrar a própria substância".

Os registros mitológicos do pássaro sagrado como protetor, instrutor e mensageiro do céu são inúmeros. Farîd al-Dîn Attâr (1119-1190, Irã), que pertence à tradição espiritual sufi da escola de al-Hallâd, conta em sua obra *Le langage des oiseaux* [A linguagem dos pássaros] (Éd. Albin Michel, 1996) uma epopeia mística em que 30 mil pássaros estão em busca de seu rei. A história começa com um discurso de boas-vindas, que é uma função ritual e mágica da Huppe, um pássaro identificado com a função iniciática. Esses pássaros representam a humanidade dos fiéis buscando um sentido para o mundo. A Huppe, figura do mestre sufi, convoca os pássaros para que estes efetuem uma viagem difícil, que os conduzirá à corte de seu rei, onde eles encontrarão um pássaro fabuloso, o Simurgh. Alguns seguem a Huppe, outros se recusam, contentando-se com as magias terrestres. Attâr faz então uma Parábola da busca iniciática sufi, na qual alguns são iniciados, pois alcançam o sentido profundo das palavras; outros se recusam a isso e permanecem com uma linguagem comum. Os trinta sobreviventes da viagem iniciática conheceram a última revelação: o Simurgh era sua própria essência, até então escondida no mais profundo de si mesmos. Para Attâr, os homens, como os pássaros, têm linguagens diferentes: nenhum pássaro canta igual a outro. Ora, os iniciados partilham a mesma linguagem: a linguagem mística que une o Homem a toda a Criação. Da mesma forma, o poeta Hakim Abu'l-Qasim Firdawsi Tusu (935-1020) conta, no *Shah Nameh* (Livro dos Senhores), como Zâl, filho albino do general da armada Saam, é rejeitado por seu pai, que via em sua palidez o sinal de que ele era a criança dos demônios, e que o abandona sobre o monte Alborz. O choro de Zâl chega aos ouvidos de Simurgh, que o salva e o instrui. O benevolente Simurgh, que era todo Conhecimento, instruiu Zâl em sabedoria e o protegeu contra as adversidades de sua existência.

Ahmed Moubarek, conhecido como 'Abd al-'Aziz al-Dabbagh, grande sufi que viveu em Fez do final do século XVI ao início do XVII, evoca no *Kitab-Al-Ibriz* ("o livro de ouro puro"), que contém o ensinamento de seu mestre xeque Dabbagh, a existência de uma língua original, empregada pelos anjos e denominada "Língua Sirenita". Segundo o poeta sufi marroquino, ela existe em cada idioma e consiste em outro sentido daquele comunicado; o sentido real é dado pela pronúncia, e não pela escrita. Essa é também a linguagem dos grandes santos. Segundo uma lenda islâmica, há algumas inscrições em sirenito no tronco do *Arsh* (Árvore do Conhecimento) e sobre a porta do Paraíso, que têm igualmente o poder de falar aos defuntos na linguagem divina. Para Ahmed Moubarek, o sirenito se encontra igualmente nas "letras isoladas" que abrem as suras do Alcorão e sobre as quais nenhum teólogo muçulmano deu explicação até hoje, como, por exemplo, "Alif – Lâm – Mîm", que abre a sura 2 *Al Baquara*. Bem antes do Alcorão, os Vedas dos hindus evocavam igualmente uma linguagem solar primordial e poética, a língua da terra original e lendária da Tradição primordial, que os textos védicos situam simbolicamente no polo. No Tarô de Marselha, o simbolismo do pássaro como intermediário entre o Céu e a Terra, e como transmissor do conhecimento, se encontra nas lâminas XVII LESTOILLE (A ESTRELA), em que o pássaro "fala" ao ouvido da mulher ajoelhada à beira do rio, e XXI LE MONDE (O MUNDO), em que o pássaro (a Fênix) se mostra em toda a sua glória. No Tarô, o pássaro está relacionado a *Espées* (espadas), segundo dos Quatro Elementos dos Arcanos Menores (cf. Capítulo VI), tradicionalmente associado ao Ar e comparado à Quintessência. O Ar é o Elemento portador do Verbo divino, que repercute o voo e o canto dos pássaros no ar. Assim, a espada é representada na boca de Cristo, os dois gumes da lâmina representam os dois lados do poder espiritual, criador, mas igualmente destruidor, como os do Verbo, transformados em eco. "Tinha na mão direita sete estrelas, e da boca saía-lhe uma afiada espada de dois gumes. O seu rosto brilhava como o sol na sua força. [...] Quem tem ouvidos, ouça o que o Espírito diz às Igrejas: O vencedor de nenhum modo sofrerá dano da segunda morte. Ao anjo da Igreja em Pérgamo escreve: Estas cousas diz aquele que tem a espada afiada de dois gumes: [...] Portanto, arrepende-te; e, se não, venho a ti sem demora e contra eles pelejarei com a espada da minha boca." Apocalipse 1: 16 e Apocalipse 2: 11-2, 16 (registro de Louis Segond, 1910). Destaque-se que não se trata da espada na boca de Cristo, mas da boca, o poder da Palavra prevalecendo sobre todos os outros.

11. No Oriente, a composição de mosaicos geométricos, tal como podemos contemplar nas mesquitas, assim como em certas moradias, exprime de modo sublime a infinidade de aspectos que pode assumir o *jogo* de facetas da "serpente cósmica" da Manifestação universal. Desde os primeiros séculos do islã, os matemáticos árabes retomaram os trabalhos de Euclides graças a um esforço de traduzir e de copiar os tratados da Antiguidade, frequentemente encorajados pelo poder político. Dessa forma, os árabes muçulmanos puderam se apropriar das obras da Antiguidade e utilizá-las como base para o próprio desenvolvimento. Os romanos, por sua arte de mosaicos, inspiraram os artistas latinos que acrescentaram componentes da arte romana, e é provavelmente na Síria, no tempo dos Estados latinos do Oriente, que esses conceitos representativos passaram ao islã, que aplicou seu gênio matemático próprio, expandindo a expressão geométrica até o nível fractal hiperbólico, constituindo assim as mais belas representações artísticas mundiais da "Matriz Divina". No entanto, a influência da Índia, que

conhecia e desenvolvia artisticamente o aspecto fractal da geometria sagrada, foi predominante, fazendo dessa ciência do motivo geométrico fractal uma arte autenticamente oriental. A influência artística e científica do Oriente sobre o Ocidente foi, por outro lado, incomensurável, enriquecendo em muitos aspectos a Europa moribunda do início do século II d.C., produzindo, por meio dessa inseminação, uma renovação que culmina com a Renascença nos séculos XIV e XV.

Mosaicos geométricos da mesquita do xeque Lutfallah em Isfahan, Irã, século XVII

12. *Tara* virou, depois, um termo que designa um defeito, por derivação da palavra usada para denominar as frutas e os vegetais *picados* ou corrompidos pela pressão da trama da embalagem (o *condicionamento* no caso da tara humana), por furos de minhoca (*teredo*, em latim, é o nome de um caruncho) e pelo mofo, alojado sob a trama regular (insetos preferem a sombra). As tramas da embalagem *imprimiam* assim marcas regulares sobre as frutas e os legumes expostos, designados como *"tarés"* (estragados). De *tara* deriva o termo *tarif* (tarifa) para uma folha de papel ou uma tábua dividida por linhas e quadrados, em que se registravam os alimentos e o peso das embalagens a deduzir no balcão do comércio. Dizia-se, em heráldica, um "elmo tarado", isto é, que tem uma grade (pequena placa de metal com um fecho fixo [dobradiça] que se coloca em portas, janetas, etc., para ajudar a fechar) que protege o rosto. A tara deve, entretanto, ser entendida como a rede do invólucro do vórtice toroidal que é a matriz universal, o ventre da deusa cuja imagem tradicional é o cubo, a árvore, a Serpente etc., e à qual a rede está ligada desde a mais alta Antiguidade. Encontramos, na Grécia, Dictynna, a deusa da rede, significado do termo grego *dictyon*.

13. Esta obra é produzida inteiramente com as três cores – ciano, magenta e amarelo –, mais o preto. Portanto as cores apresentadas neste livro, como aquelas da luz, não passam de aproximações. De fato, sua luminosidade é reduzida pelos pigmentos das tintas e, assim, aparecem mais suaves do que realmente são, em termos de espectro luminoso puro. Este exemplo basta para compreender que os pigmentos coloridos, portanto tributários de um suporte material, implicam uma reabsorção parcial da luz neles mesmos, enquanto relacionados com a Terra, e que as cores primárias da luz, independentemente de qualquer suporte, se relacionam diretamente com o Céu.

14. Parece que em todas as culturas consideradas tradicionais o Fogo e o número três estão associados. Assim, em sânscrito, o termo *vahni* e, em tibetano, o termo *mé* designam o Fogo e o número três. Em hebreu, a letra do Fogo é o *shin* ש de três ramos. Entre os gregos, vimos que o Fogo está associado ao tetraedro, formando uma pirâmide de três faces (mais a base), imagem do elemento Fogo, ao mesmo tempo gerador, purificador e destruidor.

15. *Philosophia Perennis* designa a filosofia eterna, que subentende todas as grandes tradições, religiosas e iniciáticas, em particular as correntes místicas que elas veiculam, herdadas e transmitidas de mestre a discípulo, independentemente das épocas e das culturas, transcendendo todos os paradigmas dos dogmas religiosos. Segundo essa corrente de pensamento, todas as tradições do mundo repousam sobre princípios universais, independentes do tempo e do espaço, e se ligam assim ao *tronco* comum da "Tradição primordial". A expressão *Philosophia Perennis* foi utilizada pela primeira vez no século XVI, por Agostinho Steuco, em seu livro *De perenni philosophia* (1540), considerado o pináculo da sabedoria cristã. Essa, designada como *sophia perennis*, é considerada como o conhecimento universal de origem não humana (*apurusheya*, conforme a expressão dos Upanishads) de onde se originam todas as tradições espirituais da humanidade. Os seguidores dessa corrente de pensamento consideram seus preceitos como imemoriais e se encontram em todas as tradições autênticas, aproximando-a principalmente da antiga expressão hindu *Sanatana Dharma*. O matemático e filósofo alemão Gottfried Leibnitz retoma o termo para designar a sabedoria eterna contida em todas as religiões. O termo foi popularizado no século XX por Aldous Huxley, em seu livro *The Perennial Philosophy*, publicado em 1945. A *Philosophia Perennis* é igualmente o conceito íntimo da "escola tradicionalista", formalizado no século XX nos textos de René Guénon, Frithjof Schuon e Ananda K. Coomaraswamy. Aparecem, na sequência, as figuras de Titus Burckhardt, Martin Lings e Georges Vallin. Entre outros filósofos, Seyyed Hossein Nasr perpetua, no século XXI, o conceito de *Philosophia Perennis*, que corresponde à "Tradição universal e unanimista" que Santo Agostinho descreveu como "a Sabedoria que não foi criada, mas que é hoje em dia o que ela será sempre" (citada por A. K. Coomaraswamy em *La philosophie chrétienne et orientale de l'art* [A filosofia cristã e oriental da arte], *op.cit.*).

16. Fréderic de Portal (1804-1876), em *La symbolique des couleurs* [A simbologia das cores] (Éd. Pardès, 1999), nos diz que "O Cubo era como a cor branca, o símbolo da verdade, da sabedoria e da perfeição moral. A nova Jerusalém, prometida no Apocalipse, é igual em comprimento, largura e altura. Esta cidade mística deve ser considerada como uma nova igreja que a sabedoria divina revigora. Isaías 28:16, anunciando a vinda do Messias, diz: 'Eis que eu assentei em Sião uma pedra, a pedra já provada, pedra preciosa, angular, solidamente assentada; aquele que crer não tropeçará'."

17. A enéade (grupo de nove) compreende a totalidade dos números; o 10 constitui um retorno à unidade de um ciclo de manifestação. Todos os números subsequentes (11, 12, 13 etc.) são compostos desses nove números, aos quais eles podem ser reduzidos aritmologicamente. Exemplo: 2011 = 2 + 0 + 1 + 1 = 4. A aritmologia considera não apenas os números aritméticos, mas os números simbólicos, considerando que os primeiros não possuem o elo interior com a essência dos objetos aos quais se reportam, enquanto os segundos, dotados de uma significação e uma força simbólica, exprimem a união essencial que possuem com seus objetos. O que fundamenta a aritmologia é a ideia segundo a qual não há separação entre o mundo material e o mundo espiritual. De fato, a aritmética se ocupa mais de cifras do que de números, mais do quantitativo do que do qualitativo. É esse último aspecto que faz dos números instrumentos de conhecimento, intermediários entre a física e a metafísica, suportes de mediações para apreender a relação das coisas no plano dos arquétipos universais que *comandam* e ordenam todos os aspectos do mundo.

18. O *biofeedback* e a estimulação cerebral, em pleno desenvolvimento desde metade do século XX, prometem uma "neurorrevolução" neste começo do terceiro milênio: a possibilidade de modular e de desenvolver e adaptar à vontade sua atividade cerebral em função de diferentes necessidades e contextos. No que diz respeito à influência das cores sobre as ondas cerebrais, registre-se que essa se realiza após alguns minutos de exposição; o cérebro responde por acionamento, ajustando progressivamente suas ondas às frequências sonoras e aos diferentes comprimentos de onda da luz aos quais está submetida. A infografia da relação entre as ondas cerebrais e as cores está baseada nas informações fornecidas pelo site www.mindmodulations.com.

O eneagrama das cores do Tarô

19. A sinestesia, do grego *syn* (união) e *aesthesis* (sensação), é um fenômeno neurológico pelo qual dois ou mais sentidos estão associados. Por exemplo, em um tipo de sinestesia conhecido como "grafema-cor", as letras do alfabeto ou os números podem ser percebidos coloridos. Em outro tipo de sinestesia, chamada "sinestesia numérica", os números são associados de maneira automática e sistemática a posições no espaço. Na sinestesia dita "de personificação ordinal/linguística", os números, os dias da semana e os meses do ano evocam personalidades. Em outros tipos ainda, a música e outros sons podem ser percebidos coloridos, ou com uma forma particular. A sinestesia que implica sons, formas e cores é bastante difundida, ao passo que a que implica gostos e odores é mais rara. A ligação perceptiva, característica das atividades cerebrais bastante elevadas (ondas gama), intervém quando inúmeras realidades são possíveis a partir de uma estimulação idêntica dos receptores sensoriais. A ambiguidade desses estímulos se manifesta não na qualidade, mas na dinâmica de sua percepção: a interpretação muda no correr do tempo, em função do estado interior do ser humano.

Dessa forma, o Tarô de Marselha, por suas características e ambiguidades gráficas (obrigatórias), estimula a ligação perceptiva. O desenvolvimento do conhecimento do código lógico do Tarô permite então desenvolver esse tipo de atividade cerebral e, portanto, elevar seu nível de consciência. Um exemplo de sinestesia elevada ao plano espiritual nos é dado por Kobo-Daishi: "Os cinco elementos fundamentais do Universo (terra, água, fogo, ar, éter) produzem sons ao menor contato. Isso significa que existem linguagens em tudo. Nesse caso, as coisas que vemos, ouvimos, sentimos, degustamos e pensamos são igualmente palavras. Pode-se assim dizer que todos os fenômenos do Universo são palavras que ensinam a verdade. Os cantos dos pássaros, o correr da água, os barulhos do vento, tudo diz sempre a verdade eterna." Kobo-Daishi (774-835), mais conhecido pelo nome de Kukai, é o santo fundador do *Shingon* (adaptação japonesa do tantrismo). Ele é também uma figura marcante da história do Japão: seu espírito universal influenciou fortemente a cultura e a civilização japonesas. Ele era não somente um grande religioso, mas também um eminente homem de letras, filósofo, poeta e calígrafo. Durante toda a sua vida, ele manifestou uma grande bem-aventurança por todos os seres, e é por essa razão que ele ainda é tão popular no Japão.

Alvaiade (pigmento)

20. BRANCO – Como lembra Frédéric Portal em *La symbolique des couleurs* [O simbolismo das cores], *op. cit.*: "Na língua alemã, encontramos a palavra *weiss*, branco, e *wissen*, saber; *ich weiss*, eu sei; em inglês, *white*, branco, e *wit*, espírito, *woty*, espiritual, *wisdom*, sabedoria. Os druidas eram os homens brancos, sábios e estudiosos." No Egito, o branco (*hedj*) representa igualmente o ouro branco de que são feitos a carne e os ossos dos deuses. Na alquimia, "Obra ao branco", "Pequena obra" ou "Pequeno magistério" é a operação de que resulta a *Pedra branca*, capaz de transformar os metais em prata. Ela é representada por uma árvore portando Luas. O branco, síntese das três cores primárias vermelho/verde/azul, resulta de um princípio trinitário, e parece que, em todas as culturas com característica tradicional e sagrada, o Fogo e o número três são efetivamente associados.

Assim, em sânscrito, o termo *vahni*, e, em tibetano, o termo *Mé* designam o Fogo e o número Três. Em hebreu, a letra do Fogo é o shin ש com três braços. Entre os gregos, vimos que o Fogo está associado ao tetraedro, formando uma pirâmide de três faces (mais a base), imagem do Fogo (*puramis* significa "fogo" e engendrou o termo pirâmide, ele próprio ligado a *pyr*, "fogo", em latim). Ora, o branco é o inverso do preto e, enquanto luz, provém do Fogo, cuja cor tradicional é o vermelho. Temos assim o trio arquetípico Preto/Branco/Vermelho, que encontramos como código dos três grandes estágios da Grande Obra alquímica.

O Terceiro Olho da tradição tântrica, igualmente denominado "Olho divino" ou "Olho que tudo vê", corresponde fisiologicamente à glândula pineal, ligada à glândula pituitária e ao tálamo. Essas glândulas produzem as substâncias químicas subjacentes a nosso estado de consciência e à definição de nossa "realidade". É dessa forma que, com a ajuda de práticas tântricas, o mago estimula, pela canalização de suas energias, a glândula pineal que sintetiza assim as substâncias, produzindo a abertura do "Terceiro Olho" (*Ajna-Chakra*), ao qual a dupla de cores "branco/vermelho" é tradicionalmente associada no tantrismo shivaita. Encontramos essas duas cores, mais o preto, no *Triçula* (tridente) de Shiva, o qual, como seu nome indica, é trinitário e exprime "o Fogo", que é o verdadeiro *Fogo secreto* dos alquimistas (espirituais), em que as cores da Grande Obra são precisamente o preto, o branco e o vermelho. Ao vermelho e ao branco se junta, portanto, como complementar negativo da luz, o preto, que corresponde ao "fechamento do Olho", e às cinzas do braseiro de onde o iniciado, assim como a Fênix, surge integralmente regenerado.

Tridente de SHIVA, Índia

Óxido de ferro vermelho

21. VERMELHO – A origem etimológica do termo vermelho provém do sânscrito *rubira* (*rubedo* em latim), que designa o conceito de sangue e de vida. Esta associação se encontra igualmente entre os aborígines da Austrália, que

empregam pedras pintadas de vermelho para curar diversas doenças, como também as enterram no solo cultivado para torná-lo mais fértil. No domínio da cromoterapia, o emprego do vermelho é preconizado nos casos de falta de energia vital, de esfriamento das emoções, de apatia, fadiga física, depauperamento, anemia, estados depressivos e de convalescença, consecutivos a patologias debilitantes. Ver *L'influence des couleurs sur votre santé* [A influência das cores em sua saúde], de Etienne Juillet, Éd. Anagramme, 2007. Na alquimia, "Obra ao Vermelho", ou Grande Obra ou Grande Ensinamento, dá nome ao estágio que transforma a *Pedra Branca* em *Pedra Filosofal*, representada pela árvore solar.

Enxofre

22. AMARELO – O termo francês *or* (ouro), próximo de *Aor*, palavra que significa luz em hebreu, vem do latim *aurum*. Os antigos comparavam o ouro ao que julgavam sem defeito, inalterável e bom por excelência, como o mel (proveniente de colmeias hexagonais), que Virgílio disse ser dom celestial trazido pelo orvalho, e que era o sinal da iniciação (Virgílio, *Geórgicas* IV, I). Na China, o amarelo (*huáng*) está associado ao Imperador e, consequentemente, à monarquia chinesa. No plano fisiológico, o amarelo aguça a percepção e favorece o otimismo. Ele remete a tudo o que é novo e deve ainda se desenvolver. O Amarelo tem uma ação positiva sobre os estados depressivos, pois seu caráter solar estimula a atividade cerebral, gerando um efeito positivo sobre o humor. Na alquimia, a transição para a realização da Grande Obra, o *rubedo*, ou passagem ao vermelho, se faz pela *citrinita*, ou passagem ao amarelo, associada ao Sol, ao ouro e à iluminação.

23. O neófito devia ser purificado pelos Quatro Elementos: a Terra, a Água, o Ar e o Fogo. Héraklès (Hércules) era o emblema do neófito, os doze trabalhos do semideus representam as etapas da regeneração completa. A outra divindade tutelar do neófito aspirante à iluminação é Prometeu, comparado a Lúcifer, portador da luz que transmite o Fogo (Ciência e Conhecimento) aos Homens. O iniciado deve seguir o ritual de morte e de ressurreição. Como está dito no Evangelho de São João, 3: 3: "A isto, respondeu Jesus (a um fariseu chamado Nicodemos, um chefe dos judeus, N.A.): 'Em verdade, em verdade, te digo que, se alguém não nascer de novo, não pode ver o Reino de Deus'."

Óxido de cromo

24. VERDE – Cor tradicionalmente associada à água, à esmeralda, a Vênus, ao cobre e ao bronze, a Lúcifer e ao Graal, que é igualmente associado ao ouro, o verde-claro simboliza o crescimento para o divino. O verde é igualmente associado ao profeta Maomé e ao islã. Essa cor se torna o símbolo da iniciação no conhecimento do Deus supremo revelado no Alcorão. "As cores que a terra revela a nossos olhos são sinais manifestos para aqueles que pensam", diz Maomé, Alcorão, cap. 16, "As abelhas". Cor da Natureza, o verde tem sido sempre associado à vegetação e a seu processo de regeneração. O verde e o amarelo (verde-claro em média) é associado pelos cabalistas a Tiphareth, Sephira situada no centro da Árvore da Vida correspondente à "Beleza", esfera da Criança filosofal que se encontra no centro da Criação. O verde é uma das cores mais instáveis na tinturaria, e daí vem sua associação secundária com a sorte e, em parte, sua interdição tradicional no teatro, pois alguns atores podem ter sido envenenados pelo óxido de cobre ou o cianeto dos trajes verdes na época medieval. No plano fisiológico, o verde-claro tem como virtude fortalecer os sentimentos de afirmação e de autoestima. A luz verde brilhante estimula a inteligência e, ao mesmo tempo relaxa o sistema nervoso.

25. As virtudes teologais são três: a fé, a esperança e a caridade.

Ultramarino

26. AZUL-CLARO – Cor da pele de inúmeras divindades, na Antiguidade, o azul-celeste era adornado de virtudes divinas graças à sua associação com a cor do Céu, morada dos deuses na maior parte das culturas humanas. Assim, Shiva, Durga, Krishna (cujo nome significa "azul-escuro") são apresentados como seres de pele azul. No Egito, Cneph (serpente), o criador do Universo, era azul, como Amon com a cabeça de carneiro. Na Grécia, o azul é a cor de Júpiter; na Índia, o deus Agni está montado em um carneiro azul etc. Lao-Tsé, no *Tao Te King*, disse: "O Tao é o princípio do céu e da terra; os dois modos de ser do Tao são sua natureza inacessível e sua natureza corporal fenomenal; juntos são chamados de azuis ou incompreensíveis; azuis e ainda azuis ou incompreensíveis no último grau." Um comentarista chinês disse: "A cor do céu é azul, é o Yin e o Yang ou o princípio obscuro e o princípio luminoso, o princípio passivo e o princípio ativo, o princípio feminino e o princípio masculino reunidos em um só." O azul-celeste constitui assim um meio puro. E ainda: "Todos os seres corpóreos são produtos da natureza inacessível emanada do Tao; por isso se diz: o azul e ainda o azul é a porta de todas as naturezas inacessíveis e sutis." Ver *Essais sur la philosophie des Hindous* [Ensaios sobre a filosofia dos hindus], de Henry T. Colebrooke, traduzido do inglês para o francês por Guillaume Pauthier, Paris, 1833.

Lápis-Lazúli (lazurita)

27. AZUL-ESCURO – Embora o céu e o mar sejam azuis, esta cor é rara na natureza: por exemplo, há bem menos flores azuis que flores vermelhas ou amarelas. Por outro lado, o olho humano percebe menos nuances no azul que nas outras cores. Assim, antes da chegada do processo de síntese dos pigmentos, os pigmentos azuis eram mais raros e mais caros. Por isso essa cor simbolizava a riqueza. O azul real foi adotado como cor dos reis da França no século XII, durante o reinado dos capetianos, com o desenvolvimento da heráldica. O azul simboliza os primeiros graus da iniciação, como por exemplo os "graus azuis" da franco-maçonaria, que são três: aprendiz, companheiro e mestre. No plano fisiológico, a contemplação do azul-escuro acalma o sistema nervoso, diminui a pressão arterial e desacelera a pulsação, assim como a respiração, induzindo a um estado de introspecção e um estágio intermediário entre a vigília e o sono. O sono tranquilo dura de 60 a 75 minutos. É durante o sono profundo que são secretados o hormônio do crescimento e a prolactina. A ele se segue o sono dito paradoxal, que tem uma duração média de 15 a 20 minutos. Um ciclo de sono completo dura em média 90 minutos. Após um breve despertar, outro ciclo começa. O fato de três a cinco ciclos de sono e despertar poderem se suceder durante uma noite justifica que o azul seja associado ao brilho, como a hipnagogia (estado entre o sonho e a vigília) lúcida dos estados xamânicos. O hormônio do crescimento e a prolactina são produzidos durante o sono – essa última promove o crescimento das glândulas mamárias (produtoras de leite, caracterizado pela brancura) –, a associação da cor azul com a riqueza (crescimento) e com a geração repousa, portanto, em parte sobre uma realidade fisiológica. Fora isso, a tendência a dormir mais ou menos, a ser noturno ou diurno, herdada dos pais, justifica a associação do azul com a hereditariedade.

Óxido de ferro negro

28. PRETO – Característica de objetos que nem emanam nem refletem nenhuma parte do espectro de luz visível, mesmo sendo por vezes descrito como acromático, ou sem tinta, o preto pode, na prática, ser considerado como uma cor, como acontecia na Idade Média. Ver *Jésus chez le teinturier – Couleurs et teintures dans l'Occident médiéval* [Jesus na tinturaria – cores e pinturas no Ocidente medieval], de Michel Pastoureau, Éd. Le Léopard d'Or, 2000. Se considerada a síntese substrativa, o preto é obtido por uma mistura de pigmentos que absorvem, cada um, um comprimento de onda, que se adicionam até aprisionar toda a luz, ao menos em teoria, pois na prática o resultado é uma cor marrom. Dessa forma, a *matéria-prima* da alquimia, que é preta, contém o Todo. O preto é, portanto, uma "cor" obtida pela *mistura*. No entanto, se considerarmos o aditivo (superposição das cores primárias da luz: o vermelho, o verde e o azul), então o preto é, ao contrário, uma ausência total de cores e, portanto, de luz. Na alquimia, a Obra em Negro, ou "fase do corvo", do nome da cor que o preparado assume, consiste em apodrecer e calcinar a matéria a fim de purificá-la (do grego *pura*, "o fogo"). O termo "alquimia" vem de *al-kimiya*. Chegou ao francês no século XIV pelo latim medieval *alchemia*. Os termos alquimia e química foram sinônimos até o aparecimento da química moderna, no século XVIII (*Dictionnaire historique de la langue française* [Dicionário histórico da língua francesa], Éd. Le Robert, *op. cit.*). Diferentes hipóteses foram levantadas a respeito da origem do termo em árabe. Ele derivaria do termo grego *khemeioa*, designando igualmente alquimia em seu significado moderno.

O filólogo Hermann Diels (1848-1922), em seu *Antike Technik* (Ed. Vdm Verlag, 2007), via nele a "fusão" do grego antigo *chumeia/chêmeia*, significando "arte de fundir e misturar os metais". *Kimiya* poderia igualmente vir do termo copta *keme* (ou seu equivalente em dialeto boárico – dialeto copta –, *kheme*), ele mesmo derivando da escrita demótica *kmi*, correspondendo ao médio egípcio *Km.t*, designando o Egito, em referência à terra preta e fértil do lodo do Nilo, considerada *matéria-prima*. Dessa forma, o Egito parece estar na origem da alquimia tal como ela é conhecida como ciência de Thot/Hermes. Os termos da alquimia ocidental teriam surgido no antigo Egito greco-romano, em Alexandria, entre os séculos I a.C. e III d.C., e teriam se disseminado em seguida por toda a Europa ocidental. Na linguagem dos faraós, a palavra *kem*, que deriva do termo "preto", quer dizer "concluir", "elevar-se a", "cumprir", "pagar", "completar", "servir a", assim como "ser preto". Contrariamente ao simbolismo cristão, o preto (*kem*) não tinha conotação negativa no pensamento dos antigos egípcios. Se o preto é a cor da noite e do reino dos mortos, ele é antes de tudo o símbolo do renascimento e da fertilidade.

Cor dos sedimentos férteis trazidos pela enchente anual do Nilo, o preto é de fato fortemente ligado ao simbolismo da morte e do renascimento, portanto, da iniciação. O lodo depositado nas margens permitia às lavouras egípcias "renascer" após uma estação de seca em que as plantas pareciam "morrer". As divindades ligadas aos mitos da morte e da ressurreição, como Osíris ou Anúbis, são assim frequentemente representadas com a pele negra (mas também verde, como Osíris ou Ptah). Assim, essas divindades, como Ísis, Hathor, Ápis, as Virgens negras na Europa, Krishna na Índia (cujo nome significa "azul-escuro") etc., são testemunhas da assimilação da cor preta à regeneração. No negrume e nas Trevas reside igualmente a divindade: os faquires, por exemplo, podem entrar num segundo estado apresentando todas as aparências da morte: ausência de pulso e de todo tipo de movimento. Algumas histórias relatam façanhas de faquires enterrados por vários dias com óxido de ferro preto, e que depois "ressuscitaram". Tal estado corresponderia então à transferência da consciência em outros mundos, o corpo apresentando todos os sinais de morte. Os antigos *sadhu*, termo sânscrito que significa "santo", "excelente", "ser realizado", e que deriva talvez de *siddha*, "aquele que detém um *siddhi* (poder miraculoso)", eram tidos como possuidores, entre outros poderes, do direito de morrer e de renascer. A respeito da alquimia e de suas relações com o tantrismo, o leitor pode consultar as obras *Alchimie, sa signification et son image du monde* [Alquimia, seu significado e sua visão de mundo], de Titus Burckhardt, Éd. Archè 1974, e *La tradition hermétique* [A tradição hermética], de Julius Evola, Éd. Traditionnelles, 2000, duas obras de referência sobre a alquimia espiritual.

Uma família egípcia nas margens do Nilo, de Earle Harrison, *National Geographic Magazine*, 1917

Capítulo IV: O Tarô de Marselha e a ciência sagrada tradicional

1. A adivinhação é a arte de adivinhar, de descobrir o que é ignorado ou escondido, saindo das vias ordinárias do conhecimento pelo uso de procedimentos ocultos, de práticas mágicas; em particular, ela é a arte de predizer os acontecimentos futuros. A adivinhação refere-se à parte operacional da ciência tradicional, é associada aos "anjos caídos" no judaico-cristianismo. Seres sobrenaturais descidos do monte Hermon (Líbano antigo), eles teriam transmitido aos homens, entre outras ciências (ver o Livro de Enoque), as dos modos de "adivinhar". A origem dos adivinhos se liga de fato à Na'hash נחש (serpente) do Gênesis, inspiradora de Eva (depois, de Adão) na conquista do conhecimento das coisas divinas. Em hebraico, o nome Na'hash נחש significa, realmente, tanto "adivinho" quanto "serpente", sendo essa última acepção a que vai predominar, com uma conotação negativa, em virtude de sua demonização secular. "Serpente" é de fato a denominação tradicional de certa categoria de iniciados, assim designados por seu conhecimento das coisas secretas (ocultas), como também por sua habilidade de *voltar* à fonte das coisas (e prever o seu futuro, de onde deriva a adivinhação) e de se regenerar ciclicamente, como a serpente que muda de pele após ser enterrada nas profundezas da terra, comparada aos segredos e aos tesouros escondidos (*secretum arcanum*), tanto materiais quanto espirituais.

Druida da Grã-Bretanha
William Stuckeley, *Chindonax Britannicus*, 1723

Também o druida, que foi ministro do culto, filósofo, guardião do Saber e da Sabedoria, historiador, jurista e conselheiro militar do rei e da classe guerreira, também ele é associado às serpentes (víboras), que fazem efetivamente parte de uma antiga farmacopeia regeneradora da qual descenderia a Teríaca dos gregos, considerada como antídoto (contraveneno) e panaceia universal. A lenda atribui a descoberta a Mitrídates VI (134-63 a.C., rei do império do Ponto, na Ásia Menor), cujo nome significa "presente de Mitra". Por outro lado, o termo árabe *nâbas*, bem próximo do hebraico *na'hash*, significa "cobre", confirmando, portanto, a associação simbólica do adivinho (serpente do Conhecimento) ao cobre, a Vênus e à Árvore (*taru* em sânscrito, *ta* significa justamente "cobre") sagrada da qual Na'hash é vigia. Ele corresponde à divindade mesopotâmica Ningishzida, cujo nome significa, em sumério, "Senhor da boa árvore" (ou madeira), que é a serpente guardiã da Árvore da Vida, cujo animal símbolo é o dragão Bashmu, espécie de serpente de chifres. Na Suméria, o caduceu foi dedicado a Ningishzida, associado à ciência e à medicina. Seu equivalente no Egito é Thot e Hermes Trismegisto (cujo nome remete ao monte Hermon). A raiz de Ningishzida, *nin*, que significa "dama" em sumério, o liga diretamente à deusa mãe, venerada na Antiguidade pré-judaica na forma tradicional da árvore e do polo. Ora, o termo sânscrito *taru* significa "árvore", mas também "planta" e "erva", fazendo assim a ligação entre "a Árvore da Vida" (e o Conhecimento), a "Flor da Vida" e a "Planta da Vida", que confere a imortalidade (iniciática) a quem a ingere. O termo *panaceia* vem do grego *panakeia*, planta mítica que serve de remédio universal, personificada pela deusa *Panakeia* (filha de Asclepio e irmã de Hygeia), simbolizando a cura (regeneração) pelas plantas. Encontramos a "Planta da Vida" em diferentes mitos da Antiguidade, como o de Gilgamesh na Mesopotâmia, escrito por volta do início do II milênio a.C. Nessa história lendária, após a morte de seu companheiro Enkidu, Gilgamesh, rei da cidade de Uruk, parte à procura do segredo da imortalidade com Uta-Napishtim (comparado a Noé da Bíblia), que lhe contou uma estranha história de um dilúvio (bastante semelhante ao episódio de Noé, porém mais rico) e lhe revelou a existência de uma planta da juventude. Tão logo Gilgamesh encontra a "Planta da Vida", guardada no seio de Apsu ("morada do Conhecimento"), ele a faz ser roubada por uma serpente, imagem tradicional da guardiã da Árvore da Vida e do Conhecimento. É notável que Gilgamesh venha da cidade de Uruk, bastante próxima, foneticamente, de *turuq*, termo árabe que significa "as Vias" (plural de *tarika*), correspondendo às trilhas de retorno (reintegração ou regeneração), sendo esta a acepção sumeriana de *taru*, que designa a árvore em sânscrito.

2. René Guénon, *Symboles de la science sacrée* [Os símbolos da ciência sagrada], *op. cit*. A expressão "extra-humana" nos remete, por outro lado, à *Éducation sentimentale* [Educação sentimental], de Gustave Flaubert (publicado em 1869), onde ela aparece pela primeira vez no plano literário.

Gilgamesh como pilar, entre dois homens-touro
Tell-Halaf, Síria, início do I milênio a.C.

3. A analogia é uma relação de semelhança, de identidade partilhada entre duas realidades diferentes previamente submetidas à comparação, com traços comuns às realidades assim comparadas, semelhanças bem estabelecidas, correspondências. Seu símbolo é justamente a árvore, com seus ramos celestes e suas raízes terrestres entrelaçadas de forma espelhada. Em grego, *ana* significa "junto", "de cima a baixo", "novo", e *logos* significa "linguagem", "sistema", "análise", "lógica", "razão", fazendo assim referência ao Polo universal (*axis mundi*) ou à Árvore sagrada ligando todas as coisas segundo uma arborescência e uma hierarquia lógicas (*kubernesis*, cf. Capítulo I, nota 13). Em sânscrito, *ana* significa "sopro", correspondendo ao *pneuma* dos gregos, ao sopro divino ou "Santo Espírito" que preenche o invólucro do Universo (o dodecaedro segundo Pitágoras e J. P. Luminet, cf. Capítulo II, nota 6). A analogia implica assim a noção de *retorno* à origem pelo viés da lógica (de um sistema) e de seus *reflexos*, permitindo compreender a relação que existe entre a parte e o todo, e assim estabelecer os liames entre elementos que parecem não ter nada em comum entre eles. O resultado é uma visão nova e abrangente, perpetuamente regenerada e atualizada com *definição*.

4. Pierre Gordon, *La magie dans l'agriculture* [A magia na agricultura], *op. cit.* O termo *Mana* designa um conceito polinésio que encontramos em diferentes denominações entre outros povos. Esse termo define a energia vital e espiritual cósmica, alimentação básica da magia e da religião.

5. Titus Burckhardt, "Le message théologique des icônes russes" [A mensagem teológica dos ícones russos] em *Mirror of the Intellect: Essays on Traditional Science and Sacred Art*, Éd. Suny, 1987, tradução para o francês do autor.

6. Como disse Matila Ghyka: "Existe a geometria da arte e existe a geometria da vida, e, como os gregos adivinharam, elas parecem ser uma só." *Le Nombre d'or* [O Número de Ouro], Éd. Gallimard, 1976.

7. É claro que essas "anomalias" são, de fato, apenas aparentes e se justificam em outro plano. Além de nos lembrar de que as cartas do Tarô não representam objetos reais, elas constituem elementos "técnicos" de conexão com a matriz geométrica e partes constituintes de outras cartas. Por analogia de forma, elas oferecem possibilidades infinitas de interpretação e de relações entre as lâminas. A lei da analogia e da correspondência é na verdade o fundamento de todo simbolismo, que atua como mediador e unificador entre o objetivo e o subjetivo. O simbolismo, que provém da união de duas ou mais partes para formar um todo significativo, leva assim a ideias além daquelas que a consciência objetiva e racional pode apreender por elementos isolados. É essa função essencial e vital ao homem que justifica o caráter simbólico de todas as ciências e das artes tradicionais, sagradas, pela mesma razão que o simbolismo constitui o ponto ou a passagem para os estados superiores do ser.

Fênix alçando seu voo
Arte figurativa islâmica, Irã, século XIII

8. O *Dictionnaire historique de la langue française* [Dicionário histórico da língua francesa], *op. cit.*, registra que o termo *profane* (profano) é emprestado do latim *profanus*, formado de *pro*, que significa "diante", e de *fanum*, que significa "lugar consagrado, templo" (de onde deriva o termo "fanático"). *Profanus* significa propriamente "o que está diante", isto é, "fora do templo", portanto, "não consagrado", "quem não é mais sagrado" e, por isso, fora de toda referência religiosa, "não iniciado", "ignorante".

9. Algumas correntes da cultura bíblica tinham aversão a misturas, porque rompiam a ordem natural das coisas conforme a vontade do Criador. Na arte sacra, as cores não são misturadas, apenas justapostas. Ver Frédéric de Portal, *La symbolique des couleurs* [O simbolismo das cores], *op. cit.*, e Michel Pastoureau, *Jésus chez le teinturier – Couleurs et teintures dans l'Occident médiéval* [Jesus na tinturaria – cores e pinturas no Ocidente medieval], *op. cit.*

10. Em *Fine Arts in Moslem Education* e *Perennial values in islamic art*, da compilação *Mirror of the Intellect, op. cit.*, Titus Burckhardt registra que: "Segundo a palavra do profeta Maomé, os artistas que imitam o trabalho do Criador (arte realista e não figurativa, segundo os códigos da arte sacra, N.A.) serão condenados a dar vida a seu trabalho e sua incapacidade em conseguir isso os lançará nos piores tormentos." Por outro lado, ele diz: "O hinduísmo é politeísta, mas de nenhum modo idólatra, pois reconhece a natureza ao mesmo tempo simbólica e provisional dos ídolos e a relatividade dos deuses (*devas*) como 'aspectos' do Absoluto." (Traduzido do inglês para o francês pelo autor.) A interdição islâmica das representações realistas (humanas em particular) repousa em parte no fato de que os nômades árabes não possuíam tradição figurativa que lhes fosse própria (na Pérsia, era traduzida uma influência indiana, chinesa taoista e budista) e que os árabes pré-islâmicos importaram a maior parte de seus ídolos. Essas restrições e esses interditos artísticos permitem afirmar a independência do islã e favorecem o desenvolvimento de uma arte única do mosaico geométrico (cf. Capítulo III, nota 11), exprimindo princípios e verdades universais sobre um modo de expressão complementar àqueles de tradições anteriores, em que o islã se distinguia radicalmente.

11. Titus Burckhardt, *Principes et méthodes de l'art sacré* [Princípios e métodos da arte sacra], Éd. Dervy, 1997. A edição americana desta obra é recomendada por sua riqueza iconográfica: *Sacred Art in East and West*, Ed. World Wisdom, 2001.

12 e 13. Ver Ananda K. Coomaraswamy, *La philosophie chrétienne et orientale de l'art* [A filosofia cristã e oriental da arte], *op. cit.*, na qual o autor evoca estas palavras de Sócrates, tiradas do "Filebo" de Platão: "Quando eu falo da beleza das figuras, não quero dizer o que a maior parte das pessoas entendem com essa denominação, seres vivos, por exemplo, ou pinturas; eu entendo, diz a expressão, a linha reta, o círculo, as figuras planas e sólidas formadas sobre a linha e o círculo no meio de torres, de réguas, de esquadros, se me compreendes. Porque eu afirmo que essas figuras não são, como as outras, belas em alguns aspectos, mas que elas são sempre belas em si mesmas e em sua natureza, que elas buscam certos prazeres que lhes são próprios e nada têm em comum com os prazeres lisonjeiros. Acrescento que há cores que oferecem belezas e prazeres cunhados do mesmo caráter. Tu me compreendes, agora? Tens algo a dizer?" Não resta dúvida de que Sócrates evoca as formas e as cores da geometria (cf. Capítulo III), que são as do Tarô de Marselha.

14. Ver *La théorie médiévale de la beauté* [A teoria medieval sobre a beleza], Éd. Archè/Edidit, em coedição com La Nef de Salomon, 1997, e *Alchimie, sa signification et son image du monde* [Alquimia, seu significado e sua visão de mundo], de Titus Burckhardt, *op. cit.*

15. São Tomás de Aquino, Suma teológica I, 5, 4 *ad* 1: "Pela fé nós compreendemos" e "A natureza da fé [...] consiste apenas no conhecimento" (Sum. Teol., II-II, 47, 13 *ad* 2).

LE MAT (O LOUCO) do Tarô de Marselha Edição Millennium, na geometria sagrada do Arcano

16. Ver René Guénon, "La chirologie dans l'ésotérisme islamique" [A quiromancia no esoterismo islâmico], em *Aperçus sur l'ésotérisme islamique et le Taoïsme* [Percepções sobre esoterismo islâmico e o taoismo], *op. cit.* O autor registra igualmente em "Taoïsme et confucianisme" [Taoismo e confucionismo], tirado da mesma obra: "[...] trata-se de uma característica comum a todas as doutrinas tradicionais conter, nelas mesmas, desde a origem, as possibilidades e os desenvolvimentos concebíveis, incluindo uma infinita variedade de ciências das quais o Ocidente moderno não faz a menor ideia, e todas as adaptações que poderão ser necessárias em circunstâncias ulteriores."

17. Ver Titus Burckhardt, "A letter on Spiritual Method", em *Mirror of the Intellect*, *op. cit.*, tradução do inglês para o francês do autor.

Capítulo VI: A mesa e a *Rota* do Tarô de Marselha

1. O primeiro número perfeito é, portanto, o 6, o segundo, 28, o terceiro é 496, o quinto, 8.128, o sexto, 33.550.336 etc. Percebemos que todos esses números, exceto o 6, que é o primeiro, produzem o número 10, sendo 1 pela redução aritmológica. Por outro lado, 28 é o número hexagonal de 4, em que 22 é o número piramidal. Um número piramidal é igual à soma do quadrado de um número n e do triangular do número inferior, $n-1$. Um número hexagonal é igual à soma piramidal de um número n com a soma triangular do número inferior $n-1$. Por outro lado, 28 é a soma dos cinco primeiros números primos: 2, 3, 5, 7, 11.

2. Há uma multiplicidade de ocorrências do número 28 nas diversas tradições. Assim, para citar algumas complementares, o termo hebreu *hokhma*, "a Sabedoria" (segunda Sephira da Árvore da Vida hebraica associada a *Abba*, o Pai), pode, em função das recombinações autorizadas pela cabala, ser lido como *koah-ma*, expressão que

Scala Santa, ou "Santa Escada" de Jesus Cristo e seus 28 degraus,
Basílica San Salvatore della Scala Santa, Roma

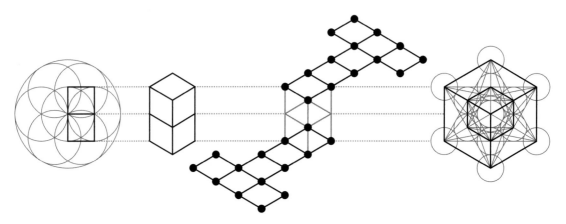

O quadrado duplo em 3D, ou duplo cubo como expressão do número 28 e do Cubo de Metatron

pode significar "o poder do quê?" ou o poder do questionamento, sobre a própria energia que está na origem desse questionamento e que impulsiona a exploração das possibilidades indefinidas compreendidas no número 28, com todas as suas potencialidades de evolução e de renovação. Na tradição cristã, *la Scala Santa*, isto é, "a Santa Escada" (mais precisamente, "a Santa Escala") em italiano, é o nome do pretório de Jerusalém em que Jesus subiu para seu julgamento por Pôncio Pilatos, que decidiu sua crucificação. Muitos lugares são respeitados por conservar preciosas relíquias da Paixão, sendo que o mais célebre está situado próximo à basílica de São João de Latrão. Essa *Scala Santa* romana, que é composta de 28 degraus de mármore branco, foi transportada em 1589, durante o pontificado de Sisto V, do velho palácio de Latrão, que estava sendo demolido, ao Sancta Sanctorum, situado no lado esquerdo da praça São João de Latrão, em Roma, na basílica San Salvatore della Scala Santa. Por outro lado, foi aos 28 anos que Jesus começou sua pregação (sermão da montanha), 28 capítulos compõem o Evangelho de Mateus (o Homem no tetramorfo da visão de Ezequiel e de São João e no Arcano XXI LE MONDE [O MUNDO] do Tarô), bem como os Atos dos Apóstolos. No plano fundamental, isto é, cosmológico, o número 28 corresponde ao valor desenvolvido do cubo, sendo 14 (cf. Capítulo I) multiplicado por 2, ou seja, nos remete ao Cubo de Metatron, constituído de dois cubos imbricados. Como vimos no Capítulo II, o Cubo de Metatron é a representação isométrica do hipercubo, o qual representa o aspecto ordenado (*cosmos*) da hiperesfera, que é a expressão última do círculo e, portanto, da roda, da *Rota*. Ora, constatamos, neste capítulo, que a *Rota* é uma fita de Mœbius, que é a expressão elementar da hiperesfera, ovo cósmico que engendra e regenera todo o Cosmos, do qual o Tarô de Marselha é o modelo codificado. O duplo cubo é igualmente a representação tridimensional do quadrado duplo, ou "Quadrado da Gênese" (cf. Capítulo III), tábua e porta da Criação, interface entre o Princípio, a Fonte (*arkhè*) inteligível, e a Manifestação, o mundo fenomenal, sensível. Por outro lado, encontramos o número 28 em outro jogo de caráter iniciático: o jogo de dominó, criado na China durante a Antiguidade, mas que foi introduzido na Europa apenas no meio do século XVIII. Ele inclui, de fato, 28 peças em quadrado duplo, comportando em pares todas as combinações dos seis primeiros números, incluindo o vazio, ou zero (o tao). Esse jogo, entre outros, repousa sobre a mesma estrutura cosmológica do Tarô de Marselha.

3. O versículo que precede o Decálogo ("os Dez Mandamentos", Êxodo 20:1) é também composto de 28 letras: וידבר אלהים את כל הדברים האלה לאמו; ao contrário do primeiro versículo do Gênesis, são os quatro primeiros e os três últimos que têm 14 letras.

4. Titus Burckhardt nos diz, em "L'impact du langage arabique sur les arts visuels de l'islam" [O impacto da língua árabe nas artes visuais do islã], que faz parte da compilação *Mirror of the intellect, op. cit.*: "Os mais antigos alfabetos semíticos compreendem 29 sons ou letras, das quais o arábico (de origem beduína, N.A.) preservou 28; o som 'perdido' é uma variante do S. É possível que a redução do alfabeto a 28 letras reflita uma intenção simbólica, já que certos autores árabes consideram que os sons correspondem às 28 casas lunares: o ciclo fonético – se estendendo das guturais às palatais, dentais e labiais – retraça as fases 'lunares' do som primordial que emanam do Sol" (traduzido do inglês para o francês pelo autor).

5. Mitra (Mitras entre os romanos) é um deus indo-iraniano, asiático e mediterrâneo, filho de Anahita ("imaculada" em iraniano avéstico, deusa das águas, da fecundidade e do parto), com a qual ele é originalmente confundido, evocando assim a dimensão espiritual da unidade andrógina do casal divino. Heródoto nos conta, na verdade, que "o nome de Afrodite entre os assírios é Mylitta; entre os árabes, Alilat; entre os persas, Mitra" (Heródoto, 1,131). Seu culto conheceu o apogeu em Roma nos séculos II e III de nossa era, onde foi contemporâneo do cristianismo. Muitos documentos hititas confirmam sua existência desde o II milênio a.C., e, na Pérsia antiga, o culto alcançou uma verdadeira importância. Apenas o romano é parcialmente conhecido. Ele repousava sobre um sistema complexo de graus de iniciação que eram acompanhados de refeições rituais, que se realizavam em templos subterrâneos ou em cavernas, imagens da matriz da deusa e da mina onde se realizavam as iniciações, as transmutações e as regenerações. Mitra, que se criou a partir da rocha (imagem da Pedra – arquetipicamente o cubo – e da matéria, a *mater*, a Mãe, a deusa), à sombra da Árvore sagrada perto do riacho, é ao mesmo tempo primogênito e autogênito. Ele se assimila assim ao Protogonos, a Eros, Aion, Fanes etc., ou o Ser universal, eterno, perpetuamente regenerado, sempre jovem (*tarun*, cf. Capítulo I). Mitras é a imagem transfigurada do iniciado, portando a faca ou a espada do poder, do discernimento e da acuidade mental, assim como a tocha do Fogo divino, iluminação espiritual e poder criativo dos iniciados (a ciência tradicional), cuja luz brilha eternamente. Esse último atributo faz de Mitra um exemplo de divindades portadoras de Luz, como Lúcifer, em latim *lux*, "luz", e *Fero*, "portador", associado a Vênus (Afrodite) e ao Venusberg, montanha santa cavernosa dos iniciados eleitos. Como símbolo da palingenesia (do grego *palingenesis*, "nascer de novo"), Mitra é comparado à Fonte viva, ao Polo (o Tao), à Serpente, à Pedra, ao Ovo etc., todos representantes da matriz primordial, da deusa. Nós vimos, na verdade, que a árvore corresponde à implantação do cubo – ele próprio um arquétipo da pedra – e à arborescência do vórtice toroidal, assimilado, com a serpente da regeneração dinâmica, à matriz da Deusa Mãe. Na forma de Protogonos (Fanes-Eros), Mitra é representado com um corpo alado, rodeado pela serpente e com cabeça de leão, simbolizando a energia cósmica e espiritual da regeneração, bem como a realeza universal (cf. nota 20). Ele é apresentado, algumas vezes, com o raio (*vajra*) e outros atributos, como a chave, o bastão-polo, o caduceu etc. Mitra é uma das expressões do arquétipo do Sol Invicto (Sol invencível), do Bom Pastor, da divindade pastoral protetora e

Mithra Petra Genetrix, Mitra nascendo da pedra, 180-192 d.C., Roma

instrutora da Humanidade (embora tenha igualmente características guerreiras), como Dumuzi, Apolo, Dionísio, Hermes, Krishna, Murugan, Jesus Cristo etc.

Ele se liga assim à longa cadeia simbólica e iniciática que remonta às raízes da Tradição primordial, que chegou até nós com o Tarô de Marselha, que a codifica sinteticamente. Mitra é igualmente representado sacrificando o touro. É frequentemente flanqueado por dois personagens semelhantes a ele, vestindo uma túnica curta acinturada, uma capa e o boné frígio. Representam os Dadóforos, os "Carregadores da Tocha", Cautes e Cautopates, que representam respectivamente o Sol nascente, da meia-noite ao meio-dia, e o Sol poente, do meio-dia à meia-noite, que representa igualmente o solstício de verão e o de inverno, sendo respectivamente o ponto mais alto e o mais baixo do Sol durante o ano. Eles representam assim, igualmente, o mundo do em Cima e o mundo do Embaixo, da *descida* e da *subida*, da "Porta dos Homens" e da "Porta dos Deuses", respectivamente. Os dois solstícios, com os dois equinócios, formam a Grande Cruz, que determina o calendário zodiacal, frequentemente representado em torno deste Fanes (cf. fim do Capítulo I). Às vezes, os Dadóforos têm, um, uma cabeça de touro, o outro, uma cabeça de escorpião, pontuando os dois signos zodiacais opostos um ao outro, fazendo referência ao provável tempo "original" do Mitraísmo. O sacrifício do touro pode então significar *o fim* de sua era para que possa nascer a era do Carneiro, que começa efetivamente pelo final do III milênio a.C., tempos fortes do Reino Elamita na Pérsia. O termo *mitra* significa "sol" em sânscrito (e também "amigo" e "aliança"), e designa igualmente o ano zodiacal. Esse significado é reforçado pelo valor numérico do termo Mitra em grego, que é 365, ou seja, o número total de dias do ano solar. A simbologia mitraica apresenta, por outro lado, um caráter tântrico: a serpente ao redor do polo, a tocha alta e baixa ou o caduceu (a *kundalini*), o bastão como *axis mundi*, o touro como imagem da base generativa etc. Ela mergulha suas raízes bem longe no tempo, remontando provavelmente à fonte da Tradição primordial.

6. O côvado real, também chamado "grande angular", é a medida utiizada pelos arquitetos egípcios em seus cálculos para a elaboração de monumentos. As proporções do côvado real, baseadas no Número de Ouro, constituíram o padrão de medida dos construtores utilizado na Europa pelos mestres de obras de arquitetura

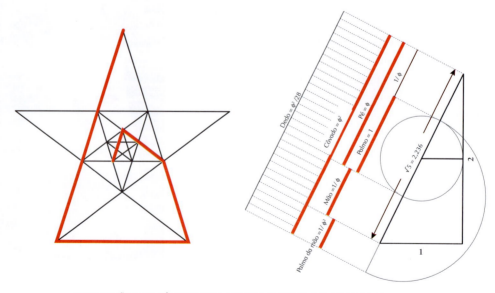

PROPORÇÕES DO CÔVADO REAL NO PENTAGRAMA E O QUADRADO DUPLO

O pentagrama, a espiral dourada e o côvado real no Arcano I LE BATELEVR (O MAGO)

romana e gótica. Incluía o côvado, o pé, o palmo, a mão, a palma da mão e o dedo, 28 em número. Se o palmo tem o valor de 1 e mede 20 centímetros, então a mão tem o valor de $1/\varphi^2$ e mede 7,64 centímetros, a palma da mão tem o valor de $1/\varphi$ e mede 12,36 centímetros, o pé tem o valor de φ e mede 32,36 centímetros, e o côvado real tem o valor de φ^2 e mede 52,36 centímetros. Da mesma forma, segundo as propriedades da sequência geométrica de Fibonacci (0 1 1 2 3 5 8 13 21 34 55 89 144, 144/89 = ±φ): côvado/pé = pé/palmo = palmo/mão = mão/palma da mão = φ, e côvado = pé + palmo, pé = palmo + mão e palmo = mão + palma da mão.

A multiplicação do valor da base do palmo (que corresponde ao círculo circunscrito do quadrado duplo de diâmetro 1) por 20, para encontrar os 52,36 centímetros do côvado real, se justifica geometricamente em relação ao quadrado de valor 10, valor arquetípico do círculo e da Tetraktys. O quadrado duplo vale, portanto, virtualmente, 2 x 10 = 20. Assim, o quadrado duplo se afirma com o pentagrama como a estrutura básica das proporções do côvado real. Nós temos a confirmação pela adição dos lados do quadrado duplo, medindo arquetipicamente 1 por 2 centímetros, à qual é acrescentada a diagonal, medindo, 2,236 cm: 2,236 + 1 + 2 = 5,236, ou uma casa decimal perto de 52,36 centímetros. Aqui é importante lembrar que, na Antiguidade, o nome da unidade de medida sagrada era cúbito (*cubitus* em latim, significando "côvado"). Essa denominação, que associa o côvado real ao cubo, afirma que essa, com o corpo humano – considerado tradicionalmente como o epítome do Universo –, está ligada à geometria sagrada do *Arcano*.

O côvado real está igualmente relacionado com π: $\pi/6$ = 3,1416/6 = 0,5236. Essa relação corresponde à circunferência de um círculo de diâmetro 1 (ou 100, para obter o valor efetivo do côvado real); o número 6 corresponde às seis faces do hexágono circunscrito, representação isométrica do cubo. Por outro lado, vimos (cf. Capítulo II) que π e φ unem, nas equações matemáticas, os números 22 e 56, números-chave do Tarô de Marselha. Ora, o côvado real, constituído de 28 dedos, repousa sobre o quadrado duplo (cuja projeção em 3D vale 28, cf. nota 2), que é a moldura das lâminas do Tarô de Marselha. Mas é a primeira das lâminas, I LE BATE-LEVR (O MAGO), que demonstra que esse Tarô abrange realmente a ciência da medida dos antigos construtores egípcios. De fato, como podemos constatar na imagem anterior, o bastão repousa sobre um dos ângulos-chave do pentagrama (36°) circunscrito nessa lâmina por um círculo natural da matriz geométrica apresentada no Capítulo III. A equiparação do bastão ao pentagrama, representativo da Quintessência, destaca que essa é distribuidora do Maná cósmico transcendente. Esse pentagrama mostra também que a ciência desenvolvida pelo Tarô é aquela de Vênus, estrela cuja luz brilhante nas trevas é a dos mestres iniciadores da Humanidade. Pelo desenvolvimento gnômico do Pentagrama, essa energia se desloca em uma espiral de ouro logarítmica em expansão indefinida pelo Universo, do Microcosmo ao Macrocosmo. Ora, como podemos constatar, essa espiral se desloca a partir da palma da mão do personagem e se estende a todo seu côvado. Assim, o Tarô de Marselha, desde sua primeira carta, afirma pelo bastão, instrumento do magistério, que ele se constitui num compêndio da ciência tradicional, compreendendo os códigos sagrados da arte real, a *Ars Magna*. Para mais informações sobre a geometria do côvado real e do Número de Ouro, consulte *Géométrie du Nombre d'or* [Geometria do Número de Ouro], de Robert Vincent, *op. cit.*

7. A *Rotatio* designa, na alquimia, a inter-relação dinâmica dos Quatro Elementos (os Arcanos Menores no Tarô) por sua circulação e sua transmutação no Cadinho alquímico (nosso próprio corpo na alquimia espiritual), a Quintessência (os Arcanos Maiores) se renovando perpetuamente no centro, ou seja, no coração do ser.

8. Chamamos de bustrofédon o traçado de um sistema de escrita que muda alternativamente de direção, linha após linha, como o boi marcando sulcos nos campos com o arado, da direita para a esquerda e depois da esquerda para a direita. Essa palavra vem do grego *boustrophêdón*, de *bous*, "boi", e *strophê*, "ato de voltar". São principalmente estágios antigos de escrita, os escritos em bustrofédon, para se fixar em um sentido preciso mais tarde: o grego,

por exemplo, foi escrito de início da direita para a esquerda, como o fenício, do qual derivou, depois em bustrofédon, e enfim da esquerda para a direita.

9. Os Arcanos Menores apresentados aqui para completar os 22 Arcanos Maiores do Tarô de Marselha Edição Millennium (produzido em Marselha pelo autor) são aqueles de François Chosson, produzidos em Marselha por volta de 1736, data atribuída supostamente ao invólucro de seu Tarô (cf. Capítulo II, fim da nota 12). De acordo com *Les cartes à jouer du XIVe au XXe siècle* [O jogo de cartas do século XIV ao século XX], de Henri-René D'Allemagne (publicado em dois volumes pela Hachette & Cie em 1906), esse mestre impressor de cartas marselhês atuou de 1734 a 1756. Esse período corresponde bem às características do Tarô, representativo da primeira metade do século XVIII (perda de detalhamento e de rigor gráficos, figurações tendendo ao realismo, ou ainda inversão de VI LAMOVREVX (O ENAMORADO), do Arcano XIII e do II de Ouros), e não do século XVII, como poderia levar a crer a data 1672 que estaria (porque a gravura está lascada) inscrita no II de Ouros, lâmina em que são tradicionalmente inscritos o nome do mestre impressor e o ano da produção do jogo. O leitor pode conferir esse Tarô de Marselha em detalhe, entre outras edições históricas, no site: www.tarot-de-marseille--millennium.com.

10. Nos exemplares históricos conhecidos do Tarô de Marselha, a Fênix é frequentemente substituída por três flores de lis, símbolo real (como é a Fênix) desde Carlos VI.

11. Uma tabela alfanumérica chamada "Roda de Pitágoras" é na verdade comparada com o Tarô desde, pelo menos, o século XVIII, como atesta a menção feita por Antoine Court de Gébelin (cf. Capítulo I, nota 1). Nós a encontramos mencionada mais tarde pelos rosa-cruzes, sempre relacionada ao Tarô. Ela é utilizada para definir o valor numérico de nomes, que podem então ser traduzidos pelas lâminas de Tarô, assim como para definir uma "linha da Vida" com quatro ou cinco lâminas. Ver *Du jeu des Tarots* [Do jogo de tarôs], oitavo volume do *mundo Primitivo*, apresentado e comentado por Jean-Marie Lhôte, *op. cit.*, *Le Tarot des Rose-Croix* [O Tarô dos Rosa-Cruzes], Cahiers de l'Unitisme, volume 5, 1963; *Tarot de Marseille* [Tarô de Marselha], de Dicta & Françoise, Éd. Mercure de France, 1988; e *Thot, le maître des signes et de l'éternel retour: la numérologie sacrée* [Thot, o mestre dos sinais e do eterno retorno: a numerologia sagrada], de Jean-Pierre Perraud, Éd. Dangles, 2007.

12. É em uma passagem do primeiro livro da geometria de Boécio (Anicius Manlius Torquatus Severinus Boetius, dito Severino Boécio, filósofo latino nascido aproximadamente em 480, em Roma, morto em 525, em Pávia, por Teodorico, o Grande) que encontramos uma referência à tabela de Pitágoras como simples tabela de multiplicação. Ver *Histoire de l'arithmétique. Explication des traités de l'Abacus, et particulièrement du traité de Gerbert* [História da aritmética. Explicação dos tratados do Ábaco e particularmente do tratado de Gerbert], de M. Chasles, Biblioteca da Escola de Cartas, volume IV, 1843.

13. O DNA, acrônimo de ácido desoxirribonucleico, é uma molécula presente em todas as células vivas. Engloba em seu código o conjunto de informações necessárias ao desenvolvimento e ao funcionamento de um organismo. Esse código genético é comum a todas as formas de vida animais e vegetais sobre a Terra, sendo infinitas as diferenças entre as espécies. Transmitido durante a reprodução, ele é igualmente o suporte da hereditariedade. Ora, o DNA é não somente gerado pela mesma geometria arquetípica que o Tarô de Marselha, mas apresenta ainda uma relação de analogia completa com ele no plano estrutural. Assim, vimos que o Tarô é animado dinamicamente por uma dupla curva sinuosa. Percorrendo os Quatro Elementos, ela é análoga à dupla espiral do DNA, que liga as quatro bases do código genético: a adenina (A), a timina (T), a citosina (C) e a guanina (G). Na imagem do Tarô de Marselha, essa dupla espiral se duplica. Ao mesmo tempo, como no código do Tarô, em

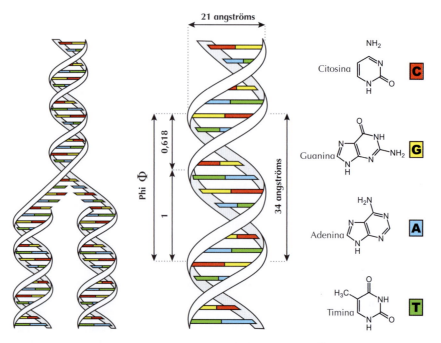

O DNA, SUAS QUATRO BASES E SUA DUPLICAÇÃO

que Paus se confronta com Espadas, e Ouros com Copas, no DNA é sempre uma adenina diante de uma timina, e uma citosina diante de uma guanina.

Além disso, essas quatro bases compõem os códons (por trincas de bases) que produzem 22 ácidos aminados (estruturas primárias de proteínas que são os módulos elementares de nosso organismo), constituindo os Arcanos Maiores do Tarô. Esses 22 aminoácidos são: ácido aspártico, ácido glutâmico, alanina, arginina, asparagina, cisteína, fenilalanina, glicina, glutamina, histidina, isoleucina, leucina, lisina, metionina, pirrolisina, prolina, serina, selenocisteína, tirosina, treonina, triptófano e valina. Porém a relação entre o DNA e o Tarô de Marselha vai ainda mais longe; a geometria sagrada do Cubo de Metatron é subjacente tanto a um quanto a outro. Dessa forma, cada uma das quatro bases (como quase todas as moléculas) tem uma estrutura atômica baseada no pentágono (incluindo o Número de Ouro) e no hexágono. Ora, vimos no fim do Capítulo II que esses polígonos correspondem aos dois grupos principais do Tarô: o hexagrama dos Arcanos Maiores (1 + 2... + 6 = 21 + o centro = 22) e o decágono (duplo pentágono) dos Arcanos Menores (1 + 2... + 10 = 55 + o centro = 56). Por outro lado, a secção transversal da dupla hélice do DNA revela igualmente um decágono regular. Mais ainda, cada volta completa dessa dupla hélice tem 34 angstrõms de comprimento e 21 de largura, dois números da sequência de Fibonacci, em que cada termo dividido por seu precedente aproxima muito mais o Número de

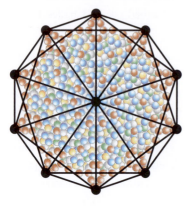

Vista em corte do DNA

Ouro cujos termos são grandes. Da mesma forma, a dupla espiral do DNA apresenta em seu comprimento a proporção do Número de Ouro, 1 sobre 1,618. Enfim, o número de códons do DNA é de 64, ou 43, que corresponde à fractalização arquetípica do cubo (cf. Capítulo IV). Dessa forma, o DNA constitui a base última do Tarô de Marselha, que o reflete tanto por sua estrutura matricial quanto por sua organização e sua iconografia, que descrevem simbolicamente todos os aspectos da experiência e da evolução humana. O DNA, base de nossa existência e, portanto, de nossa espiritualidade, constitui assim o código dos códigos sagrados, não apenas do Tarô, mas também de outros sistemas tradicionais, como o I Ching, assim como demonstrou Fritjof Capra em *Le tao de la physique* [O Tao da Física, publicado pela Editora Cultrix, São Paulo, 1985], Éd. Sand, 2007. É, por outro lado, fascinante constatar que, em escandinavo antigo, os termos *hopt* e *bond* significam "liame", no sentido de trama e de ligadura (análogo à dupla do DNA), e designam igualmente o divino e o destino.

14. "Mât" é a única definição alternativa que emerge da etimologia do termo *árvore*. Ver *Dictionnaire historique de la langue française* [Dicionário histórico da língua francesa], op. cit.

15. Na Índia antiga, o termo *chakra* designava um disco de metal – ouro, cobre ou ferro – simbolizando o poder de um rajá chamado Chakravarti, o "Senhor da roda", que regia o destino dos homens, tendo a vida deles em suas mãos. No hinduísmo, a roda representa a estrutura evolutiva universal "cujo centro é o coração, os raios são suas faculdades e os pontos de contato com o aro, os órgãos de percepção e de ação" (Ananda K. Coomaraswamy, *Hindouisme et bouddhisme* [Hinduísmo e Budismo], Éd. Gallimard, 1995). O termo foi em seguida usado para qualificar Buda e os soberanos budistas que fazem girar a roda da Lei ou *Dharmachakra*. Sobre Chakravarti, ver também a obra de René Guénon e, particularmente, *Le roi du monde* [O rei do mundo], Éd. Ch. Bosse, Paris, 1927. No plano astronômico tradicional, a roda é a imagem do céu em rotação em torno do núcleo imóvel, que é a Estrela polar.

16. É claro que essa polaridade não deve se limitar à oposição Bem e Mal, que não passa de uma das expressões da polarização dinâmica na base da Manifestação universal.

17. O filólogo italiano Giacomo Devoto (1897-1974) nos diz em *Origini indoeuropee* [Origem indo-europeia], Éd. Ar 1962: "O termo 'roda' (*ruota*) é de origem indo-europeia distante. Ele vem do latim *rota* [...]. A raiz de onde provém *rota* é *reth*. O substantivo *ruota*, [...] emergente na língua, se comporta da mesma maneira que o termo *toga* (toga) em relação à palavra *tegere* (que significa 'cobrir', de onde deriva *tegula*, que quer dizer 'telha', N.T.); [...] trata-se de um substantivo de ação derivado de uma palavra indo-europeia de origem comum, desaparecida historicamente, e que Devoto traduz como 'correr em círculos', o que pode ser compreendido como 'mover-se em torno de um eixo'. Essa interpretação nos parece plausível, se considerarmos que a raiz *reth* resultou, por meio das influências germânica e céltica, ao lado do latim, em *rethim* e *roth* em irlandês, *rhod* em galês, *rado* (de onde deriva *Rad*) em alemão antigo, todos termos que significam 'roda'; na mesma época longínqua, esse mesmo termo nominal resultou em outros que, no indo-iraniano, significam 'charrete' (em sânscrito, *rathas*; em avéstico, *ratha*) e que, na zona do Báltico, designam, no singular, "charrete" e, no plural, "rodas" (em lituano, *ratas*). O termo é ausente entre gregos, armênios e

Peça popular do povo celta, Bélgica, século I a.C.

Roda circumpolar revelada por quatro horas e meia de exposição fotográfica, Chile

eslavos. Fora isso, na maior parte das línguas europeias, o conceito de "roda" se exprime ainda hoje em dia por meio de termos parecidos: por exemplo, o romano *roata*, o catalão e o português *roda*, o espanhol *rueda*, o francês *roue*, o alemão *Rad*" (traduzido do italiano para o francês por Alberto Lombardo). No entanto, a roda e seu núcleo são, por outro lado, a imagem da abóboda celeste e da Estrela polar, em torno da qual o Céu realiza sua rotação. Assim, como explica René Guénon (bem como A. K. Coomaraswamy e outros), essa *cobertura* celeste é simbolicamente comparada à tenda, como também à sombrinha, sustentada no centro por um polo central, à imagem do tronco e da arborescência da Árvore universal (*axis mundi*). Por isso as duas rodas de uma charrete e seu eixo, dispostos verticalmente (como vemos em um candelabro céltico com um cavalo como eixo), representam a roda celeste do polo Norte e a do polo Sul, o centro correspondendo ao eixo de rotação da Terra, o *axis mundi*. Essa disposição das rodas do carro representa um cilindro, como aquela da *Rota* do Tarô, que é preciso de fato perceber como cilindro, o alto da carta apontando para o Céu, a base, para a Terra, semelhante a um homem ereto. Como um rolo de filme antigo, ele mostra, diante do observador imóvel, uma imagem eternamente mutante. Assim, é importante representar a *Rota* do Tarô girando em torno de um centro imóvel que não é outro senão o "observador" (o Vigia), o Universo se movendo em torno do indivíduo, como o centro universal *em torno* do qual se realizam as mutações. Na filosofia budista, de fato, o Eu não se identifica com os objetos dos sentidos, sempre flutuantes. Ele não se identifica com a *experiência*, mas fica particularmente no centro (Tao), transcendendo a dualidade.

Por outro lado, a relação do cavalo com o aro, ou roda com seis ou oito raios (como a da charrete) tal como a encontramos na arte dos celtas, exprime simbolicamente a possibilidade de uma viagem, da passagem de um plano a outro, de um avanço e uma evolução, que não é outra senão o desenvolvimento da consciência do ser humano (remetendo à experiência xamânica dos citas da Sibéria), assim como sua projeção vitoriosa na sucessão de acontecimentos, triunfando sobre as forças do Caos em seu *caminho* através do Espaço e do Tempo.

18. A menstruação feminina está ligada ao ciclo lunar de 28 dias (27 dias, 7 horas, 43 minutos e 11,5 segundos exatamente), o 14º dia marcando o meio do ciclo, sendo o da fecundidade. É compreensível, portanto, que o

cubo, cuja implantação tem 14 pontos, seja uma representação da deusa, da matriz universal. O ciclo de 28 dias lunissolares corresponde, portanto, ao conjunto do processo de atualização da Vida pela complementaridade fértil do masculino e do feminino, simbolizados, na alquimia, pelo casamento do Sol e da Lua.

19. *Le symbolisme des nombres – essai d'arithmosophie* [O simbolismo dos números – ensaio de aritmosofia], de René Allendy, Éd. Traditionnelles, 2000.

20. Por volta do II milênio a.C., na religião da Pérsia, prevalecia a ideia de que o mundo era resultado do Tempo infinito, chamado de "Zurvan Akarana", que teria dado origem à luz e às Trevas, depois a dois espíritos gêmeos em rivalidade perpétua, reinando alternativamente sobre a Criação. Eram eles Ahura Mazda (às vezes, chamado "Ashura Mazda", parecido com Asherah, a deusa-Polo, e já vimos que Mitra designa originalmente a deusa, cf. nota 5) e Angra Mainyu, ou Ahriman, "[…] que, gêmeos soberanos, foram proclamados como o melhor e o pior […] Quando, portanto, esses dois espíritos se encontraram, eles criaram em primeiro lugar a Vida e a Não Vida" (Zend Avesta, Yasna, 30: 2-3). Dessa forma, esses irmãos gêmeos estão condenados a disputar o domínio sobre o Universo, isto é, a organizá-lo e mantê-lo em ciclos de criação e de destruição. Eles representam a polaridade dinâmica universal (a *Stella Octangula* na geometria sagrada), compreendida na esfera do Tempo sem limites (a Hiperesfera): Zurvan Akarana.

Esse nome está contido no Antakarana, o qual, mais do que corresponder a um povo de Madagascar, da região de Antsiranana, nomeia uma figura de três braços, que representa para o cubo o que a Suástica (do sânscrito *svasti*, que significa "boa saúde", "boa sorte") é para o quadrado. Por sua trindade, o Antakarana representa o dinamismo do fogo cósmico, da energia vital, e constitui uma imagem do coração da *Rota*. O Antakarana é um símbolo tântrico que designa a "Ponte do Arco-Íris", canal sagrado de nossa espinha dorsal pontuada de *chakras* que iluminam até o topo do crânio pelo exercício da ascensão da *kundalini*, energia serpentina transmutadora, que pode também ser destrutiva. Esse símbolo, que encontramos gravado em um dos degraus de pedra que levam ao Palácio Potala, em Lhasa, parece ser usado por muitos séculos nos rituais de monges tibetanos. Os símbolos do Antakarana e da Suástica devem ser percebidos como as duas vias complementares do tronco do *axis mundi*, como se pode observar os círculos concêntricos de um tronco de uma árvore cortada. Os símbolos do Antakarana e da Suástica representam a hélice de energia central percorrendo de baixo para cima a coluna dorsal e, por fim, a estrutura helicoidal do DNA.

O Antakarana, que corresponde ao aspecto volumoso (cúbico, hexagonal), e a Suástica, ao aspecto plano (quadrado) do arcano, representam assim a expressão da energia motriz no coração da *realidade*, o *logos*. De origem sânscrita, o termo *antakarana* é traduzido como "órgão interior", "instrumento", e designa correntemente o "fio de prata" juntando o corpo físico aos corpos sutis superiores, uma fiação ao longo da espinha dorsal que é nosso *axis mundi*. O Antakarana, equivalente angular do trísceles, representa a Trindade do Fogo Divino (cf. Capítulo III, nota 14) no centro da quaternidade da Materialidade (o cubo), que ela anima com seu movi-

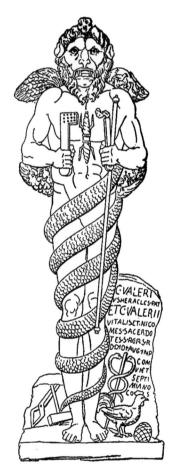

Leontocéfalo dos mistérios de Mitra comparado a Aiön e Zurvan Akarana, séculos I e II

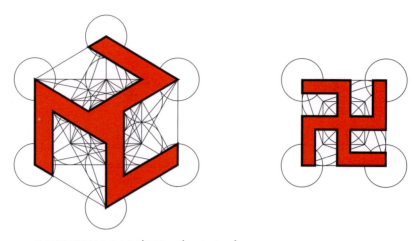

O ANTAKARANA E A SUÁSTICA, SÍMBOLOS TÂNTRICOS E CHAVES DO ARCANO

Os Quatro Elementos e os oito *chakras*, por Pieter Weltevrede

mento helicoidal, cruzando e movimentando todo o Cosmos. O desmembramento do termo em seus componentes semânticos sânscritos é reveladora: *Anta* significa "limite", "borda", "fronteira"; *karana* significa "instrumento", "atividade", "operação". Por outro lado, *kara* significa "raio de um corpo celeste" (como "poder", "taxa", "aumento de imposto", para uma batalha, por exemplo), e *na* significa "não". *Antaka* é o "deus da Morte", *Rana* significa "batalha", "conflito", "combate", "campo de batalha", mas também "alegria", "prazer", "deleite". *Antakarana* quer dizer "redução", e *Antakara* significa "mortal", "fatal", "destruidor". As diferentes acepções dessas palavras esclarecem o mito de Zurvan Akarana e as origens do gnosticismo. Emerge assim a noção de um canal universal, instrumental, de ascensão e de queda, de criação e de destruição, de guerra, de amor e de alegria, de vida e de morte na oposição eterna de duas forças confrontadas: os dois gêmeos do mito persa aprofundando suas raízes até o Sul da Índia e suas práticas tântricas. O aspecto criador e destruidor da criação correspondem, portanto, à polarização de duas correntes complementares ativadas durante práticas xamânicas e tântricas, bem como à ambivalência da *kundalini*. O mundo celeste e o mundo do inferno correspondem aos diferentes níveis do Eixo universal, em se tratando dos chakras. Dessa forma aparece a verdadeira natureza do gnosticismo original (do grego *gnosis*, "conhecimento"), o símbolo do Antakarana é relativo ao cubo, estrutura cosmológica universal, o *Arcano* representa o *logos* do Demiurgo, Artesão do(s) Mundo(s). Entretanto, ainda, em sânscrito, *Akara* significa "aparência", "forma", "figura" (imagem), "aspecto", e *na* significa "não". Assim, *akarana* significa "não aparente", "sem cara", "não evidente", o que é bem característico do tempo absoluto. Se *Zurvan* não é um termo inteiramente sânscrito, o termo *zura*, bem próximo, significa "guerreiro", "valente", "bravo", "herói", designando todos os atributos de uma divindade *dominante* da Criação, unindo assim o sentido do termo grego *arkhè*, próximo de *arcano*, que significa "comandar", "regular", no sentido do Princípio primordial, original, de ordem arquetípica. Zurvan Akarana é assemelhada às divindades gregas e helenísticas Aion, Fanes, Eros ou Protogonos, representando a essência primordial e a transcendência do Cosmos. Uma inscrição em uma das estátuas de Aion diz: "Ele, que por sua divina natureza permanece sempre o mesmo nas mesmas coisas. Ele, que é, era e será, sem começo, meio ou fim, livre de mudança, artesão universal da natureza divina eterna." Deve-se destacar que o nome *antakarana*, ligado a *akarana*, foi dado ao símbolo tântrico registrado no cubo, ao qual, por outro lado, o nome de Metatron está associado, correspondendo, junto a Zurvan Akarana, todos os dois, aos princípios divinos que *governam* o Universo: a Eternidade e a concretização das forças dinâmicas do movimento e da medida. Por outro lado, o fato de *Akarana* ser o anagrama de *arkaana* ou *arcana* (as transliterações do sânscrito para o francês podem comportar dois "a", como em *vajra yaana*, "c" e "k" são, no caso, equivalentes) acaba de demonstrar o conhecimento da linguagem cosmológica universal (o *logos*, ligado ao cubo, à *kubernesis* [direção]) pelos antigos persas e justifica totalmente a forma gráfica do símbolo Antakarana.

21. O Ouroboros designa uma serpente ou um dragão (algumas vezes duplo, como na alquimia) que morde sua própria cauda, símbolo da renovação cíclica do Cosmos e da inter-relação dos Quatro Elementos, do mundo em movimento perpétuo sem começo nem fim, do eterno retorno. O termo vem do grego *oura*, que significa "cauda", e *boros*, "devorando", latinizado na forma *uroborus*, que significa "que morde a própria cauda", *quod caudam devoravit*. Por outro lado, *ouros* significa também "guardião", e é por isso que o encontramos nos amuletos gnósticos, o Guardião como Vigilante, sendo ele próprio, além de iniciado, a egrégora sagrada (do grego *égrêgorein/ egregoros*, que significa "cuidador", "guardião"). Michèle Mertens, doutor em filosofia e letras pela Universidade de Liège, nos diz que a existência do Ouroboros é comprovada na Mesopotâmia e que esse se encontra sobretudo no Egito, há muito tempo. Ele foi até mesmo mencionado nos textos das Pirâmides. As primeiras representações figurativas do Ouroboros no Egito remontam à 18ª dinastia (1550/1292 a.C.). Há exemplos em uma das capelas douradas de Tutancâmon. Os egípcios o relacionavam ao caminho celeste dos astros que regulam nossas estações

OUROBOROS ALQUÍMICO, Synosius, 1478

e nossos anos, divisões que nos permitem medir o curso do tempo cíclico. Foi, desde então, percebido como um símbolo de rejuvenescimento e de ressurreição, daí sua presença nos sarcófagos (imagem do arcano e do ventre ou matriz maternal). Encontramos o Ouroboros em quase todas as culturas tradicionais, como entre os nórdicos, com a serpente Jörmungand, que protege os oceanos, e com o filho de Ragnar e de Kraka, que nasce com a imagem de uma serpente branca em um olho, que cerca sua íris mordendo sua cauda, lhe rendendo o nome de "Siegfried Olho de Serpente". Nós o encontramos também na Índia, onde ele cerca a tartaruga que sustenta o mundo, nas mitologias astecas e norte-americana, na Austrália, na Europa etc. Na China, o Ouroboros está representado no *Enso*, símbolo zen da natureza cíclica, que representa também a Lua, e o encontramos com os dragões da cultura chinesa Hongshan (do V ao III milênio a.C.), chamados Zhulong. Na alta Antiguidade, as renovações cíclicas (assim como os homens capazes de se autorregenerarem) foram representadas por uma serpente, graças à possibilidade que essa criatura tem de mudar regularmente de pele, regenerando assim sua própria vida. Por suas características, a serpente é o reflexo encarnado do Cosmos, o qual, tal como é descrito pela física quântica e pela teoria do "caos", é de natureza fractal, corpuscular e ondular. Ora, essa criatura se move com uma grande rapidez graças ao conjunto interno único de seus flancos e suas placas ventrais, produzindo uma série de ondulações laterais e propulsoras. Essa energia interior e automotriz leva a considerar a serpente como a própria imagem da energia cósmica e de seus movimentos impulsivos; o caráter fractal de suas escamas hexagonais a iguala diretamente à matriz geométrica arquetípica. O Ouroboros representa a união mística do Céu e da Terra, podendo a serpente ser percebida como masculina, fálica, e o círculo que ela forma, assim como a boca, como feminina, matricial. O Ouroboros representa assim a autofecundação da Natureza e a regeneração perpétua do Cosmos, constituindo uma imagem da deusa que se basta a si própria. Na origem,

ENSO, por Kokugyo Kuwahara, Japão

OUROBOROS, Engadine Superior,
Suíça, século XVII

com efeito, o Deus era o filho da Deusa. É característico que, neste simbolismo, a Terra esteja associada ao masculino e o céu, ao feminino, como vemos no Egito com *Nout* (o Céu) e *Geb* (a Terra), com *Chou*, o Ar, ficando entre os dois. O Ouroboros engloba, portanto, o princípio da androginia universal, que encontramos na *Rota* do Tarô de Marselha com os Arcanos XV LE DIABLE (O DIABO) e XXI LE MONDE (O MUNDO). O Ouroboros é representado algumas vezes duplicado; a parte masculina, ctônica, se opõe à parte feminina, alada, celeste. Na Alquimia, essa figura representa o par Enxofre-Mercúrio em sua fuga, sua perseguição e seus retornos perpétuos, como o Yin-Yang do Taoismo. O Ouroboros ilustra então os ciclos de dissolução (destruição e fermentação) e de coagulação (formação) das fases da Grande Obra, de onde resultaram a pedra filosofal e o elixir da Vida. Como o Ouroboros, a *Rota* compreende aquilo que é, aquilo que foi e aquilo que será, manifestando perpetuamente os mesmos arquétipos, os quais se exprimem de modo sempre diferente, a critério das mutações. No plano cosmológico, o Ouroboros é o emblema da unidade dinâmica universal, expressa pelas formas indefinidas do vórtice toroidal, verdadeira "serpente cósmica" que constitui nosso Universo. Assim, ele pode se apresentar na forma do leminiscata, o oito deitado, correspondendo à fita de Mœbius dessa forma ajustada. No plano biológico, o Ouroboros simboliza o ciclo do ecossistema e da circulação do sangue no corpo. No plano filosófico, enfim, a serpente circular simboliza a coerência do Cosmos, da eterna Sabedoria e da perpetuidade de sua ação no Mundo.

22. O magistério designa o poder, a autoridade e a função daquele que é mestre em teurgia (do grego antigo *theos*, "deus", e *ergon*, "trabalho"). Essa permitiria ao homem comunicar-se com os "bons espíritos" (*daïmon*) e a invocar os poderes sobrenaturais para fins positivos. Essa prática se opõe à goétia (do grego antigo *goeteia*, "feitiçaria"), considerada como a prática da invocação dos espíritos malignos.

23. Augustus Ferdinand Mœbius (1790-1868, Alemanha) foi um matemático e astrônomo teórico da Universidade de Leipzig, descendente de Martinho Lutero por parte de mãe. Ele é conhecido principalmente por ser autor da primeira formulação matemática da fita dita "de Mœbius", em 1858, superfície não orientável de duas dimensões e uma única borda (ou *fio*) quando é mergulhada em um espaço euclidiano tridimensional. Ela foi descoberta por Johann Benedict Listing praticamente na mesma época, mas foi A. F. Mœbius que lhe deu o nome. Chega-se a uma fita de Mœbius dando um giro circular em um segmento de comprimento constante, com uma rotação de meia-volta, ou, mais comumente, de um número ímpar de meias-voltas. Segundo os últimos especialistas em dinâmica, é a densidade energética que determina a

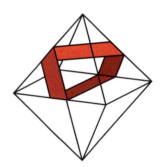

Fita de Mœbius no Octaedro

forma da fita, sendo que as formas mais torneadas são aquelas em que se acumula mais energia. Ao contrário, as formas mais planas são aquelas que têm densidades mínimas de energia. Pela lógica, a fita de Mœbius, como expressão elementar da unidade dinâmica universal, contém as seis cores do espectro luminoso. Na verdade, é impossível haver senão seis cores nessa superfície, cada uma delas tocando as outras cinco.

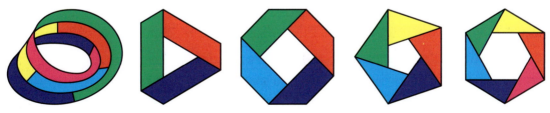

GEOMETRIA DE FITAS DE UMA A SEIS MEIAS-VOLTAS, EM QUE APENAS AS DE NÚMERO ÍMPAR SÃO DITAS "DE MŒBIUS"

Há formas parecidas com a da fita de Mœbius, como a "garrafa de Klein" (descrita por Felix Klein em 1882), obtida quando se costura, de uma ponta a outra, duas fitas de Mœbius espelhadas, ou as "superfícies de Boy" (Werner Boy, 1901); esses dois últimos "objetos" não existem senão em um espaço de quatro dimensões. Em 1747, bem antes da descoberta da célebre fita de Mœbius, Johann Sebastian Bach escreveu o enigmático Cânone A 2, "Oferenda musical", em forma de um único movimento, em que o começo se junta ao fim após uma volta, deixando assim aos cuidados dos músicos deduzir a segunda parte a partir da primeira. De fato, no início da linha, J. S. Bach escreveu uma clave de dó e três bemóis, e na extremidade dessa mesma linha, ao fim do motivo notado, uma clave de dó e três bemóis invertidos. É a indicação de que esse trecho deve ser tocado da esquerda para a direita e da direita para a esquerda, constituindo assim um palíndromo musical.

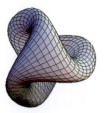 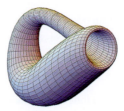 

Superfície de Boy　　　　　　Garrafa de Klein　　　　　Variante da Garrafa de Klein

24. Ilustrações reproduzidas pelo autor com a gentil autorização de Jacques B. Siboni destacam que, se é possível reproduzir essa figura em nosso espaço padrão, em três dimensões, com fio de ferro e elásticos, no plano matemático é preciso usar uma dimensão espacial suplementar (espaço em quatro dimensões) para tornar esses cruzamentos possíveis. Nós as chamamos linhas ou pontos de imersão, em que um número indefinido constitui o plano contínuo da superfície, sendo essa puramente *projetiva* na fita de Mœbius, de fato constituída de um único *fio* dando uma meia-volta sobre ele mesmo. Há inúmeras representações que fazem referência ao mesmo tipo de objeto, como a superfície de Boy (cf. nota precedente) e o *crosscap*, topologicamente equivalente à fita de Mœbius. Ver o site de Jacques B. Siboni: http://jacsib.lutecium.org/Home_fr.html.

25. Ver *Le symbole* [O símbolo], de Baudouin Decharneux e Luc Fontaine, Éd. puf, 2003, cap. VI. Esses autores acrescentam: "(por volta de 150 a.C., N.A.) Entre o *eikôn* (ícone) platônico e o *eidos* (a ideia) à qual ele se refere, subsiste uma dificuldade: a referência sistemática de conceitos constitutivos do campo do conhecimento a ideias inteligíveis conduz a uma complicação do modelo que supostamente explicaria o real. Em outras palavras, entre o fenômeno, o *eikôn*, e o *eidos*, apesar da abordagem matemática sugerida por Platão, é difícil traçar uma fronteira ontológica precisa". Parece que o Tarô de Marselha constitui precisamente a resolução efetiva desse problema; suas modalidades de elaboração foram desenvolvidas durante esse período e os séculos seguintes. A renovação pitagórica foi desenvolvida em torno do porto de Alexandria, no Egito, que no seu tempo era um dos maiores centros culturais do Mediterrâneo, com sua Grande Biblioteca e seu museu. Foi um dos generais de Alexandre, Ptolomeu I, que recebeu o Egito como partilha quando o rei morreu, o que deu impulso intelectual e comercial do qual resultou toda a grandeza de Alexandria. Em 288 a.C., ele fez construir um museu (do grego *museion*, "o palácio das Musas") que abrigava uma universidade, uma academia e a famosa biblioteca (estimada em 400 mil volumes em seu início, e em 700 mil no tempo de César). Ele pediu a cada um dos países conhecidos à época que lhe enviasse as obras de diversos autores, as quais ele fez traduzir para o grego. Como a cidade era um porto,

ele pediu também a todos os navios que faziam escala em Alexandria que permitissem que todos os livros que estivessem a bordo fossem copiados e traduzidos. A cópia era devolvida ao navio e o original era conservado na biblioteca. Segundo a Carta de Aristeu, a biblioteca foi organizada em seu início por Demétrio de Falero, um dos discípulos de Aristóteles. O museu tornou-se um centro acadêmico de alta pesquisa onde os sábios eram custeados pelo príncipe. Eles tinham à sua disposição os instrumentos, coleções, jardins zoológicos e botânicos necessários ao seu trabalho. Por outro lado, no início do século II a.C., Eumenes II, de Mísia, fundou na outra margem do Mediterrâneo a biblioteca e o centro de pesquisas de Pérgamo, que concorria com a biblioteca de Alexandria, completando-a. A biblioteca e o museu cresceram nos cinco séculos seguintes, até Ptolomeu VIII Evergeto II (182-116 a.C.) expulsar os sábios de Alexandria, cuja atividade foi então reduzida. Depois vieram as consequências da guerra civil romana entre César e Pompeu (por volta de 50 a.C.), com a destruição pelo

O farol de Alexandria na ilha de Faro, gravura de Magdalena van de Pasee, 1614

fogo da frota de Alexandria, cujo incêndio se propagou até a biblioteca, que foi assim parcialmente destruída. Na sequência, vieram os conflitos de natureza política e religiosa entre o paganismo e o cristianismo (entre 250 e 350 d.C.), em que, segundo a hipótese de Gustave le Bon (1841-1931) em *La civilisation des Arabes* [A civilização árabe] (Éd. D. de la Fontaine-au-Roy, 1996), o imperador cristão Teodósio teria destruído os templos e livros pagãos. Outro relato (que se encontra desde 1203 em Abd al-Latif, depois Ibn al Kifti, e mais tarde Ibn Khaldoun) atribui a destruição da biblioteca ao califa Omar I (companheiro e amigo de Maomé), que teria dado a ordem de destruição da biblioteca a seu chefe militar 'Amr Ibn al-'As. Porém, nada está confirmado e nenhum sinal da biblioteca de Alexandria foi identificado ou encontrado até hoje, o que, com as fontes históricas extremamente limitadas, deixa os pesquisadores impossibilitados de validar, confirmar ou corroborar as informações

Biblioteca Alexandrina e seus hieróglifos de alfabetos do mundo,
inaugurada em 16 de agosto de 2002 em Alexandria, no Egito

de fontes que, no correr do tempo, podem ter sido manipuladas, mal compreendidas ou mal interpretadas. O famoso farol de quase 200 metros de altura, situado na ilha de Faro e ligado a Alexandria pelo *Heptastádio* (istmo de construção antiga assim denominado por ter a dimensão de sete *estádios*), constituía a sétima maravilha do mundo antigo. Ele foi construído por Sóstrato de Cnido durante o reinado de Ptolomeu II, em torno de 280 a.C. Foi o maior farol da Antiguidade e podia ser visto a mais de 30 quilômetros de distância. Sua base era quadrada, a parte central, octogonal, e a parte alta, circular. Tinha uma série de espelhos de bronze polido, refletindo a luz do Sol em pleno dia e as chamas de braseiros durante a noite. Ele foi destruído por tremores de terra no século XIV. Semelhante à Fênix renascendo das cinzas, em 16 de outubro de 2002, uma nova biblioteca, a Biblioteca Alexandrina, foi inaugurada em Alexandria, em memória da biblioteca mítica, portanto, uma mensagem de esperança e de renovação do ideal do conhecimento universal acessível a todos.

26. A gnose designa um conceito filosófico-religioso no qual a salvação da alma (ou sua libertação do mundo material) passa por um conhecimento (experiência ou revelação) direto da divindade, e, portanto, por um conhecimento de si e do Ser. Se o termo gnose significa "Conhecimento" (do grego *gnôsis*), ele foi utilizado nos primeiros séculos de nossa era de modo polêmico pelos teólogos cristãos (em particular Ireneu de Lyon, em sua "Denúncia e contestação da falsa gnose", publicada em torno de 180) para identificar certos movimentos do cristianismo primitivo denunciados como heréticos. A descoberta em 1945 de manuscritos da biblioteca de Nag Hammadi forneceu evidências diretas desses movimentos definidos hoje como "gnosticismo histórico", para distingui-lo da gnose que se perpetuou através dos séculos e que subsiste ainda hoje em diferentes formas.

27. Um jogo de cartas italiano chamado "Jogo da Governança do Mundo" teria sido desenvolvido com o estímulo do papa Pio II e de certos cardeais, quando reunidos em Mântova, em 1459. Foi usada nesse jogo uma série de

estampas da Renascença italiana denominada "Tarô de Mantegna" – que foi produzido por volta de 1465. Esse "Tarô" (assim nomeado graças à certa semelhança de 22 de suas cartas com as do Tarô) foi provavelmente produzido por Michele Parrasio, de Ferrara. Ele é constituído de cinquenta gravuras em cobre, divididas em cinco séries de dez cartas, designadas respectivamente pelas letras E, D, C, B, A. Seus nomes são em um dialeto próximo ao falado em Veneza e Ferrara, e essas letras são classificadas segundo uma ordem de importância em função dos temas da realidade social do fim da Idade Média. Encontramos, na primeira série, a hierarquia da sociedade e da condição humana (E); na segunda, as musas e Apolo (D); na terceira, as artes liberais e as ciências (C); na quarta, os princípios cósmicos e as sete virtudes; (B), enfim, na quinta, os sete planetas e as esferas (A). Ecoando essa noção de jogo representativo dos princípios regentes do Universo (*arkhè*), *O jogo da governança do mundo* foi o título escolhido por Tchalaï Unger (cf. Introdução, nota 2) para a segunda edição de seu livro sobre o Tarô de Marselha, pelas Éditions Montorgueil, 1994.

28. Hermes Trismegisto, o "três vezes grande", se liga a uma longa cadeia de mestres instrutores da Humanidade. A genealogia helenística mais corrente data do século III ou II a.C.: o primeiro Hermes é Thoth, e seu filho é Agathodé, cujo filho é o segundo Hermes, que teve como filho Tat (ver Antoine Faivre em *Présence d'Hermès Trismégiste* [Presença de Hermes Trismegisto], Éd. Dervy, 1997). Esse segundo Hermes é que será chamado de Trismegisto, a partir do século II de nossa era. Mas é Iamblichus Chalcidensis, em *De Mysteriis Aegyptiorum* (165-180 d.C., citado em *Berossos and Manetho*, de Gerald Verbrugghe e John M. Wickersham, Ed. University of Michigan Press, 2001), que nos esclarece mais: "Hermes, que preside a palavra, é, segundo a antiga tradição, comum a todos os sacerdotes; é ele que conduz a verdadeira ciência; ele é um em todos. Por isso nossos ancestrais lhe atribuíam todas as descobertas e assinavam seus trabalhos com o nome de Hermes."

HERMES TRISMEGISTO, catedral de Siena, século XIV

Hermes Trismegisto pode, portanto, ser considerado como uma egrégora sagrada, encarnada em uma longa cadeia de iniciados nos mistérios e nas ciências tradicionais, todas voltadas a ajudar a Humanidade em seu crescimento em direção ao divino. A origem do sobrenome Trismegisto parece vir da repetição do superlativo (muito grande), ligado em egípcio ao nome do deus Thot (ver *The egyptian Hermes* [O egípcio Hermes], de Garth Fowden, Ed. Princeton University Press, 1993). Encontra-se, por exemplo, nos hieróglifos do templo de Esna ou em uma inscrição em demótico, registro de uma placa do culto de Íbis realizado perto de Mênfis em 172 a.C. Os primeiros registros em grego se encontram em Atenágoras de Atenas (133-190) e Fílon de Biblos (64-141). Clemente de Alexandria (150-215 d.C.) indica que havia 42 livros de Hermes Trismegisto, dos quais 36 reúnem o conjunto da filosofia egípcia e seis outros a medicina (*Os mistérios do Egito*, de Jamblique, 320 d.C.). A ideia de que Hermes Trismegisto é o fundador da alquimia se impôs na Renascença, com a descoberta, na época de Cosme de Médici, de textos que lhe eram atribuídos. Para Roger Bacon, que traduziu do árabe e comentou *Secretum Secretorum*, que compreendia a Tábua de Esmeralda, Hermes é dito Triplo "porque ele fez a filosofia tripla, ou seja, natural, moral e metafísica; e a alquimia como parte da filosofia natural", ou seja, a ciência aplicada ao corpo, à alma e ao espírito.

A PEDRA DE ROSETA, Egito, 196 a.C.

29. A pedra de Roseta é um fragmento da estela de origem egípcia com três versões de um mesmo texto, em duas línguas (egípcio antigo e grego antigo) e três sistemas de escrita, o hieróglifo, o demótico e o grego. O texto inscrito na pedra é um decreto ptolomaico enunciando as decisões tomadas em 27 de março de 196 a.C., 18º dia do segundo mês de inverno do ano 9 do reino de Ptolomeu V Epifânio, pela assembleia de padres egípcios reunidos em Mênfis para honrar Ptolomeu V Epifânio e Cleópatra I. O decreto reconhecia Ptolomeu V (então com 14 anos de idade) como rei do Alto e do Baixo Egito. A última frase indica que esse decreto deve ter sido inscrito em uma estela de pedra dura, na escrita dos deuses (hieróglifos), na escrita popular (demótica) e na língua grega, levando a pensar que ela tenha sido criada precisamente para atravessar os tempos e fornecer a chave para decifração futura dos hieróglifos. O fato de a estela comportar um decreto descrevendo a revogação de impostos por Ptolomeu V Epifânio e a ordem de erigir estátuas nos templos parecem ir nesse sentido, com o novo rei querendo claramente deixar uma boa imagem de seu reino na História.

A pedra de Roseta foi a peça-chave para Jean-François Champollion decifrar, em 1822, o hieróglifo egípcio, junto com um obelisco encontrado em File em 1821, que lhe permitiu descobrir, em 1822, as correspondências dos signos hieráticos, hieroglíficos e demóticos. A estela, em granodiorito, mede 112 centímetros de altura por 76 centímetros de largura e tem 28 centímetros de espessura. Ela foi descoberta em trabalhos de escavação em uma antiga fortaleza turca, o forte Qaitbay (renomeado Forte Julien por Napoleão, em homenagem a seu ajudante de campo Thomas Prosper Jullien, assassinado no verão de 1798), situado na cidade de Rachïd (Roseta), na ilha de Faros, em Alexandria, em 15 de julho de 1799, durante campanha de Napoleão Bonaparte no Egito. O forte Qaitbay, que tem, mais ou menos, a forma cúbica (imagem do *arcano*), foi construído por volta de 1480 pelo sultão Qaitbay, *Burgi Mamlûk* (que significa "mameluco da torre ou citadela", ou seja, "o vigia", líder respeitado do Egito de 1468 a 1496), onde era o farol de Alexandria, com suas pedras recuperadas depois dos dois sismos que o destruíram alguns anos antes. O sultão Qaitbay ergueu no interior uma mesquita, como indicativo de que o local era considerado sagrado, e assim se tornou um lugar de veneração (*arcana*). É lembrado como um grande construtor, de caráter nobre. Deixou sua marca na arquitetura de Meca, Medina, Jerusalém, Damas, Alepo, Alexandria, e em todos os distritos da cidade do Cairo. No mínimo 230 documentos, muitos ainda existentes, são associados a seu nome. Ressalte-se que o Tarô mais antigo conhecido ainda hoje é o jogo mameluco *Mulûk Wa-Nuwwâb*, que significa "Reis e Vice-Reis", antes chamado "Jogo da Governança do Mundo". Datado aproximadamente do século XIV, ele está preservado no palácio de Topkapi, em Istambul (antigamente Bizâncio e Constantinopla). Mais de três séculos depois, durante a capitulação da França diante da Grã-Bretanha, em 1801, os britânicos vitoriosos exigiram a entrega de monumentos antigos, e por isso a pedra de Roseta está exposta no British Museum desde 1802. Após tentativas infrutíferas de decifração pelo arqueólogo sueco Jean-David Akerblad (1763-1819), pelo linguista orientalista francês Silvestre de Sacy (1758-1838) e pelo egiptólogo britânico Thomas Young (1773-1829), foi o egiptólogo francês Jean-François Champollion, chamado "Champollion, o Jovem" (1790-1832), que conseguiu decifrar a pedra de Roseta após mais de dez anos de trabalho intenso. Ele era fascinado pela Antiguidade e dedicou todo o seu tempo ao aprendizado de línguas orientais: hebreu, árabe e copta, aos quais se acrescentaram mais tarde o sânscrito e o persa. Foi em 27 de setembro de 1822 que ele escreveu a famosa "Carta a M. Dacier relativa ao alfabeto dos hieróglifos fonéticos" (Bon-Joseph Dacier, 1742-1833, secretário vitalício da Academia das Inscrições e Belas Letras), na qual ele compartilha sua descoberta de um sistema de decifração de hieróglifos: "É um sistema complexo, uma escrita ao mesmo tempo figurativa, simbólica e fonética, em um mesmo texto, uma mesma frase, eu diria quase que em uma mesma palavra." Essa carta foi seguida, em 1824, pelo *Tratado sobre a escrita demótica* e o célebre *Resumo do sistema de hieróglifos*. Sua descoberta do sistema gráfico complexo (parcialmente fonético, parcialmente icônico) ao qual correspondem os hieróglifos tornou possível a decifração posterior, indispensável ao conhecimento da língua assim como o estabelecimento de um vocabulário e de uma gramática. Jean-François Champollion, considerado o pai da egiptologia, dizia: "Vivo pelo

O FORTE QAITBAY na ilha de Faros, onde antes havia o farol de Alexandria, Egito

Egito, ele é tudo para mim." Depois de uma temporada em Turim, de 1824 a 1825, onde foi eleito membro da Academia de Ciências, ele voltou a Paris, onde foi nomeado curador do novo departamento de egiptologia do Museu do Louvre. De 1828 a 1830, chefiou uma expedição científica ao Egito e obteve de Méhemet-Ali, vice-rei, a promessa de doação do obelisco de Luxor. Com 23 metros de altura e pesando 230 toneladas, ele foi erigido na praça da Concórdia em Paris, em 25 de outubro de 1836. De volta à França, ele publicou nova obra, *Monumentos do Egito e da Núbia*. Champollion foi eleito membro da Academia das Inscrições e Belas Letras em 1831, o mesmo ano em que foi criada para ele uma cadeira de egiptologia no Collège de France. Exausto em consequência do excesso de trabalho, ele morreu em Paris em 4 de março de 1832, com apenas 42 anos, deixando inacabados uma gramática egípcia e um dicionário egípcio, que foram publicados por seu irmão em 1836 e 1843. Ver *J.-F. Champollion, textes et langages de l'Égypte pharaonique, cent cinquante années de recherches*, 1822-1972 [Textos e idiomas do Egito dos faraós, 150 anos de pesquisas, 1822-1972], Cairo, IFAO, 1972; e *L'Égyptologie et les Champollion* [A Egiptologia e os Champollion], de M. Dewachter e Fouchard, Presses Universitaires de Grenoble, 1994.

30. A palavra "signo" vem do latim *signum*, a mesma raiz do termo *sicare*, "cortar", isto é, distinguir e sobressair (cerceamento lógico). Ela se liga assim diretamente ao símbolo (*sum-bôlon*, em grego, "juntar", "reunir", "somar"), que atua estabelecendo relação entre partes distintas e complementares. Thoth, o deus dos Signos, representa assim a matriz das línguas e dos códigos sagrados, repousando sobre símbolos e alfabetos, bases do desenvolvimento de toda ciência, tanto hermética quanto profana.

31. Desde a publicação por Antoine Court de Gébelin, em 1781, da apresentação do Tarô e de sua origem supostamente egípcia (cf. Capítulo I, nota 1), em que se pode ler: "O livro de Thoth existe e suas páginas são as figuras dos tarôs", o Tarô é frequentemente chamado de "Livro de Thoth" ou "Livro de Hermes". Assim, um subscritor da enciclopédia de Court de Gébelin, Monsieur le C. de M. (provavelmente o conde de Mellet), para completar o estudo de Court de Gébelin, escreveu sobre os Tarôs e sobre a adivinhação pelas cartas dos Tarôs, cujo primeiro capítulo se intitula "Livro de Thoth". Nele, o conde de Mellet nos fornece preciosos ensinamentos sobre o simbolismo popular, infelizmente perdido em sua maior parte, das lâminas do Tarô de Marselha. Depois, em 1783, Etteilla (anagrama de seu verdadeiro nome, Jean-François Alliette, 1738-1791), franco-maçom como Court de Gébelin (que se relaciona com Voltaire, Louis-Claude de Saint Martin, Martinès de Pasqually e Benjamin Franklin), se dedicou a restaurar as figuras afirmando conhecer a estrutura do jogo praticado pelos egípcios. Publica, assim, sua obra com um título evocador, *Como recriar o jogo de cartas chamado Tarô*, em que, inspirado, declara que os primeiros Tarôs continham o mistério das origens universais, as fórmulas de certas operações mágicas e o segredo da evolução física e espiritual dos homens. Etteilla foi o primeiro "tirador de cartas" profissional conhecido. Ele inventou a palavra "cartonomancia", que se transformou em "cartomancia" depois da publicação, em 1788, pelo misterioso conde de P., da obra *Jogo de cartomancia para o divertimento das senhoras.*

Acreditando que a tradição original do Tarô estava perdida e que ele a havia encontrado, Etteilla compôs um jogo original de caráter esotérico, baseado em uma abordagem empírica, que ignorava a estrutura subjacente do Tarô e seus rigorosos códigos da arte sacra. Etteilla foi seguido nessa tendência reformista por numerosos "tarólogos", que produziram também um jogo supostamente para restaurar o espírito original. Quase dois séculos mais tarde, o célebre mago Aleister Crowley (1875-1947) encomendou a Lady Marguerite Frieda Harris (1877-1962) seu célebre "Tarot de Thoth", cujas lâminas foram pintadas entre 1938 e 1943. Embora o jogo não tenha sido publicado integralmente antes de 1969, Aleister Crowley produziu, em 1944, o livro *The Book of Thot: A Short Essay on the Tarot of the Egyptians* [O Livro de Thoth: um pequeno ensaio sobre o Tarô dos egípcios], em edição assinada e limitada a duzentos exemplares. Descobertas a natureza e a estrutura do Tarô, podemos apenas saudar os pesquisadores do passado, que, embora tenham deixado perceber que o Tarô dito "de Marselha" constituía um modelo arquetípico, compreenderam que ele era verdadeiramente um compêndio da ciência sagrada da alta Antiguidade.

Cartaz de Etteilla, Paris, 1787

Capítulo VII : Os princípios e os modos fundamentais da prática do Tarô de Marselha

1. Titus Burckhardt, *Alchimie, sa signification et son image du monde* [Alquimia, seu significado e sua visão de mundo], *op. cit.* O autor acrescenta: "Não é abaixo (referência à concepção de C. G. Jung, N.A.), mas acima do plano racional que se situam os arquétipos, e é por isso que tudo o que a razão pode deles discernir não passa de um aspecto rigorosamente limitado de sua própria realidade. É somente na união da alma com o espírito – ou ainda em seu retorno à unidade indivisível do Espírito – que podem se produzir na consciência humana, como uma súbita revelação das possibilidades eternas contidas no intelecto ou no Espírito: elas se 'condensam' então espontaneamente na forma de símbolos." Para C. G. Jung, o arquétipo reside no inconsciente coletivo como produto de estágios-chave da evolução, procedendo portanto de baixo para cima, diferente da filosofia tradicional, que compreende o arquétipo como um princípio primordial de origem celeste, supra-humana, divina, que rege todo o Universo segundo um esquema universal, procedendo de cima para baixo. As duas perspectivas são na verdade complementares, e a síntese de uma, enriquecida pela da outra em uma justa medida, fornece as chaves da compreensão do Homem e do Mundo, que resulta, com efeito, de um "casamento" entre o plano inicial (hermeticamente, "o que está em cima") e o plano material ("o que está embaixo"), entre o plano do brilho puro, e aquele da matéria submetida à inércia, à gravidade, à entropia e à mutação.

2. Titus Burckhardt, *Alchimie, sa signification et son image du monde* [Alquimia, seu significado e sua visão de mundo], *op. cit.*

3. Ver Mircéa Eliade, *Traité d'histoire des religions* [Tratado da história das religiões], Éd. Payot, 2004.

4. *Verbum Dismissum* ("A palavra negligenciada"), Paris, 1618, de Bernard Le Trevisan ou Bernard de la Marche Trévisane, também chamado de o Bom Trévisan. Nascido em Pádua, em 1406, era conde de Trevigo, pequeno condado de Treviso, ligado aos estados venezianos. Desde os 14 anos de idade e até sua morte, a alquimia constituiu a única ocupação de sua vida. Ele teria encontrado, aos 82 anos, a pedra filosofal, em Rodes, onde morreu em 1490.

5. René Guénon, *Aperçus sur l'ésotérisme chrétien* [Percepções do esoterismo cristão], Éd. Traditionnelles, 1988.

6. François Rabelais (nascido perto de Chinon entre 1483 e 1494, e morto em Paris em 9 de abril de 1553) nos descreve a abadia de Thelema no Capítulo LVII de *Gargântua*, publicado em 1534. A palavra *Thelema* significa "desejo" em grego, no sentido de "querer". Aqui está este capítulo da *Mui horripilante vida do grande Gargântua pai de Pantagruel*, escrito sob o pseudônimo de M. Alcofribas, teórico da Quintessência. Livro pleno de Pantagruelismo: "Toda a sua vida era dirigida não pelas leis, pelos estatutos ou pelas regras, mas segundo sua vontade e seu livre-arbítrio. Eles levantavam da cama quando lhes parecia bom, bebiam, comiam, trabalhavam, dormiam quando o desejo lhes

Frontispício de *Gargântua*, 1532

vinha. Ninguém os acordava, ninguém os obrigava a beber nem a comer nem a fazer o que quer que fosse... Assim havia estabelecido Gargântua. Toda a sua regra tinha apenas esta cláusula: FAÇA O QUE TIVER VONTADE, porque as pessoas livres, bem nascidas, bem instruídas, vivendo em honesta companhia, têm por natureza um instinto e um impulso que sempre empurra para a virtude e afasta do vício; isso é o que chamavam de honra. Quando são esmagados e escravizados por constrangimento vil e sujeição, se afastam da nobre paixão pela qual tendem livremente à virtude, a fim de remover e quebrar esse jogo de servidão; porque fazemos sempre as coisas proibidas e cobiçamos o que nos é negado. Por essa liberdade, eles se entregaram a uma louvável emulação de fazer de uma vez tudo o que lhes aprouvesse. Se alguém lhes dizia 'bebamos', todos bebiam. Se lhes dizia 'joguemos', todos jogavam. Se lhes dizia 'vamos passear no campo', todos iam. Se era para caçar, as senhoras, montadas em suas belas hacaneias, com seu palafrém ricamente ornado, levavam, cada uma em sua mão, delicadamente enluvada, um falcão, ou um açor, ou um esmerilhão; os homens levavam os outros pássaros. Eram todos tão notavelmente instruídos que não havia entre eles quem não soubesse ler, escrever, cantar, tocar instrumentos harmoniosos, falar cinco a seis línguas e nelas compor, tanto em versos quanto em prosa. Jamais foram vistos cavalheiros tão valentes, tão galantes, tão hábeis, a cavalo e a pé, tão resolutos, tão fortes para remar e para manejar todo tipo de arma. Jamais foram vistas senhoras tão elegantes, tão delicadas, tão bonitas, mais bem dotadas nas artes manuais, na costura, em todas as atividades femininas honestas e livres, como eram elas. Por essa razão, quando chegava a hora de algum dos habitantes dessa abadia partir, seja por demanda de seus parentes, ou por outra causa, ele levava consigo uma das damas, aquela que o teria escolhido por devoção, e se casavam; e como viviam em Thelema em devoção e amizade, continuavam a viver ainda melhor no casamento; amavam-se, no final de seus dias, tanto quanto no primeiro dia de suas núpcias." Por outro lado, no prólogo desse livro, cuja gravura do frontispício mostra semelhança impressionante com LE MAT (O LOUCO), 22º Arcano Maior do Tarô, Rabelais fez um grande tributo a Sócrates, relacionando-o aos tesouros dos Arcanos. É também no Capítulo XXII desse livro que é feita a primeira referência literária conhecida ao Tarô. Rabelais nos apresenta os jogos de Gargântua, incluindo, entre outros, o "quem ganha perde", "amarelinha" e "*tarau*".

7. A alegoria da caverna, famosa, é exposta por Platão no Livro VII de *A República*. Ela apresenta, por um diálogo entre Sócrates e Glauco (à semelhança do deus do mar Glauco – filho de Posêidon, o rei da Atlântida, segundo Platão – que se tornou imortal provando a erva da vida), homens acorrentados e imobilizados em uma caverna, virados de costas para a entrada, que não veem senão suas sombras, assim como as dos objetos ao longe atrás deles. Ela expõe, em termos imagéticos, a difícil ascensão dos homens ao conhecimento da verdadeira realidade, como também a não menos dificultosa transmissão dele aos outros. Eis o início da parte do diálogo relativo à caverna:

"SÓCRATES: Pense em nossa natureza conforme ela foi ensinada ou não, com esse pretexto – imagine homens numa morada subterrânea, em forma de caverna, com uma grande entrada aberta à luz; eles estão lá, com pernas e pescoço acorrentados, desde a infância, de modo que não podem mexer-se nem ver senão o que está diante deles, pois as correntes os impedem de virar a cabeça. A luz chega-lhes de uma fogueira acesa numa colina que se ergue por detrás deles, e entre o fogo e os prisioneiros passa uma estrada ascendente; imagine que nessa estrada foi construído um pequeno muro, semelhante às divisórias que os apresentadores de marionetes armam diante de si e por cima das quais exibem seus bonecos. GLAUCO: Estou vendo. SÓCRATES: Imagine, ao longo desse muro, homens que transportam objetos de toda espécie, que transpõem o muro – estatuetas de homens e animais, em pedra, em madeira e todo tipo de material; entre esses transportadores, naturalmente, uns falam e outros seguem em silêncio. GLAUCO: Uma cena estranha e estranhos prisioneiros. SÓCRATES: Assemelham-se a nós. Pensa que tais homens viram deles mesmos, e uns dos outros, algo mais do que as sombras projetadas pelo fogo na parede da caverna que lhes fica defronte? GLAUCO: Como isso seria possível, se são forçados a ficar de cabeça imóvel durante toda a vida? SÓCRATES: E em relação aos objetos que são passados pelo muro, não se dá o mesmo? GLAUCO: Sem dúvida. SÓCRATES: Portanto, se pudessem se comunicar uns com os outros, não achas que tomariam por objetos reais as sombras que veriam? GLAUCO: É bem possível. SÓCRATES: E se a parede do fundo da prisão provocasse eco sempre que um dos transportadores falasse, não julgariam ouvir a sombra que passasse diante deles? GLAUCO: Não posso acreditar! SÓCRATES: Dessa forma, esses homens pensarão que a verdadeira realidade não é outra coisa senão as sombras dos objetos fabricados. GLAUCO: Necessariamente."

Esse texto fazia parte dos ensinamentos pitagóricos que teriam sido adquiridos por Platão junto a um dos filósofos da escola pitagórica dizimada: Filolau de Crotona, então completamente indefeso. Pitágoras seguiu, na verdade, os ensinamentos de Ferécides de Siro, que ensinava em uma caverna, e teria vivido em uma gruta onde se reuniam 28 discípulos (número cosmológico e chave da *Rota*, como vimos no Capítulo VI).

A alegoria da caverna de Platão, por Pieter Jansz Saenredam (segundo Cornelis van Haarlem), 1604

8. O Tarô pode servir de tradutor e de codificador de sistemas de ordens diferentes, como a educação, a construção literária e teatral, a tradução de sequências numéricas etc. As possibilidades são infinitas.

9. O termo usual para definir o praticante do Tarô é "tarólogo", palavra que teria sido definida por Alexandro Jodorowsky. Designando todo aquele que estuda o Tarô, tanto o novato quanto o já experiente, ele é de caráter geral. O autor propõe, portanto, o termo "tarológico" para designar toda pessoa que tem a capacidade de explorar racionalmente os códigos da mesa e da *Rota* do Tarô de Marselha. Esse termo designa, assim, exclusivamente, um praticante plenamente instruído a respeito da estrutura e da organização fundamentais do Tarô de Marselha.

10. É com certeza importante que o consulente seja levado a compreender, o máximo possível, por ele mesmo, o que significam as cartas, que têm um impacto profundo sobre seu psiquismo. Quanto mais objetiva a visão que tiver do jogo, maiores serão os benefícios para ele, induzindo a uma reorganização de sua esfera mental, conduzindo-o a maior lucidez, coerência e equilíbrio.

11. Esses quatro componentes são correspondentes aos Quatro Elementos tradicionais, que são o Fogo, o Ar, a Terra e a Água. Nós os encontramos no Tarô de Marselha com os Paus, as Espadas, os Ouros e as Copas, que representam a ciência aplicada ao Espírito, ao Corpo e à Alma, respectivamente. Todo o equilíbrio humano repousa sobre as relações desses quatro componentes, cujo equilíbrio e atividade sinérgica permitem à esfera espiritual (Quintessência) se manifestar e se expressar no seio da estrutura constitutiva da *realidade*, a qual tem os Quatro Elementos como fundamento. Esse é o desafio da filosofia, compreender essas forças universais, cultivá-las e exprimir as qualidades nos diferentes planos da existência. Nessa perspectiva, a teoria dos humores popularizada pelos Escritos de Hipócrates (460-370 a.C.) foi uma das bases da medicina antiga, segundo a qual o corpo era constituído dos Quatro Elementos fundamentais, possuindo quatro qualidades: quente ou frio, seco ou úmido. Esses elementos mutuamente antagônicos (a Água e a Terra extinguem o Fogo, que faz evaporar a Água...) devem assim coexistir em equilíbrio para que a pessoa tenha boa saúde física e espiritual. Todo desequilíbrio, mesmo que seja mínimo, leva a "oscilações de humor" que ameaçam a saúde do paciente e, dessa forma, a harmonia de sua relação com os outros e com o mundo.

12. Observamos também que o número 10.648 é composto, de um lado, do número 10 e, de outro, do número 648, cuja redução aritmológica dá 18. Ora, se o limite de redução "aritmotarosófico" é 22, 10 não deve então se reduzir. Temos, portanto, 10 e 18, ou seja, 28, o número-chave da *Rota*. A aritmologia constitui, já o vimos, uma chave de tradução universal. A criação é produto, de fato, de nove números de 2 a 10 (ou 1 a 9), dos quais resultam, por adição, todos os outros, podendo assim ser reduzidos a seu número elementar, revelando a simplicidade no coração da complexidade, o arquétipo no coração do manifestado. Tendo cada número uma qualidade, ele pode assim revelar o princípio subjacente de tudo o que se traduz pelos números, ou seja, segundo a filosofia pitagórica, de todas as coisas. Essa é uma forma de exegese própria da Bíblia hebraica, à qual se adiciona o valor numérico das letras e das frases, a fim de interpretá-las por suas similitudes com outras palavras e frases. É significativo que Gematria seja uma palavra derivada do grego – significa "geometria" –, o número é indissociável dos arquétipos geométricos que o representam. Em se tratando do Tarô, essa técnica se aplica às próprias cartas.

13. Essa leitura dinâmica procede da estrutura natural do Tarô de Marselha, em que as cartas se organizam de modo lógico. Qualquer abordagem sistemática não relevante diretamente da linguagem natural do Tarô, regido por códigos que lhe são próprios, os quais devem ser respeitados, dissimula e, em consequência, limita a aproximação dele. É preciso, portanto, deixar as sequências se desenvolverem por si mesmas, seguindo o *fio*.

Carta de Pierre Madenié, Dijon, 1709

14. XII LE PENDV (O PENDURADO) apresenta, sem dúvida, um caráter único no Tarô de Marselha. Além do fato de ele operar a reversão que faz dos dois aspectos do Universo uma só e única unidade dinâmica (cf. a fita de Mœbius), o número 12, que lhe é associado, compreende nele mesmo uma totalidade cosmológica, postando o personagem no centro da Eternidade, em perpétua regeneração como Aion, no centro da fita zodiacal (cf. Capítulo VI). Além disso, a soma triangular de 12 (1 + 2 + 3... + 12) é igual a 78, ou seja, a totalidade do Tarô. Mais, ainda, essa lâmina, por sua reversão, convida-nos a entender bem todas as outras cartas, dobrando virtualmente seu número. As 78 lâminas, que podem ser entendidas de forma linear ou invertida, geram, portanto, 78 x 2 = 156 exibições ao todo, que resultam na redução aritmológica 1 + 5 + 6 = 12: XII LE PENDV (O PENDURADO), lâmina que é exatamente, ao mesmo tempo, linear e invertida. A essas particularidades se junta ainda o fato de que o personagem, que está de ponta-cabeça, é uma extensão direta de nós; sua direita e sua esquerda são, respectivamente, as nossas. Essa lâmina representa, portanto, o *pivô* do mundo, o *axis mundi*, a porta e a chave com as quais, como "tarológicos", nós entramos no mundo dos Arquétipos e das Metamorfoses. Os 22 Arcanos Maiores serão apresentados de modo aprofundado na próxima obra do autor.

15. O *daïmôn* refere-se a entidades por vezes designadas como o gênio do bem ou espírito guardião. Embora esse tipo de espírito seja de ordem superior e celestial, outros *daïmôns*, ao contrário, são de natureza inferior e infernal. No entanto, do ponto de vista espiritual, como é o caso de Sócrates, o *daïmôn* se refere a uma entidade de uma dimensão superior de consciência e se liga, dessa forma, à noção da egrégora sagrada, cuja etimologia grega traduz a noção de "vigia". O *daïmôn* designa entidades associadas à divindade, como é o caso de Sócrates. É portanto um tipo específico de "espírito" que não se assemelha a outros espíritos secundários ligados aos elementos: os elementares. Na perspectiva espiritual, o *daïmôn* é uma consciência universal transcendente. Na alta Antiguidade, os representantes da divindade podem ser entendidos como egrégoras sagradas, como leva a pensar a Bíblia pela comparação dos nefilins como os "vigias", como "guardiões", associados a torres e cidadelas. Essas entidades eram guias e supervisoras da Humanidade, e os grandes iniciados, sendo seus descendentes, constituíam castas sagradas e oficiavam como "pastores dos homens". Sobre a casta de Hermes, por exemplo, ver Pierre Gordon, *Le mythe d'Hermès* [O mito de Hermes], Éd. Arma Artis, 1984. Para Sócrates, consultar seu *daïmôn* familiar era entrar em comunicação com sua divindade interior, que lhe soprava suas respostas quando ele discorria sobre algum assunto e que lhe sugeria todas as resoluções, todos os princípios de sua filosofia e de sua conduta. Sócrates via seu *daïmôn* não apenas como um dom, mas como uma emanação e uma porção da divindade. Sócrates o tomava por um guia real, distinto de sua imaginação e órgão de uma divindade tutelar. Em *O banquete*, Platão reporta-se a este ensinamento de Diotima a Sócrates:

"Tudo o que é da natureza de *daïmôn* é intermediário entre o que é mortal e o que é imortal.
– Com qual função?, pergunto eu.
– Com a de oferecer conhecimento e transmitir aos deuses o que vem dos homens, e aos homens o que vem dos deuses: as preces e os sacrifícios dos primeiros, as injunções dos segundos e seus favores, em troca dos sacrifícios; e, por outro lado, como está no meio de ambos, o que é demoníaco os completa, de modo que o todo fica ligado

Todo ele a si mesmo. É graças a esse tipo de ser que pôde vir à luz a adivinhação como um todo, a ciência dos sacerdotes sobre as coisas relacionadas aos sacrifícios, às iniciações, aos encantamentos, à predição em geral e à magia. Um Deus com um homem não se mistura, mas é por meio dessa natureza intermediária que se realiza para os deuses a possibilidade de entrar em convívio e diálogo com os homens, tanto na vigília quanto no sono."

16. De acordo com uma reprodução notável de Heráclides do Ponto, Pitágoras seria o primeiro pensador grego a se autoqualificar como "filósofo". Cícero evoca a célebre anedota sobre a criação do termo φιλόσοφος, "amantes da sabedoria", por Pitágoras: "A filosofia [...] era o conhecimento das coisas divinas e humanas, dos princípios e das causas de cada uma delas [...] Esse nome foi corrente até a época de Pitágoras; ele veio, dizia-se, para Fliunte, onde teve sábias discussões com Leon, o soberano de Fliunte. E como Leon admirava sua sabedoria e sua eloquência, perguntou-lhe sobre qual arte ele se apoiava; Pitágoras respondeu que conhecia apenas uma arte, mas que ele era filósofo; Leon se surpreendeu com a nova palavra e lhe perguntou quem eram os filósofos", Cícero, *Tusculanae disputationes*.

Na concepção antiga do amor, esse deriva de uma ausência, de um desejo e, portanto, de uma aspiração, de uma dinâmica sob tensão. Se o Homem era efetivamente sensato, ele seria um sábio. Considerando que ele não pode descartar os limites inerentes à sua condição humana, só lhe resta avançar para a sabedoria, sendo ele, portanto, "filósofo", isto é, amigo ou amante da sabedoria. Sócrates, que primeiro definiu esse princípio, foi efetivamente "o inventor da filosofia". Ele não deixou nenhuma obra escrita. Sua vida permanece um mistério, os elementos conhecidos de sua vida e de sua filosofia provêm de testemunhos diversos, como os de Platão, de Xenofontes ou de Demétrio de Bizâncio. Talvez o verdadeiro Sócrates se esconda para sempre em sua lenda, composta de diferentes máscaras (*persona* em latim) que ele usa ou que lhe atribuem, que personificam em diferentes *aspectos* a consciência intelectual e moral que o caracterizam. Sócrates teria nascido em 470 a.C. Seu pai, Sofronisco, era escultor ou talhador de pedras, e sua mãe, Fenareta, uma parteira. Poucas coisas de sua juventude são conhecidas. Ele recebeu, sem dúvida, educação clássica, como a lei ateniense exigia, incluindo ginástica, música e gramática, implicando o estudo de Homero, Hesíodo e outros poetas. Segundo muitos testemunhos, é possível que Sócrates tenha exercido o trabalho de escultor, sendo atribuída a ele, com ou sem razão, uma estátua das Graças que havia diante da Acrópole. Com base em outros testemunhos, ele teria sido banqueiro. Ao que parece, ele dispunha de uma fortuna razoável. Segundo Demétrio de Bizâncio, era Críton que lhe permitia viver com tempo disponível para se dedicar à filosofia. Segundo Platão e Xenofontes, Sócrates teria vivido em extrema pobreza. Esse ponto é igualmente confirmado pelos apelidos que lhe davam os comediantes (como Eupolis ou Aristófano): "o pedinte", "o mendigo", "o pés nus" etc. Ele foi também apresentado como vagabundo, sujo, sendo espancado por pessoas exasperadas por seu hábito de discussão. Em 420 a.C., a pitonisa de Delfos tinha respondido a seu amigo de infância Chaerephon: "Não há homem mais sábio do que Sócrates" (Platão, *Apologia de Sócrates*). Por volta do ano 435 a.C., ele teria começado a ensinar na rua, nos ginásios, nos estádios, nas tendas, a título de encontros. Tendo uma vida

PLATÃO E SÓCRATES, manuscrito do século XIII

modesta, sem nenhuma profissão, ele percorria as ruas de Atenas vestido de forma muito simples e descalço, dialogando com todos, buscando torná-los mais sábios pelo reconhecimento de sua ignorância.

Sócrates, cuja máxima era "Sei apenas que nada sei", se autodenominava um parteiro dos espíritos, ajudando os outros a parir a si próprios. Ele pretendia, de fato, ter como missão educar seus contemporâneos. Segundo Platão (em *Apologia de Sócrates*), foi Apolo "que lhe atribuiu a tarefa de viver filosofando, esquadrinhando a si e aos outros". Ele ensinava ou, mais exatamente, questionava gratuitamente, ao contrário dos sofistas, que ensinavam retórica em troca de boa remuneração. Essa missão fazia dele, a seus olhos e aos de seus amigos mais próximos, o único cidadão verdadeiro, que se questionava seriamente sobre a vida política (Platão, *A República*). Ele se opunha ao caráter demagógico da democracia ateniense, que ele queria sacudir com sua ação. Sua mania de questionamento não cessava jamais porque ele era "ligado aos atenienses pela vontade dos deuses, para estimulá-los como um moscardo estimularia um cavalo" (Platão, *Apologia de Sócrates*). Sob a tirania dos Trinta (governo oligárquico composto de trinta magistrados, chamados tiranos, que sucederam à democracia ateniense no final da Guerra do Peloponeso, durante oito meses, em 404 a.C.), ele foi proibido de ensinar. Foi intimado a cumprir a ordem de prisão de um cidadão, Leon, que ele considerava inocente. Ele se recusou a se submeter a esse ato injusto e foi por sorte que escapou dos expurgos. Depois, muitos membros da classe dirigente ateniense afirmaram ver nele um espírito perversor dos valores morais tradicionais, constituindo portanto um perigo para a ordem social. Em abril de 399 a.C., Sócrates se viu acusado por Meleto e dois de seus amigos (Lícon e Ânito), de dois crimes, divididos em três acusações: o não reconhecimento dos deuses da cidade, a introdução de "novas divin-

ASCLÉPIO na forma de serpente enrolada na Árvore da Vida (palmeira), mármore romano, Rodes, século I d.C.

dades" (embora nada atestasse que Sócrates atribuísse a *daïmôn* uma natureza autenticamente divina) e a "corrupção de menores" pelos ensinamentos dos dois fatos citados acima. O processo de Sócrates não pode ser compreendido senão em função do contexto histórico. Muitos atribuíram, de fato, a derrota para os espartanos

Fragmento da "Carta VII" de PLATÃO, século III a.C., cuja redação é atribuída ao próprio filósofo

(durante a Guerra do Peloponeso) e suas consequências a uma alegada perda de valores tradicionais. Rapidamente surgiram outros bodes expiatórios: os sofistas. Foram queimadas, por exemplo, algumas das obras de Protágoras. Sócrates foi considerado um deles, particularmente influente sobre as consciências. Foi nesse clima de caça às bruxas que se desenvolveu seu processo. Sócrates morreu em maio ou junho de 399 a.C., condenado a beber cicuta, como registrou Platão em *Apologia de Sócrates* e Xenofonte em *Memoráveis*. A cicuta é uma herbácea bianual da família das apiáceas, muito tóxica, na base oficial dos venenos atenienses e da colônia próxima de *Massilia* (Marselha), para executar os condenados à morte e promover os "suicídios comandados". A composição do veneno da Grécia antiga incluía, muito provavelmente, uma mistura de cicuta (paralisante ascendente), de estramônio (psicotrópico que, se ministrado em alta dose, provoca parada cardíaca) e ópio (narcótico). Antes de sua morte, Sócrates fez a Críton esta recomendação enigmática: "Devemos um frango a Esculápio."

Filho de Apolo (deus grego da adivinhação) e de Corônis, dizia-se que Esculápio (em grego Asclépio) tinha nascido de um ovo de corvo (em grego, *korônê*), na forma de uma serpente. Esse simbolismo especifica a ligação à longa cadeia dos iniciados remontando à mais alta Antiguidade, até os tempos míticos, com os adivinhos como En-ki, Ningish-zida, Thoth, Hermes, Mitra etc., que vimos como iniciadores das ciências, da medicina e da adivinhação, todos associados à Árvore da Vida e do Conhecimento, guardada pela Serpente. Esculápio veio, na verdade, a ressuscitar os mortos (Erva da Vida), e foi punido por ter assim usurpado os direitos da divindade suprema, senhora da vida dos homens (a ligar à história do Gênesis). Esculápio, notavelmente cultuado em Epidauro, sua cidade natal, é muito frequentemente apresentado como serpente em volta do Polo ou da Árvore Sagrada, e com traços de um homem sério, barbudo, usando uma coroa de louros (símbolo de Apolo). Ele leva tradicionalmente à mão uma pátera (taça), na outra, uma vara com uma serpente enrolada (semelhante ao caduceu de Hermes, em que os discursos a Asclépio são compilados no *Corpus Hermeticum*). É esse último símbolo que vem a ser o emblema da medicina, usado ainda hoje.

Esculápio é, por outro lado, associado à 13ª constelação do ano zodiacal, *Ophiuchus* ou *Serpentarius*, "Serpentário". Representada por um homem segurando uma serpente, parcialmente enrolada em torno de seu corpo (como no Aion), essa constelação está situada no Hemisfério Norte, entre Escorpião e Sagitário, na direção do centro galáctico. Ele permanece como o limiar simbólico do Desconhecido, do além do Cosmos delimitado pelos doze signos do Zodíaco, em tensão dinâmica com o centro universal, a serpente representando a energia imanente (*kundalini*) a qual é preciso saber canalizar para aceder à transcendência. O cão psicopompo (condutor das almas dos mortos) e o galo da ressurreição (símbolos iniciáticos) lhe são igualmente associados. Pode-se assim compreender a última frase de Sócrates como "louvemos a divindade tutelar por ter concedido aos Homens o conhecimento, a Sabedoria e a capacidade de cuidar de si, fazendo deles seres humanos verdadeiros (*homo sapiens*)".

Os atenienses receberam muito mal a condenação de Sócrates, transformado no primeiro mártir da história da filosofia. Aqueles que participaram de sua condenação foram banidos da cidade, e uma estátua foi erigida para perpetuar sua lembrança. Em um papiro tido como a "Carta VII", considerado como um fragmento de *A República* de Platão, que reflete o sonho de uma sociedade utópica na qual a cidade seria governada por um rei filósofo assistido por sábios desinteressados, despidos de bens materiais e devotados à multidão para a qual querem apenas o bem, Platão registra a morte injusta de Sócrates e declara que "o mal não cessará para os humanos antes que os autênticos filósofos cheguem ao poder ou que os chefes das cidades, pela graça divina, se ponham a filosofar verdadeiramente". Ver *Pythagore et les pythagoriciens* [Pitágoras e os pitagóricos], de Jean-François Mattéi, op. cit.; *Socrate, sa vie, son œuvre, sa philosophie* [Sócrates, sua vida, sua obra, sua filosofia], de André Cresson, Éd. puf, 1956; *Éloge de Socrate* [Elogio de Sócrates], de Pierre Hadot, Éd. Allia, 1998; *La voie du bonheur: la philosophie vivante de Socrate* [Caminho para a felicidade: a filosofia viva de Sócrates], de Fernand Schwarz, Éd. Les Trois Monts, 1999; *Socrate* [Sócrates], de Francis Wolff, Éd. puf, 2000.

Cálices de *Silene vulgaris*

17. A relação entre as *Silènes* e as caixas dos boticários nos remete a uma categoria de flores chamadas *Silene*. Assim, a *Silene vulgaris*, planta herbácea perene, cujas flores apresentam um cálice inflado, evocam a barriga de Sileno, pai adotivo de Dionísio. Mas essa flor de cinco pétalas (muitas vezes bilobadas) é também uma imagem da Quintessência do *arcano* cujo cálice (a taça) é um dos símbolos. Essas flores têm, por outro lado, propriedades terapêuticas e mágicas, como a *Silene capensis*, utilizada pelos índios para provocar sonhos proféticos e para que eles se comuniquem com os espíritos dos ancestrais. Desde o fim do século XVIII, a *Silène* representa uma borboleta, a *Satyrus circe*, a qual, polinizando a flor para coletar o néctar, é o símbolo da deusa desde a mais alta Antiguidade, como também da libertação da alma.

18. As três fases da dialética de Sócrates são, em primeiro lugar, a exortação (protréptica), que consiste em provocar, por movimentos oratórios, certos sentimentos determinados junto ao auditório, os quais implicam um exame de consciência. Em segundo lugar vem a refutação, que pode desmentir as afirmações peremptórias

próprias do ego, abrindo assim o caminho para a sua morte. Vem enfim a maiêutica, ou parir a si mesmo, o (re)nascimento por si mesmo. A maiêutica deriva do grego *maieutikè*, que significa a arte de fazer nascer, palavra derivada de *maia*, designando a parteira, mas também a deusa (Maïa, a mãe de Hermes, a mãe de Buda, ou ainda a Mâyâ dos Hindus, cf. Capítulo II, nota 4). A dialética leva assim o consulente a assumir o processo representado no Tarô pelo Arcano XII LE PENDV (O PENDURADO), fase de introspecção (exame de consciência), de mutação e de transcendência dos contrários. Essa etapa constitui o prelúdio de um novo nascimento que se opera com XX LE IVGEMENT (O JULGAMENTO) (o discernimento e o entendimento, a abertura no plano superior de consciência) e se realiza efetivamente com o Arcano XXI LE MONDE (O MUNDO) (o renascimento vitorioso), que representa a conclusão de todo o ciclo evolutivo do Tarô de Marselha.

Iconografia

Introdução

- O Cubo de Metatron e a Flor da Vida: ilustrações do autor.

- O Olho-Estrela dos Antigos Provençais: ilustração do autor.

- I LE BATELEVR (O MAGO) na geometria sagrada do Arcano: Tarô de Marselha Edição Millennium, produzido pelo autor.

- Árvore de Jessé, genealogia de Jesus Cristo desde o rei Davi, Bamberg, Baviera, século XIII: painel em marfim, museu do Louvre, ala Richelieu, Paris –Wikimedia.org Creative Commons Attribution-Share Alikes.

Capítulo I : O Tarô, sua origem e seu significado

- *Absconditorum Clavis* ou A chave das coisas secretas, de Guillaume Postel, 1547, dada pelo editor da tradução do texto original latino em 1645: Éd. Archè Milan, 1991.

- A chave do Grande Arcano, com a roda e a geometria sagrada da Estrela, Éliphas Lévi, 1859: *La clef des grands mystères suivant Hénoch, Abraham, Hermès Trismégiste et Salomon* [A chave dos grandes mistérios segundo Enoque, Abraão, Hermes Trismegisto e Salomão] – Éd. Germer Bailliere, 1861.

- Tetragrama do Tarô: ilustrações do autor.

- O Tarô de Pierre Madenié, Dijon 1709, e seu verso "tarotado": Musée National Suisse de Zurique.

- Gênio diante da Árvore da Vida, com flores de papoula na mão, palácio de Sargon III, Dur Sharrukin, Assíria 716-713 a.C.: Wikimedia.org Creative Commons Attribution-Share Alikes.

- A lança e o Graal, cristão de Troyes, a história do Graal, 1330: Biblioteca Nacional da França.

- O brilho da árvore da vida das Sephiroth como ideograma da árvore, do relâmpago e da serpente: ilustrações do autor.

- A *Stella Octangula* do Cubo de Metatron, coração dinâmico do vórtice toroidal como Árvore universal. *Stella Octangula*: ilustração de Wilfried Houdouin – Toro em 3D: Wikimedia.org Creative Commons AttributionShare Alikes – Árvore céltica: a partir do desenho original de Jen Delyth© 1990, www.kelticdesigns.com.

- O Toro no "Grão de Vida": ilustração do autor.

- O Toro e o Vajra (relâmpago) como Árvore do mundo: ilustração e foto do autor.

- O cubo e seus três eixos correspondendo à Árvore do mundo e aos Quatro Rios da tradição primordial: ilustração do autor.

- O Toro em 3D: Wikimedia.org Creative Commons Attribution-Share Alikes.

- O Homem como Centro e Canal universal: ilustração do autor.

- Bodhitaru ou Árvore de Buda, Nepal: foto do autor.

- O cubo implantado no Tao e na Cruz latina, duas imagens da Árvore sagrada: ilustração do autor.

- Árvore de Jessé, genealogia de Jesus Cristo desde o rei Davi, painel em marfim, Bamberg (Baviera), século XIII: Museu do Louvre, Paris, França – foto de Jastrow – Wikimedia.org Creative Commons Attribution-Share Alikes.

- Om, vibração primordial em que o *Sri Yantra* representa a Manifestação: texto em devanagari; Wikimedia.org Creative Commons Attribution-Share Alikes.

- *Sri Meru Yantra*, Templo Devipuram, Andhra Pradesh, Índia – Imagem do monte primordial (Meru) rodeado dos Quatro Elementos: baseado em um original desenterrado pelo doutor N. Prahalada Sastry no Templo de Meru Sahasrakshi – foto de Devi Bhakta – com os agradecimentos do autor pela bem-aventurança e pela generosidade do guru Sri Amritananda Saraswathi e de Devipuram – www.devipuram.com.

- Quadro de casamento (Mundus), com cenas da história de Helena e Páris, ateliér Embriachi, Itália, século XV: Reunião dos museus nacionais.

- Torre de Glastonbury e a torre de Saint-Michael, Inglaterra, Somerset: foto de Josep Renalias – Wikimedia. org Creative Commons Attribution-Share Alikes.

- Pedra angular da extensão sul da catedral Saint-Pierre-et-Saint-Paul de Nantes, século XV: foto de Eusebius – Wikimedia.org Creative Commons Attribution-Share Alikes.

- Os Quatro Elementos do Tarô e sua Quintessência com o Arcano Maior XXI LE MONDE (O MUNDO): Tarô de Marselha Edição Millennium, criação do autor.

- Mitra-Fanes saindo do Ovo do mundo pirogênico, século II d.C.: desenho de Marcel Nicaud para *Da arquitetura natural ou relatório de Petrus Talemarianus sobre o estabelecimento, após os princípios do tantrismo, do taoismo, do pitagorismo e da cabala, de uma regra de ouro servindo para a realização das leis da harmonia universal e contribuindo para a realização da Grande Obra*, Éd. Véga, 1949.

Capítulo II: A estrutura cosmológica do Tarô de Marselha

- Ilustrações: realizadas pelo autor

Capítulo III: A concepção gráfica do Tarô de Marselha

- O Cubo de Metatron, visão espacial e visão plana: ilustrações do autor.

- Grade fractal hexagonal do plano matricial (visão espacial do cubo) e grade fractal quadrada do plano matricial (visão plana do cubo): ilustração do autor.

- XII LE PENDV (O PENDURADO) de Pierre Madenié, Dijon, 1709, na geometria matricial: Musée National Suisse de Zurique, geometria do autor.

- XVIII LA LUNE (A LUA) atribuída a Arnoult, Paris, 1748, Édition Grimaud, 1891, na geometria matricial: coleção privada, geometria do autor.

- Os círculos de escalas harmônicas e fractais da composição gráfica do Tarô de Marselha: geometria do autor.

- Cartas de XVIII LA LVNE (A LUA): Pierre Madenié, 1709, Musée National Suisse de Zurique; François Chosson, 1736, Museu Histórico de Blumenstein, Soleure, Suíça; Arnoult, 1748, Édition Grimaud ,1891, coleção privada; Claude Burdel, 1751, Museu Nacional de Artes e Tradições Populares, Paris.

- CAVALEIRO DE PAUS atribuído a Arnoult, Paris, 1748, Édition Lequart, 1890, na geometria matricial: coleção privada, geometria do autor.

- Cartas do CAVALEIRO DE PAUS: Pierre Madenié, 1709, Musée National Suisse de Zurique; François Chosson, 1736, Museu Histórico de Blumenstein, Soleure, Suíça; Claude Burdel, 1751 e Jean-Pierre Laurent, 1760, Museu Nacional de Artes e Tradições Populares, Paris.

- Molde de carta espanhola, 1800: Musée du Vieux, Marselha, foto do autor.

- Cartas de XII LE PENDV (O PENDURADO): Pierre Madenié, 1709, Musée National Suisse de Zurique; François Chosson, 1736, Museu Histórico de Blumenstein, Soleure, Suíça; Nicolas Conver, 1760, coleção privada; André Arnoux, 1808, coleção privada.

- III DE ESPADAS atribuído a Arnoult, Paris, 1748, edição de Paul Marteau, Grimaud, 1930, na geometria matricial: coleção privada, geometria do autor.

- O quadrado duplo das lâminas do Tarô e as relações-chave do "Quadrado da Gênese": ilustrações do autor.

- Carta do Tarô de Marselha Edição Millennium na geometria matricial: criação do autor.

- A moldura (duplo quadrado) e o cartucho da carta determinados pela grade do plano matricial: ilustrações do autor.

- As cartas latinas na grade hexagonal do plano matricial e sua justificação no quadro: ilustrações do autor.

- Dos tarotados: Pierre Madenié, 1709, Musée National Suisse de Zurique; Franz Bernhard Schaer, 1778 e Alphonse Fabre, 1818, Museu Histórico de Blumenstein, Soleure, Suíça; Tarô de Marselha Edição Millennium, criação do autor.

- Ilustração e quadro do espectro luminoso: ilustrações do autor.

- Diamante: com a gentil autorização de www.ysora.com.

- Rubis, calcita, heliodoro, olivina, água-marinha, safira e quartzo preto: fotos de Rob Lavinsky: iRocks.com Wikimedia.org Creative Commons Attribution-Share Alikes.

- Esmeralda: Wikimedia.org Creative Commons Attribution-Share Alikes.

- Decomposição da luz branca através de um prisma: foto de Adam Hart-Davis.

Capítulo IV: O Tarô de Marselha e a ciência sagrada tradicional

- O cálice Well, Glastonbury, Somerset, Grã-Bretanha: fotografia e ilustrações do autor.

- Arte figurativa islâmica sobre pavimento de forma hexagonal, Damas, Síria, 1420: foto ©Victoria and Albert Museum, Londres.

- Peitoral egípcio em nome de Sésostris II, 1880 a.C., composto na geometria sagrada da *Vesica Piscis*: ilustração do autor, segundo Michael S. Schneider em *A Beginner's Guide to Constructing the Universe*, Ed. Harper Perennial www.constructingtheuniverse.com. Peitoral preservado no Metropolitan Museum of Art em Nova York – foto de John Campana, Wikimedia.org Creative Commons Attribution-Share Alikes.

- Tumba de Nefertiti, Vale dos Reis, 1298 a.C., em perspectiva lógica e sem gradação de cores: The Yorck Project – Wikimedia.org Creative Commons Attribution-Share Alikes.

- Lakshmi Ganesh Yantra, Índia: ofertada ao mundo por Baba Rampuri – http://rampuri.com.

- Antigo manuscrito da Bíblia hebraica, século XI: capa do códice de Leningrado (Fólio 474a), foto de Shmuel ben Ya'akov – Wikimedia.org Creative Commons Attribution-Share Alikes.

- Vajra, ou Eixo de diamante, Nepal: foto e geometria do autor.

- Diagrama das proporções da "imagem real" do Buda, de acordo com um desenho de um artista tibetano: de *Sacred Art in East and West*, de Titus Burckhardt, Ed. World Wisdom, 2001.

- As Runas do Futhark, alfabeto oracular dos germânicos revelado a Odin, pendurado na Árvore sagrada *Yggdrasil* durante nove dias de sacrifício, com o objetivo de trazê-lo para a Humanidade: ilustrações do autor.

- Cubo e quadrado de 64 hexagramas do I Ching: ilustrações do autor.

- Croquis de Villard de Honnecourt, 1230: Bibliothèque Nationale, Paris – Wikimedia.org Creative Commons Attribution-Share Alikes – colorido pelo autor.

- Diagrama geométrico do portal romano da catedral de Basle, segundo P. Maurice Moullet, com base em *Sacred Art in East and West*, de Titus Burckhardt, Ed. World Wisdom, 2001.

- IIII LEMPEREVR (O IMPERADOR) na geometria sagrada do Arcano: Tarô de Marselha Edição Millennium, criação do autor.

- Marca de talhador de pedra, período gótico, Nuremberg, século XIII: ilustração do autor segundo Franz Ržiha: *Étude sur les Marques de Tailleurs de Pierre* [Estudo sobre as marcas de talhadores de pedras] – Éd. Guy Trédaniel, em coedição com La Nef de Salomon, 1993.

- Rosácea ou *Rota* da Sainte-Chapelle, Île de la Cité, Paris, século XIII: foto Didier B – Wikimedia.org Creative Commons Attribution-Share Alikes.

Capítulo V: Os 22 Arcanos Maiores do Tarô de Marselha
Edição Millennium

- Criação do autor.

Capítulo VI: A mesa e a *Rota* do Tarô de Marselha

- Arcanos Maiores e *Rota*: ilustração do autor.
- Arcanos Menores: Tarô de François Chosson, Marselha, 1736, Museu Histórico de Blumenstein, Soleure, Suíça.
- A Grande Galeria da Pirâmide de Quéops: *Descrição do Egito*, 1799.
- Primeira e segunda hierarquia dos Cavaleiros: Tarô de François Chosson, Marselha, 1736, Museu Histórico de Blumenstein, Soleure, Suíça.
- Pitágoras curvado sobre um ábaco, portal real, catedral de Chartres, século XII: foto de Jean-Louis Lascoux, Wikimedia.org Creative Commons Attribution-Share Alikes.
- *Rota Fortunæ*: gravura sobre madeira, Alemanha, século XV.
- *Ex-libris* Hermético, século XVII, Poitiers: revista *Atlantis* nº 249, *A Árvore Sagrada*, 1968.
- A *Rota* das 28 casas lunares: ilustração do autor.
- *Orus Apollo de Aegypte*: Édition Kerver, 1543.
- Ouroboros do códice Marcianus, no centro em grego – *Un le Tout*: detalhe do códice Marcianus, *Chrysopée* de Cleópatra, século X, documento de procedência Alexandrina – Wikimedia.org Creative Commons Attribution-Share Alikes.
- Aion e a roda do Zodíaco em fita de Moebius, entre a Árvore verde e a Árvore seca, Vesta (Héstia) e suas quatro crianças a seus pés: Mosaico de piso, vila romana de Sentinum, século III d.C. Glyptothek Munich – Wikimedia.org Creative Commons Attribution-Share Alikes.
- Da *Rota* (acima) à fita de Moebius, e sua relação com a hiperesfera, resultante da revolução dinâmica do hipercubo: modelos 3D: Wikimedia.org Creative Commons Attribution-Share Alikes – Hipercubo: ilustração do autor – Transformação da *Rota* em fita de Moebius: de Jacques B. Siboni, ilustração reproduzida pelo autor com sua gentil autorização. www.lutecium.org.
- Rotação dos Quatro Elementos no cadinho alquímico *Annulus Platonis*, de A. J. Kichweler, em *Aurea Catena Homeri*, 1781: coleção privada.
- Tetradracma da efígie de Alexandre, o Grande, século IV a.C.: coleção privada, foto do autor.

- A descoberta da tábua de Hermes Trismegisto Aurora Consurgens, 1450: Wikimedia.org Creative Commons Attribution-Share Alikes.

- Thoth, deus lunar da linguagem e das ciências, Templo de Luxor, Alto Egito ± 1250 a.C.: com a gentil autorização de Jon Bodsworth – www.egyptarchive.co.uk.

- Flores da Vida gravadas sobre ocre vermelho do Templo de Osíris, Abidos, Alto Egito, ± 2200 a.C.: foto de Ray Flowers – Wikimedia.org Creative Commons Attribution-Share Alikes.

- Hermes Trismegisto, gravura em cobre de Johannes Theodorus de Bry, 1615: Wikimedia.org Creative Commons Attribution-Share Alikes.

Capítulo VII: Os princípios e os modos fundamentais da prática do Tarô de Marselha

- Ninho de abelha dodecaedro ortogonal hiperbólico, ilustrando a hiperdimensionalidade universal: gerado por Curved Spaces v 1.9, software de topologia e geometria: http://geometrygames.org/CurvedSpaces Wikimedia.org Creative Commons Attribution-Share Alikes.

- Pitágoras e a música das esferas, século XV: detalhe das sete artes liberais – Unibiblioteca de Salzburgo – Wikimedia.org Creative Commons Attribution-Share Alikes.

- Retrato anônimo de François Rabelais 1483-1559: Musée National du Château et des Trianons, Versalhes, França – Wikimedia.org Creative Commons Attribution-Share Alikes.

- Gnomo do país de Landes para a glória do momento presente: relógio de sol com o lema *"Carpe Diem"*, Capbreton (Landes) – foto de Tangopaso – Wikimedia.org Creative Commons Attribution-Share Alikes.

- Cartas do Tarô de Marselha Edição Millennium: criação do autor.

- Sócrates dialogando com seus alunos, sendo que os motivos de sua vestimenta são os do hexagrama e do cubo cosmológico – Manuscrito de Al-Mubashshir Ibn Fatik, Síria, século XIII: Topkapi Saray-Museum, The Yorck Project – Wikimedia.org Creative Commons Attribution-Share Alikes.

- Os 22 Arcanos Maiores e os Quatro Elementos do Tarô de Marselha Edição Millennium: criação do autor.

- Shamash, palácio de Nimrud 865-860 a.C.: British Museum – foto de Capillon – Wikimedia.org Creative Commons Attribution-Share Alikes.

- A navegação sagrada de Ea, selo cilíndrico, III milênio a.C.: Museu do Louvre – Wikimedia.org Creative Commons Attribution-Share Alikes.

- Shamash entregando ao rei os Códigos da Lei, estela do código de Hamurabi, ±1750 a.C.: foto de Saliko – Wikimedia.org Creative Commons Attribution-Share Alikes.

Notas – Introdução

- Éliphas Lévi: foto original por Henri Chenevrier, descendente de Éliphas Lévi – Wikimedia.org Creative Commons Attribution-Share Alikes – www.la-rose-bleue.org.

- Papus: Wikimedia.org Creative Commons Attribution-Share Alikes.

- Cartas de Jean Noblet, 1650, e de Jean Dodal, 1701: Biblioteca Nacional da França.

- Mapa de Pierre Madenié, 1709: Musée National Suiss de, Zurique.

- Mapa de Nicolas Conver, 1760 (edição ± 1880): coleção privada.

Notas – Capítulo I

- Caligrafia do Tao, por Shi Bo: com a gentil autorização do mestre Shi Bo – http://shibo-artiste.com.

- Tàijítú ou Yin-Yang: ilustração do autor.

- Praça Sator, Oppède-le-Vieux, França: foto de Mattes – Wikimedia.org Creative Commons Attribution-Share Alikes.

- Bhagavad Gita, manuscrito sânscrito do século XIX: Wikimedia.org Creative Commons Attribution-Share Alikes.

- Thangka tibetano de Tara a Verde (Arya Tara), Tibete, século XIII: em sânscrito *arya tara* significa a "divina salvadora" – Wikimedia.org Creative Commons Attribution-Share Alikes.

- Tetramorfo, monastério dos Meteoros, Tessália, século XVI: Wikimedia.org Creative Commons Attribution Share Alikes.

- Asherah na forma da Árvore da Vida, fonte de todas as criaturas vivas, baixo-relevo do batistério de Calisto, século VIII, Cividale, Itália: segundo Eugène Goblet d'Alviella, *La migration des symboles* [A migração dos símbolos], 1891.

- Asherah – argila, Ugarit, Síria, 1200 a.C.: Wikimedia.org Creative Commons Attribution-Share Alikes.

- Visvavajra: ilustração do autor.

- Ardhanarishvara: foto de Saliko – Wikimedia.org Creative Commons Attribution-Share Alikes.

- Yggdrasil, Islândia, século XVII: Instituto Árni Magnússon, Islândia – Wikimedia.org Creative Commons Attribution-Share Alikes.

- Símbolo de Tamoanchan, origem da Humanidade, Códice Vendobonensis, século XII: segundo *Religion Science Maya*, de Hunbatz Men, Éd. du F, 1998.

- "O homem verde" de uma coluna da igreja Notre-Dame-la-Grande, Poitiers, século XIII: Wikimedia.org Creative Commons Attribution-Share Alikes.

- Espiral dinâmica: ilustração do autor.

- Vórtice toroidal: Wikimedia.org Creative Commons Attribution-Share Alikes.

- Maçã: foto do autor.

- Adão, Eva, a serpente e a Árvore do Conhecimento: foto de Vassil – Wikimedia.org Creative Commons Attribution-Share Alikes.

Notas – Capítulo II

- Téfinile, caixa (arcano) ritual do judaismo: foto do autor.

- Retângulo de ouro: ilustração do autor.

- Selo italiano comemorativo do 500º aniversário do livro de Frater Luca Bartolomes Pacioli, publicado em Veneza em 1494: coleção privada.

- Três projeções sobre um plano bidimensional do tesserato e seu modelo em três dimensões: ilustrações do autor.

- *Stella Octangula* ou estrela tetraédrica, em perspectiva isométrica e evasiva: ilustrações do autor.

- Os volumes platônicos e seus respectivos elementos, por Johannes Kepler, *Mysterium Cosmographicum*, 1596: Wikimedia.org Creative Commons Attribution-Share Alikes.

- A escola de Atenas, *Scuola di Atene*, afresco de Raffaello Sanzio (Rafael), 1511, Roma, Vaticano, com Platão, Aristóteles, Euclides, Pitágoras e outros grandes filósofos da Antiguidade grega: The Yorck Project – Wikimedia.org Creative Commons Attribution-Share Alikes.

- Caixas de mármore da fachada norte do registro inferior do campanário de Florença, Luca della Robbia, Itália, em torno de 1335, da esquerda para a direita: Aristóteles, Platão, Pitágoras e Euclides: foto de Jastrow – Wikimedia.org Creative Commons Attribution-Share Alikes.

- Disco hiperbólico de Poincaré: com a gentil autorização de Doug Dunham, professor do Departamento de Ciência da Computação da Universidade de Minnesota: www.d.umn.edu.

- Paraboloide hiperbólico: http://fr.academic.ru.

- A mesa dos treze volumes de Arquimedes no Cubo de Metatron: ilustração do autor – Base dos volumes 3D: Wikimedia.org Creative Commons Attribution-Share Alikes.

- Os quatro poliedros regulares não convexos de Kepler-Poinsot: Wikimedia.org Creative Commons Attribution-Share Alikes.

- Fórmula gráfica do número 22 como representação do cosmos dinâmico: ilustrações do autor.

- Duplicações simétricas gerando a flor da vida, que contém o coração do mundo (*mundus*): ilustrações do autor.

- O ciclo infinito dos 22 Arcanos Maiores: Tarô de Marselha Edição Millennium – criação do autor.

- O crisma da igreja Saint-Christophe-des-Templiers de Montsaunès, século XII: foto do autor.

- Invólucro do Tarô de François Chosson, Marselha, 1736: chronique municipale et marseillaise, terceira série, nº 34, janeiro-março 1958.

- Pirâmide (tetraedro) de 56 esferas: ilustração do autor.

Notas – Capítulo III

- Cartas da primeira edição Lequart, 1890: coleção privada.

- Cartas da primeira edição Grimaud, 1891: coleção privada.

- "Figura 4" ("Quatre de Chiffre") do tetragrama do Tarô: ilustração do autor.

- Dedicatória de René Falconnier, em torno de 1896, para uma obra que pertenceu a André Breton: *Les XXII lames hermétiques du Tarô divinatoire* [As XXII lâminas herméticas do Tarô adivinhatório], Paris, 1896.

- Cartas de IIII LEMPEREVR (O IMPERADOR): Pierre Madenié, 1709, Musée National Suisse de Zurique; Nicolas Conver, 1760, coleção privada; André Arnoux 1808 coleção privada; Suzanne Bernardin, 1839, Musée National des Arts et Traditions Populaires, Paris.

- Árvore mágica Peridens, seus pássaros e seus guardiões, bestiário de Aberdeen, século XII, Escócia: Wikimedia.org Creative Commons Attribution-Share Alikes.

- Mosaicos geométricos da mesquita do Sheikh Lutfallah em Isfahan, Irã, século XVII: foto de Phillip Maiwald – Wikimedia.org Creative Commons Attribution-Share Alikes.

- Eneagrama das cores do Tarô: ilustração do autor.

- Tridente de Shiva, Índia: foto de Deepak – Wikimedia.org Creative Commons Attribution-Share Alikes.

- Fotos de pigmentos: Wikimedia.org Creative Commons Attribution-Share Alikes.

- Uma família egípcia nas margens do Nilo, de Earle Harrison: National Geographic Magazine, 1917 – Wikimedia.org Creative Commons Attribution-Share Alikes.

Notas – Capítulo IV

- Druida da Grã-Bretanha, William Stuckeley: *Chindonax Britannicus*, 1723.

- Gilgamesh entre dois homens-touro, Tell-Halaf, Síria, início do milênio I a.C.: foto de Yves Reynaud.

- Fênix alçando seu voo, arte figurativa islâmica, Irã, século XIII: foto ©Victoria and Albert Museum.

Notas – Capítulo VI

- *Scala Santa*, ou "Santa Escada" de Jesus Cristo e seus 28 degraus, basílica San Salvatore della Scala Santa, Roma: foto de LPLT – Wikimedia.org Creative Commons Attribution-Share Alikes.

- O quadrado duplo em 3D, ou duplo cubo como expressão do número 28 e do Cubo de Metatron: ilustração do autor.

- Mithra Petra Genetrix nascendo da pedra, ±180-192 d.C., Roma: foto de Jastrow – Wikimedia.org Creative Commons Attribution-Share Alikes.

- Proporções do côvado real no pentagrama e o quadrado duplo: ilustrações do autor.

- O pentagrama, a espiral de ouro e o côvado real no Arcano I LE BATELEVR (O MAGO): mapa e geometria do autor – Tarô de Marselha Edição Millennium.

- O DNA, suas quatro bases e sua duplicação: ilustrações do autor.

- Vista em corte transversal do DNA: ilustração do autor.

- Peça dos *suessions*, povo celta da Bélgica, século I a.C.: gabinete das medalhas, Paris: foto de PHGCOM, Wikimedia.org Creative Commons Attribution-Share Alikes.

- Roda circumpolar revelada por 4 horas e meia de exposição fotográfica, Chile: foto de Matt BenDaniel – http://starmatt.com.

- Leontocéfalo dos mistérios mitraicos, associado a Aion Zurvan Akarana, séculos I e II: desenho de estátua encontrada em *Mithraeum*, de C. Velerius Heracles e filhos, dedicado em 190 d.C. a Ostia Antica, Itália. A identidade do leontocéfalo permanece incerta, mas ela é com certeza neoplatônica, e costuma ser relacionada a Aion. Segundo a obra de Franz Cumont, *Les mystères de Mithra* [Os mistérios de Mitra], 1896.

- O Antakarana e a Suástica, símbolos tântricos e chaves do Arcano: ilustrações do autor

- Os oito chacras e os Quatro Elementos por Pieter Weltevrede: http://www.sanatansociety.com – Wikimedia. org Creative Commons Attribution-Share Alikes.

- A fita de Moebius no octaedro: ilustrações do autor.

- Geometria das fitas de uma a seis meias-voltas; apenas as de número ímpar são chamadas "de Mœbius": ilustrações do autor.

- Superfície de Boy, garrafa de Klein e variante da garrafa de Klein: modelos 3D de Wikimedia.org Creative Commons Attribution-Share Alikes.

- Ouroboros de Theodoros Pelecanos no tratado alquímico *Synosius*, 1478: Wikimedia.org Creative Commons Attribution-Share Alikes.

- Enso, por Kokugyo Kuwahara, Japão: pela graça do mestre Kokugyo Kuwahara, http://www.doku-zen.de.

- Ouroboros em volta de um galo, Engadine Superior, Cantão dos Grisões, Suíça, século XVII: foto do autor.

- O Farol de Alexandria na Ilha de Faros, gravura de Magdalena van de Pasee, 1614: Museu de Arte, Rhode Island School of Design – Wikimedia.org Creative Commons Attribution Share Alikes.

- Biblioteca Alexandrina e seus hieróglifos de alfabetos do mundo, inaugurada em 16 de agosto de 2002 em Alexandria, Egito – Wikimedia.org Creative Commons Attribution-Share Alikes.

- Hermes Trismegisto, parte dianteira da catedral de Siena, século XIV – Wikimedia.org Creative Commons Attribution-Share Alikes.

- A pedra de Roseta, Egito 196 a.C.: British Museum – Wikimedia.org Creative Commons Attribution-Share Alikes.

- O forte Qaitbay da Ilha de Faros, onde antes havia o farol de Alexandria, Egito: foto de Michael Hoefner – Wikimedia.org Creative Commons Attribution-Share Alikes.

- Cartaz de Etteilla, Paris 1787: extraído do livro de Antoine Court de Gébelin *Du jeu des Tarots* [Sobre os Tarôs], oitavo volume de *Mond Primitif* [Mundo Primitivo], (vol. 8, tomo 1, Paris, 1781), apresentado e comentado por Jean-Marie Lhôte, Éd. Berg Internationnal, 1983.

Notas – Capítulo VII

- Frontispício de *Gargântua*: de François Rabelais, primeira publicação em 1534 sob o pseudônimo de Alcofribas Nasier.

- A alegoria da caverna de Platão, por Pieter Jansz Saenredam (segundo Cornelis van Haarlem), 1604: Leonardo Thurneysser, 1574 – Wikimedia.org Creative Commons Attribution-Share Alikes.

- Mapa de Pierre Madenié, Dijon, 1709: Musée National Suisse de, Zurique.

- Platão e Sócrates, manuscrito do século XIII – Wikimedia.org Creative Commons Attribution-Share Alikes.

- Asclépio em forma de serpente enrolada ao redor da Árvore da Vida, relevo em mármore romano que mostra uma pessoa falecida e sua família em um funeral, Rodes, século I d.C.: foto de McLeod, Museu Nacional, Copenhague – Wikimedia.org Creative Commons Attribution-Share Alikes.

- Fragmento da "Carta VII", de Platão, século III a.C., cuja redação é atribuída ao próprio filósofo: partes do *Papyrus Oxy.* LII 3679 contêm fragmentos de *A República*, de Platão – Wikimedia.org Creative Commons Attribution-Share Alikes.

Bibliografia

- AL-DABBAGH, (SHAYKH) ABD AL-AZÎZ
  Paroles d'or [Palavras de ouro] – Kitâb al-Ilbrîz – Éd. du Relié, 2007.
- AL-Dîn Attâr, Farîd
  Le langage des oiseaux [A linguagem dos pássaros] – Éd. Albin Michel, 1996.
- ALLEGRO, JOHN M.
  Le champignon sacré et la Croix [O cogumelo sagrado e a Cruz] – Éd. Albin Michel, 1971.
- ALLENDY, RENÉ
  Le symbolisme des nombres [O simbolismo dos números] – Éd. Traditionnelles, 2000.
- ANÔNIMO
  Le Tarot des Rose-Croix [O Tarô dos Rosa-Cruzes] – Cahiers de l'Unitisme, volume 5, 1963.
- BARGUET, ANDRÉE
  Hérodote, l'enquête [Heródoto, um levantamento] – 2 volumes, Éd. Gallimard, coll. Folio, 1990.
- BEAUDOIRE, THÉOPHILE
  Genèse de la cryptographie apostolique et de l'architecture rituelle [gênese da criptografia e da arquitetura ritual] – Éd. Arma Artis, 2002.
- BOUGEAREL, ALAIN-JACQUES
  Origine et histoire du Tarot [Origem e história do Tarô] – Éd. Envol, 1997.
- BOULNOIS, JEAN
  De l'arbre, de la pierre, du serpent et de la déesse-mère [Da árvore, da pedra, da serpente e da deusa mãe] – Éd. Adrien Maisonneuve, 1989.
- BRUNAUX, JEAN-LOUIS
  Les religions gauloises, rituels celtiques de la Gaule indépendante [As religiões gaulesas, rituais célticos da gália independente] – Éd. Errance, 1996.
- BURCKHARDT, TITUS
  Alchimie, sa signification et son image du monde [Alquimia, seu significado e sua visão de mundo] – Éd. Archè, 1974.
  Principes et méthodes de l'art sacré [Princípios e métodos da arte sacra] – Éd. Dervy, 1997.
  Mirror of the intellect – Éd. Suny, 1987.
- CAPRA, FRITJOF
  Le tao de la physique [O tao da física, publicado pela Editora Cultrix, São Paulo, 1985] – Éd. Sand, 2007.
- CHAMPOLLION, JEAN-FRANÇOIS
  Textes et langages de l'Égypte pharaonique, cent cinquante années de recherches, 1822-1972 [Textos e idiomas do egito dos faraós, 150 anos de pesquisas, 1822-1972], Éd. IFAO, Cairo, 1972.
- CHASLES, MICHEL
  Histoire de l'arithmétique. Explication des traités de l'Abacus, et particulièrement du traité de Gerbert [História da aritmética. explicação dos tratados do Ábaco e particularmente do tratado de Gerbert] – Bibliothèque de l'École des Chartes, volume IV, 1843.

- COLEBROOKE, HENRY T.

  Essais sur la philosophie des Hindous [Ensaios sobre a filosofia dos hindus], (traduzido do inglês para o francês por Guillaume Pauthier) – Éd. Firmin Didot, L. Hachette, Heideloff et Campé, 1833.

- COLETIVO

  Études sur les marques au quatre de chiffre [Estudos sobre os sinais da figura 4] – Éd. La Nef de Salomon, 1994.

  Présence d'Hermès Trismégiste [Presença de Hermes Trismegisto] – Éd. Dervy, 1997.

  Cartes à jouer & tarots de Marseille – La donation Camoin [Cartas de jogos & Tarôs de Marselha: a doação Camoin] – Éd. Musée du Vieux-Marseille, 2004.

  L'hermétisme des marques d'imprimeurs [O hermetismo dos sinais dos impressores] – Éd. Le Moulin de l'Etoile, 2008.

- COOMARASWAMY, ANANDA KENTISH

  La philosophie chrétienne et orientale de l'art [A filosofia cristã e oriental da arte] – Éd. Pardès, 1996.

  Hindouisme et bouddhisme [Hinduísmo e Budismo] – Éd. Gallimard, 1995.

  La théorie médiévale de la beauté [A teoria medieval sobre a beleza] – Éd. Archè/Edidit em coedição com La Nef de Salomon, 1997.

- COURT DE GÉBELIN, ANTOINE

  Du jeu des Tarots [Sobre os Tarôs], oitavo volume de *Monde Primitif* [Mundo Primitivo] (vol. 8, tomo 1, Paris 1781) apresentado e comentado por Jean-Marie Lhôte, Ed. Berg Internationnal, 1983.

- CRESSON, ANDRÉ

  Socrate, sa vie, son œuvre, sa philosophie [Sócrates, sua vida, sua obra, sua filosofia] – Éd. puf, 1956.

- D'ALLEMAGNE, HENRI-RENÉ

  Les cartes à jouer du XIVe au XXe siècle [O jogo de cartas do século XIV ao século XX] – 2 volumes, Éd. Hachette & Cie, 1906.

- DEPAULIS, THIERRY

  Cartiers parisiens du XIXe siècle [Impressores de cartas parisienses do século XIX] – Éd. Cymbalum Mundi, 1998.

  L'As de Trefle, nº 39 (dezembro, 1989) e nº 40 (março, 1990), Boletim da Associação dos Colecionadores de Cartas e Tarôs.

- DECHARNEUX, BAUDOUIN & FONTAINE, LUC

  Le Symbole [O símbolo] – Éd. puf, 2003.

- DEVOTO, GIACOMO

  Origini indoeuropee [Origem Indo-europeia] – Éd. Ar, 1962.

- DEWACHTER, MICHEL & FOUCHARD, ALAIN

  L'égyptologie et les Champollion [A Egiptologia e os Champollion] – Presses Universitaires de Grenoble, 1994.

- DICTA & FRANÇOISE

  Tarot de Marseille [Tarô de Marselha] – Ed. Mercure de France, 1988.

- DIELS, HERMANN

  Antike technike [Técnica antiga] – Ed. Vdm Verlag, 2007.

- DIETERLEN, GERMAINE

  Textes sacrés d'Afrique noire [Textos sagrados da África Negra] – Éd. Gallimard, 2005.

- DROZ, GENEVIÈVE

  Les mythes platoniciens [Os mitos platônicos] – Éd. Points Sagesses, 1992.

- DUINO, ANGE

  L'éternel rire des dieux [O riso eterno dos Deuses] – Éd. Signatura, 2010.

- ELIADE, MIRCÉA

  Traité d'histoire des religions [Tratado da história das religiões] – Éd. Payot, 1949.

- EVOLA, JULIUS

  La tradition hermétique [A tradição hermética] – Éd. traditionnelles, 1983.

- FAIVRE, ANTOINE

  Présence d'Hermès Trismégiste [Presença de Hermes Trismegisto] – Éd. Albin Michel, Coleção Cahiers de l'hermétisme, 1988.

- FALCONNIER, RENÉ

  Les XXII lames hermétiques du Tarot divinatoire [As XXII lâminas herméticas do Tarô Adivinhatório] – Éd. Belisane, 1976.

- FIRDOUSI, ABOU'IKASIM

  Le Shah Nameh ou le Livre des Rois [O Shah Nameh ou o Livro dos Reis] – Éd. Maisonneuve, 1977.

- FOWDEN, GARTH

  The egyptian Hermes [O Hermes egípcio] – Ed. Princeton University Press, 1993.

- FULCANELLI

  Le mystère des cathédrales et l'interprétation ésotérique des symboles hermétiques du grand œuvre [O mistério das catedrais e a interpretação esotérica dos símbolos herméticos da grande obra] – Éd. Pauvert, 1964.

  Les demeures philosophales et le symbolisme hermétique dans ses rapports avec l'art sacré et l'ésotérisme du grand œuvre [As mansões filosofais e o simbolismo hermético em suas relações com a arte sacra e o esoterismo da grande obra] – 2 volumes – Éd. Pauvert, 1965.

- GHYKA, MATILA

  Le Nombre d'or [O Número de Ouro] – Éd. Gallimard, 1976.

- GORDON, PIERRE

  Le mythe d'Hermès [O mito de Hermes] – Éd. Arma Artis, 1984.

  Les fêtes à travers les âges [As festas através dos tempos] – Éd. Signatura, 2004.

  La magie dans l'agriculture, origine et sens des rites agraires [A magia na agricultura, origem e significado dos ritos agrários] – Éd. Signatura, 2009.

- GUÉNON, RENÉ

  L'homme et son devenir selon le Védanta [O homem e seu futuro segundo o Vedanta] – Éd. Bossard, Paris, 1925.

  Le Roi du Monde [O Rei do Mundo] – Éd. Ch. Bosse, Paris, 1927.

  Le symbolisme de la Croix [O simbolismo da Cruz] – Éd. Véga, 1931.

  Symboles de la science sacrée [Os símbolos da ciência sagrada] – Éd. Gallimard, 1962.

  Aperçus sur l'ésotérisme islamique et le Taoïsme [Percepções sobre o esoterismo islâmico e o taoismo] – Éd. nrf Gallimard, 1973.

  Aperçus sur l'ésotérisme chrétien [Percepções sobre o esoterismo cristão] – Éd. Traditionnelles, 1988.

  Écrits pour REGNABIT – Éd. Archè, 1999.

- HADOT, PIERRE

  Éloge de Socrate [Elogio de Sócrates] – Éd. Allia, 1998.

- HALL, MANLY PALMER

  Tarot, an essay [Tarô, um ensaio] – Ed. The Philosophical Research Society, 1978.

- HEGEL, GEORG WILHELM FRIEDRICH

  La philosophie de l'histoire [A filosofia da história] – Éd. LGF, 2009.

- HEMENWAY, PRIYA

  Le code secret [O código secreto] – Éd. Evergreen, 2005.

- HOFMANN, ALBERT & SCHULTES, RICHARD EVANS

  Les plantes des dieux [As plantas dos deuses] – Éd. du Lézard, 1993.

- HUET, GÉRARD

  Dictionnaire sanskrit-français [Dicionário sânscrito-francês] – Ed. Inria, 2007.

- HUXLEY, ALDOUS

  La philosophie éternelle [A filosofia perene] – Éd. Seuil, 1977.

- JUILLET, ETIENNE

  L'influence des couleurs sur votre santé [A influência das cores em sua saúde] – Éd. Anagramme, 2007.

- KŒLLIKER, THÉO

  Symbolisme et Nombre d'or [Simbolismo e Número de Ouro] – Éd. Champs Elysées, 1957.

- LE BON, GUSTAVE

  La civilisation des arabes [A civilização árabe] – Éd. D. de la Fontaine-au-Roy, 1996.

- LÉVI, ÉLIPHAS

  La clef des grands mystères suivant Hénoch, Abraham, Hermès Trismégiste et Salomon [A chave dos grandes mistérios, segundo Enoque, Abraão, Hermes Trismegisto e Salomão] – Éd. Germer Bailliere, 1861.

- MATTÉI, JEAN-FRANÇOIS

  Pythagore et les pythagoriciens [Pitágoras e os pitagóricos] – Éd. puf, 2001.

- MELCHIZÉDEK, DRUNVALO

  L'ancien secret de la fleur de vie [O antigo segredo da flor da vida, 2 vols., publicados respectivamente em 2009 e 2010 pela Editora Pensamento, São Paulo] – Éd. Ariane, 1996.

- MÉNARD, LOUIS

  Hermès Trismégiste (Corpus Hermeticum) [Hermes Trismegisto (*Corpus Hermeticum*)] – Éd. Guy Trédaniel, 2004.

- MUKTANANDA, SWAMI

  Kundalini, le secret de la vie [Kundalini, o segredo da vida] – Éd. Saraswati, 1995.

- NÉROMAN, DOM

  Le Nombre d'Or, clé du monde vivant [O Número de Ouro, chave do mundo] – Ed. Dervy, 2001.

- NIETZSCHE, FRIEDRICH WILHELM

  Le gai savoir [A gaia ciência] – Éd. Hachette, 1987.

  Ainsi parlait Zarathoustra [Assim falou Zaratustra] – Éd. Poche, 1972.

  Généalogie de la morale [A genealogia da moral] – Éd. Poche, 1990.

- OESTERLEY, WILLIAM OSCAR EMIL

  Immortality and the Unseen World – A Study in Old Testament Religion – Éd. Forgotten Books, 2010.

- PADOUE, ANDRÉ

  Comprendre le tantrisme, les sources hindoues [Para compreender o tantrismo, as fontes hindus] – Éd. Albin Michel, 2010.

- PASTOUREAU, MICHEL

  Jésus chez le teinturier, couleurs et teintures dans l'Occident médiéval [Jesus na tinturaria – cores e pinturas no Ocidente medieval] – Éd. Le Leopard d'Or, 2000.

- PERRAUD, JEAN-PIERRE

  Thot, le maître des signes et de l'éternel retour: la numérologie sacrée [Thoth, o mestre dos sinais e do eterno retorno: a numerologia sagrada] – Éd. Dangles, 2007.

- PLATÃO

  Œuvres complètes [Obras completas] – Éd. Flammarion, 2008.

- POINCARÉ, HENRI

  La science et l'hypothèse [A ciência e a hipótese] – Éd. de la Bohème, 1992.

- PONSOYE, PIERRE

  L'Islam et le Graal [O Islã e o Graal] – Éd. Archè, 1991.

- POSTEL, GUILLAUME

  La clé des choses cachées [A chave das coisas secretas] – Éd. Archè, 1991.

- RABELAIS, FRANÇOIS

  Pantagruel – Éd. LGF, 1979.

  Gargantua – Éd. LGF, 1976.

- REY, ALAIN (dir.)

  Dictionnaire historique de la langue française [Dicionário histórico da língua francesa] – Éd. Le Robert, 2006.

- RŽIHA, FRANZ

  Étude sur les marques de tailleurs de pierre [Estudos sobre os traços dos talhadores de pedra] – Éd. Guy Trédaniel, em coedição com La Nef de Salomon, 1993.

- RIBORDY, LÉONARD

  Nombres & géométrie [Números e geometria] – Éd. Maison de Vie, 2007.

- SCHWARZ, FERNAND

  La voie du bonheur: la philosophie vivante de Socrate [Caminho para a felicidade: a filosofia viva de Sócrates] – Éd. Les Trois Monts, 1999.

- TALEMARIANUS, PETRUS

  De l'Architecture naturelle ou Rapport de Petrus Talemarianus sur l'établissement, d'après les principes du tantrisme, du taoïsme, du pythagorisme et de la cabale, d'une règle d'or servant à la réalisation des lois de l'harmonie universelle et contribuant à l'accomplissement du grand oeuvre [Da arquitetura natural ou Relato de Petrus Talemarianus sobre a criação, a partir dos princípios do tantrismo, do taoismo, do pitagorismo e da cabala, de uma regra de ouro para alcançar a realização das leis da harmonia universal e contribuir para a concretização da grande obra] – Éd. Véga 1949 – Éd. Maisnie Trédaniel, 1990.

- TURE ANSELM FERM, VERGILIUS

  Ancient religions [Religiões antigas] – Éd. Citadel Press, 1965.

- UNGER, TCHALAÏ

  Le jeu du gouvernement du monde [O jogo de governança do mundo] – Éd. Montorgueil, 1994 (segunda edição de *Les empreintes de l'invisible* [As pegadas do invisível], M. A. Éditions, 1989).

- VERBRUGGHE, GERALD & WICKERSHAM, JOHN M.

  Berossos and Manetho – Ed. University of Michigan Press, 2001.

- DE VERE, NICHOLAS

  The Dragon Legacy [O legado do dragão] – Ed. The Book Tree, 2004.

- VINCENT, ROBERT

  Géométrie du Nombre d'or [Geometria do Número de Ouro] – Éd. Chalagam, 2001.

- WOLFF, FRANCIS

  Socrate [Sócrates] – Éd. puf, 2000.